この映画を視ているのは誰か?

佐々木敦

作品社

この映画を視ているのは誰か？　目次

第二部　現代映画の諸問題

第三部　カメラと視線の問題

この映画を視ているのは誰か？

この映画を視ているのは誰か？

その映画を視ているのは誰か？

それはもちろん、まず第一に、あなたである。

一本の映画を構成する映像群を視ているのは、誰かであり、誰かたちであり、そして／或いは、何かであり、また別の誰かたちであるが、その映画を視ているのは誰か、と問われたとき、その答えは、あなたであり、あなたたちであり、それはつまり、わたしたちであり、そう、わたしである。

本書を貫く主題があるとすれば、おおよそ以上のようなことになるだろう。

映画の中のひとつの画面について、それは多くの場合、或るとき或る場所、或る時空間で、カメラと呼ばれるマシンによって、世界から写し取られ、時間から切り外され、しかるべき媒体に刻み付けられることで残されて、同じようにして残された他の画面たちと共に或る長さの持続へと編み上げられたうえで、映写機、プロジェクターと呼ばれるマシンによってしかるべき平面へと映し出され、観客と呼ばれる生きものが、わたしが、あなたが視つめる、そういうものである。

いや、それだけではない。むしろそれ以前に、それは、それらは、映画の中の誰かが視た光景であるのかもしれない。もちろんそれだって、実際にはカメラが視た光景なのだが、その映画の中では、映画の外にも実在している（していた）が映画の中にしか存在していないことになっている虚構の身分を持った誰かが、その光景に自らの瞳を対峙させ、網膜に像を結ばせて、そのひとの脳が今まさにそれを視ているのだと、思うともなしに思っている、そういうことがある。いわゆる視点ショットというものだ。けっして数は多くないが、全編が視点ショットから成る映画だってある。だがしばしば、ひとつの画面が、誰かの視点ショットなのか、そういうものではないのかが、どうにも不分明なままであることもある。それは映画の中の誰かが視た光景かもしれないし、そうではないかもしれない。この曖昧さ、判別困難を何らかの意味で利用した映画だってあり得るし、実際にある。しかしそれらは全部、要するにカメラが視た光景であることには変わりはない。

そもそも映画における「視線」とは奇妙なものである。画面の向こう側に居る誰かが、こちらに向けて視線を送ってくる時、自分を視ているのだと考える観客はほとんど居ないだろう。そのすぐ次の画面にもうひとりの誰かが映し出されれば、ああさっきのはこのひとを視ていたのだ、自分が視られたわけじゃなかったのだと、安心する。視線の交錯という言い方がある。視線の交錯は映画には撮れない、という言い方がある。しかしその前に、そもそも視線は撮れないし、というか視線とはそもそも何のことなのか。小説などで「背後に視線を感じた」などという表現が出て来ると、いつも戸惑ってしまう。わたしは視線を感じたことなど人生で一度もない。視界に視線の持ち主が映っているなら話は別だが。視線は撮れないというより視えない。いっそ視線など存在しないと言ってしまってもいいのかもしれない。だが「視線」という語がある以上、それによって指し示される、表される何ごとか、はやはりある。一本の映画の中で複数の視線が交錯しており、それらは時として画面からこちらに向けられもする。映画とは視線の織物である。しかしやはり視線など存在しないのだとしたら？

本書は三部構成になっている。

第一部には「幽霊」にかかわる論考を纏めた。幽霊とは、居ない筈なのに視えるもの、視えているのに居ないもの、である。この点において「幽霊」という主題は「映画」の認識論と存在論を同時に起動する。「幽霊」とはほとんど「映画」そのものの別名だと言ってもいい。今まさにそこに視えているものが、わたしの外部に実在しているのか、それともわたしの頭の中に存在しているだけなのか、わからなくなるという状態の持つおそろしくも甘美な感覚、その切なさと切実さ。

第二部では「視（え）ること」の問題系から離れて、現代映画における倫理的な態度のヴァリエーションについて考えてみた。世界の酷薄さに対して、映画には何が出来るのか、何も出来はしないのか。とはいえ読まれる通り、わたしの姿勢は必ずしも一般的な意味で「倫理的」であるわけではない。むしろ正しくはあるがわかりやす過ぎる倫理の罠に陥らないための道案内になり得る映画／作家たちが選ばれている。

第三部では再び、カメラと視線の問題、すなわち「視（え）ること」をめぐる論考を集めた。眼とカメラ、瞳とレンズはどこがどう異なっており、どこが相通じているのか。それは「映画」という人類史上最も奇妙な発明（のひとつ）のことを根本的に考え直すことにもなる。果たして「映画」には何が可能で、何が不可能なのか。結局のところ、わたしたちは一本の映画を視るしかない。視ることしか出来ない。では、視られている映画自身は、いったい何を考えているのだろうか？

この映画を視ているのは誰か？

それはもちろん、まず第一に、わたしである。

わたしは視た／観た映画についてしか語ることが出来ない。語ることは、思考することは、いつだって映画を観た／視たあとにやってくる。だが、わたしはこの何年か、何本かの映画を視て、幾つかのことを考え（それは結局ひとつなのかもしれないが）、それらについて書いてきた。

それが本書である。

第一部　映画幽霊論

Ghost in the Machine　アピチャッポン・ウィーラセタクン論　1

1　完璧なホラー映画

『エメラルド』（二〇〇七年）は奇妙な作品である。もっとも、奇妙でないアピチャッポン・ウィーラセタクン（以下ＡＷ）の作品などひとつもないのだが。閉館したバンコクの有名ホテル「ザ・エメラルド・ホテル」で撮影された、この十一分のビデオ作品は、ツインの客室内を捉えたショットから始まる。窓外は明るい。部屋には誰もいない。だが、羽毛のような、紙吹雪のような白い何かが、わずかに宙空を舞っている。ショットが変わる。無人の室内をカメラはゆっくりと移動する。またショットが変わっても、やはりひとの姿はない。白いものの数は増えている。突然、女の声が聞こえる。「トン、ゴー、二人ともいるの?」返事を待たずに彼女は話し出す。「ノンカイの実家に帰る夢を見た」と彼女は語る。すると男の声が応じる。すぐにもうひとりの男の声も入ってきて、三人の声だけの会話となる。はっきりとはわからないが、おそらく二人は彼女の甥たちであるらしい。夢の話に続いて、思い出、今も（だが「今」とはいつのことか？）独り身であるらしい彼女の淡い恋の思い出が語られる。画面は部屋のあちこちを映し出していくが、相変わらず誰もいない。白いものははっきりとその数を増している。彼女は話し続ける。甥のどちらかの咳の音が聞こえる。窓の外にはごくありふれた街の風景がある。彼女は言う。あの山の向こうにパリチャートという木があって、山道を行くか飛行するかして、その花の香りをかぐと、前世がわかる。その花の香りで、恋人との仲が永遠になり、魂が尽きる最後まで一緒にいられる……話を遮るように、甥の片方が「夕方、蛙が多いな」と言う。もうひとりが「何言ってるんだ」と返すと、三人は笑い出す。だが笑い声は、もっと多くの人間がそこ（だが「そこ」とはどこのことか？）にいるかのようだ。今や白いものは部屋中を漂っており、その中には微かな青や緑を帯びて輝くものも混じっている。それらは蛍のようにも見える。

この作品が一種のホラー映画的な色彩を強く放ち出すのは、ここからである。相変わらず彼女は話し続けている。窓をバックにした逆光の画面の誰も居ないベッドの上に、突然、女の顔が浮かび上がる。彼女はそこに横たわっているようだが、首から下はない。ショットが変わると、ベッドの横に置かれた枕の上に、眠る男の顔が浮かんでいる。彼女は、遠い過去に添い遂げることのかなわなかった想いびとに捧げた自作の歌を、恥ずかしそうに、嬉しそうに披露する。次のショットでは、別のベッドの枕の上にもうひとりの男の顔が浮かんでいる。彼が目を閉じて頭を横に向けると、顔は消え去る。また誰もいなくなった。宙を舞うものは部屋を完全に覆い尽くしている。彼女の声も、もう聞こえない。カメラは部屋を出て、廊下、階段、積み上げられたテレビ、剝がれた漆喰の壁などを映し出していく。『エメラルド』は、こうして終わる。

彼女の顔がフェードインしてきた瞬間、程度の差はあれ誰もが驚くことだろう。それはささやかな衝撃ではあるが、同時に一種の得心、いや安心を齎《もたら》しもする。われわれはこう思う。ああ、さっきから喋っていたのは、このひとだったのだ。事情はよくわからないが、このひとたちは幽霊か、それに類する何か、なのだろう。かつてエメラルド・ホテルに泊まった時の幸福な思い出が、幽霊のようなものたちによって、穏やかに回想されているさまを、自分たちはいま目撃したのだ。とすれば、あの白や青や緑のものたちも、おそらくは幽霊たちの仮初めの姿だったのだろう。

この短編をはじめて観た時（実際には美術館でのインスタレーション上映だったのだが）、私は二つの先行作品を思い出した。ひとつ目は、マルグリット・デュラスの映画『ヴェネツィア時代の彼女の名前』（一九七六年）である。よく知られているように、この作品は前年に発表された映画作家デュラスの代表作『インディア・ソング』の音声＝サウンドトラックをそのまま使いつつ画面だけを丸ごと差し替えたものだ。そもそも『インディア・ソング』にしてからが、インドのカルカッタ（コルカタ）にあるフランス大使の屋敷を舞台に、貴婦人とその浮気相手である青年たち、そして貴婦人に不可能な片想いを抱くラホールの副領事の物語を、誰ひとり一言の台詞も発さない完璧な無言劇の映像と、カルロス・ダレッシオ作曲による蕩けるように優雅な倦怠感に満ちた音楽を背景に、誰とも知れぬ者たちが彼ら彼女らの「物語」を語り合う音声とに完全に分離して描いた極めて特異な映画なのだが、デュラスは撮影に使われた屋敷が無人の廃墟と化した光景をフィルムに収め、前作と同じ時間の長さだけ繋ぎ合わせて、そこに『インディア・ソング』とまったく同じ声と音を重ねることで、映画史上、他に例のない異様な「続編」を作り上げた。『エメラルド』との類似は明白だろう。もちろんデュラスの映画には「幽霊」は映っていない。だが打ち捨てられた、かつては多くの人々が出入りしていた筈だが今は誰も居ない空間に響き続ける「声」という点は共通している。

もうひとつは、アドルフォ・ビオイ＝カサーレスの『モレルの発明』（一九四〇年）である。ホルヘ・ルイス・ボルヘスの親友であり共作者でもあった才人の初期の代表作であり、近年にはブラザーズ・クエイの『ピアノチューナー・オブ・アースクエイク』（二〇〇五年）の原案（のひとつ）ともなったこの小説の物語は、絶海の孤島に流れ着いた男が、狂気の科学者が発明した機械によって、島全体を一種のスクリーンとして永遠に繰り返し上映されているホログラフの娘に恋をする、というものだ。この物語は直接的に『エメラルド』に似ているわけではない。だが、初見の『エメラルド』がエンドレス再生だったこともあり（おそらくこの作品はそのような上映形態を前提としている）、廃業したホテル内で交わされる声のみの会話と、薄闇の中に浮かび上がる顔、増殖してゆく浮遊片というこの映画の構成要素が、いつ始まったとも、いつ終わるとも知れず、ただひたすらにループしている、という感覚を強く印象づけられたことが、すぐれて「映画＝映写」の隠喩と言うべき『モレルの発明』を想起させた、ということかもしれない。あの「幽霊たち」は、ただ一度きり、ではなく、何度も何度も同じ一連の出来事を誰も居ない空間でリピートし続けているのだと私には思える。そしてそれは『エメラルド』の上映において実際に起こっていることと同じなのだ。

先にも述べたように『エメラルド』は、AWの多くの作品と同様、或る種のホラー映画、幽霊映画として観ることが可能である。ボルヘスは『モレルの発明』を「完璧な小説」と評したが、この短編映画は、いわば一本の「完璧なホラー映画」である。ごく短い時間の中に、この世のものではない存在の予感と出現と消失が、コンパクトに凝縮されている。ただ一点、ホラー映画としての致命的な欠陥（？）があるとすれば、なのにこの作品は、まったくこわくない、ぜんぜんおそろしくない、ということだろう。いや、こわいおそろしいと思う観客もいるかもしれないが、少なくとも私の場合は、この映画を最初に観た際、ぞっとする感じや明確な恐怖を抱くことはなかった。むしろそこにあったのは、去りし日々の思い出をとめどなく語り続けるもう若くはない女性と、時々茶化しながらも愛するおばの話に耳を傾ける甥たちの声と気配と顔とが醸し出す、濃密な親密感とノスタルジーに満ちた、不思議なほどに温かな空気である。しかしそれは当たり前だ。AW自身「ホラー」を作ったつもりなど毛頭ないだろう。そもそも「こわくない幽霊」ならぬ「幽霊はこわくない」ということこそ、これも『エメラルド』に限らず、この類い稀な映像作家が何度となく表明してきた主張のひとつなのだから。

もっともわかりやすい例は、やはり『ブンミおじさんの森』（二〇一〇年）の名高い幽霊出現のシーンだろう。夜、腎臓病に冒されたブンミと、彼の妻の妹ジェン、親戚の青年トンの三人が庭先で食卓を囲んでいると、十九年前に死んでいるブンミの妻でジェンの姉のフエンが、空いている椅子にゆっくりと浮かび上がってくる。三人は一瞬驚くものの、すぐにブンミを心配してこの世に還ってきたフエンを受け入れ、懐かしげに会話を始める。ここでも「幽霊」はこわくない存在として描かれている。加えてこの映画では、フエンの出現の直後に、今度は長らく行方不明になっていたブンミの息子ブンソンが、変わり果てた姿で現れる。彼は目玉が赤く光る猿人になっている。だが三人、いやフエンを加えた四人は、それさえもすぐに受け入れるのだ。つまりAWの世界において、ひとならざるものはけっしておそろしい存在ではない。生きている人間たちと、かつては人間であったが今はそうではない者たちの間に、本質的な区別はない。

『ブンミ』の英語題名は「UNCLE BOONMEE WHO CAN RECALL HIS PAST LIFE／前世を思い出せるブンミおじさん」である。『エメラルド』でも「前世」のことが語られていた。前世があるなら来世もあるだろう。人間は転生の前後も人間であるとは限らない。それどころか『ブンミ』のブンソンや『トロピカル・マラディ』（二〇〇五年）の後半に登場する虎のように、生きながらにして人間以外の存在に生まれ変わってしまう者さえいる。AWにとって「人間」とは常に仮初めの様態でしかない。それはあまりにも簡単に、ひとならざるものへと変身を遂げる。だからそれらが不意に姿を現した場合も、懐かしさや親しみを感じることこそあれ、恐怖や嫌悪などが生じるわけもないのだ。

だが、と私はここで敢えて論を反転させたいと思う。本当にそうなのか。いや、それはそうであるのだとしても、それだけなのか。AWの作品は、ほんとうに、完璧ではあるがこわくはないホラー映画なのだろうか。人間と人間以外——幽霊や獣たち——の区別がない世界とは、つまり一元論的な世界である。そこでは生きているものたちのすべてと、生きてはいないものたちのすべてが、完全に同等の立場で存在している。では、そこには例外はないのだろうか。幽霊も獣も人間と変わりがないがゆえにこわくはない世界において、それでも尚、こわい何ものか、おそろしいものは存在していないのか？

2 誰が視ているのか？

このことを考えるために、次に『エメラルド』よりも前に撮られた『Worldly Desires』（二〇〇五年）を参照することにしよう。韓国の全州《チョンジュ》映画祭のオムニバス映画企画「三人三色」の一本として製作された四十二分の中編である。この作品は一見すると、森の中で撮影されている劇映画のドキュメンタリー映像、より精確にはそのスナップショット的な断片群であるかのように思われる。男と女が連れ立ってジャングルを急いでいる。理由は不明だが、どうやら二人は逃亡中らしい。同じカットが繰り返し演じられる様子や、スタッフ同士の会話などがランダムに挿入される。それから、きらびやかにドレスアップした正体不明の女性歌手とダンサーたちが、アップテンポのポップソングをバックに、夜の森でミュージックビデオ的に歌い踊る（のを撮影している）シーンが三度（実際には四度、後述）も出てくる。しかも全部同じ曲であり、この場面の挿入によって全体がいわば三つのブロックに分かれているのだが、すこぶる不可思議な印象を残す。この謎めいたシーンについては後で詳しく述べることにする。

映画の中では明示されていないが、作中で撮影されているのは、ピンパカ・トゥイラ監督の『Deep Red Bloody Night』だとされている。トゥイラはAWと共にタイ映画のニューウェーヴを代表する映画作家である。だが、実を言えば『Deep Red Bloody Night』という映画は存在しない。それは架空の作品なのだ。このこと自体が『Worldly Desires』のアイデアであり、つまりこれはいわゆるフェイク・ドキュメンタリーの一種と言っていい。ありもしない映画の撮影記録、その断片、メタ映画と呼んでもいいだろう。しかしそれにしても、この種の趣向にしては、この映画の内容はあまりにも不十分であり、結局最後まで観てもほとんど何もわからない。かといって、よくあるように、映画内映画のロケを口実としてキャストやスタッフたちの人間関係のドラマが描かれるわけでもない。こう言ってよければ、何もかもが中途半端なのだ。一体これは何なのか。この映画は何のために創られたものなのか？

この問いへのごく真っ当な解答は、この映画のエンド・クレジットに端的に示されている。題名の下に出る「ジャングルの思い出に（FOR MEMORY OF THE JUNGLE） ２００１-２００５」という字幕。言うまでもなくAWにとって「ジャングル＝森」は非常に重要な意味を持っている。クレジットにある二〇〇一年から二〇〇五年までの間に、長編映画としては『ブリスフリー・ユアーズ』

（二〇〇二年）と『トロピカル・マラディ』（二〇〇四年）が撮られているが、二本とも映画の後半はジャングルが舞台となっており、『Worldly Desires』は、AWとしては自身に多大なインスピレーションを与えてくれるトポスに捧げた作品という位置づけなのだと思われる。つまり主役はあくまでもジャングルなのであり、それ以外の要素は便宜的で恣意的なものに過ぎない。先のクレジットの前に、次の言葉が字幕で映し出される。「遠い丘では人と獣が集い、森に埋めた夢を祭るという」。すなわち「森に埋めた夢」を映像に収めることこそが、この作品でAWがやりたかったことなのだ。

この解答はもちろん正しい。だが私は、もうひとつの、まったく別の答えを提示したいと思う。あらためて先に触れたMV撮影風のシーンを詳しく見てみよう。最初は映画が始まるのと同時である。夜のジャングル、虫の声が聞こえている。曲がスタートする。暗がりの中にドレス姿の若い女歌手がリズムに乗って現れると、照明があてられ、彼女は歌い出す。コケティッシュなダンスを披露しながら彼女は歌う（実際には録音に合わせたロパク）。「ママは言ったわ、明るい未来が待っていると。いい子にしていれば、夢はきっと叶う。いつの日か素敵な彼と出会いたい。ママとパパが出会ったみたいに。そんな日が来るの？」　ダンサブルでスイートなポップス。1番のサビの終わりで画面左から四人の女性ダンサーが軽やかに入ってくる。プロモーション・ビデオによくあるあの感じである。2番に入る。五人の女性はにこやかに歌い踊り、2番を終えてサビをもう一度繰り返し、結局フルコーラスを完奏する。終始、固定のロングショットで、強い照明のあてられた女歌手とダンサーたちの外側はすぐ闇、特にフレームの左三分の一は漆黒である。画面の右手前上部に大きなライトがあり、左から移動しながら撮影しているカメラとカメラマンの後ろ姿が逆光で影になっている。

二度目になると、前よりも画面はパフォーマーたちに寄っている。出番を待つ四人のダンサーの背中越しに女歌手の姿を捉えたショットから彼女たちを右側からフレーミングしたショットに切り替わるので、複数のカメラで撮られていることがわかる。カメラの前をスタッフらしき影が通り過ぎたりもする。2番の終わりがけにカメラマンとスタッフの姿がはっきりと映る。すると画面はパフォーマーから離れ、照明の当たっていない暗い場所に移る。ふたりの男性スタッフが立ち小便をしにくる。音楽はずっと聞こえている。弱めの照明を向けられて、まだ少年のようにも見える男性スタッフがカメラを見つめる。

三度目は、構図は最初とほぼ同じだが、手前のカメラは最初から画面の真ん中にある。曲が始まると、撮影の模様を左方向から捉えたロングショットになる（画面右にカメラとスタッフ、左に女歌手とダンサーたち）。2番の終わりに、画面は突然昼間になり、スモークを焚きながら道路を走っていく車が映る。白い煙が森の中を漂い広がっていく。三度目のサビの部分は伴奏だけで、歌はない。スタッフが飛ばしたのか、玩具の円盤が空を昇っていく。路上で曲に合わせて軽快なヒップホップダンスを披露するスタッフ（?）。これらは劇映画で音楽と共に断片的な映像が流れ、時間の経過や物語の進展を表現する常套的な手法を模しているとも思える。

映画は『Deep Red Bloody Night』の場面であるらしき映像を随所に挟み込みながら進行していく

が、終わりがけになると、次第にジャングルの風景ショットが増えていく。そこには最早映画内映画のキャストの姿はなく、それどころかスタッフも映らない。だが彼ら彼女らの話し声だけが聞こえている。とりとめのない雑談が続く。犬が現れ、画面の外から誰かが呼びかけるが、あっさりと去ってしまう。やがて声もしなくなる。ラストシーンは、これまでと同じ場所のようだが、画面はパフォーマーたちにかなり近づいている。しかし照明はなく、月明かりだけの下、女歌手とダンサーたちが振付通りに踊っている。だが曲は流れておらず、暗闇の中に、彼女たちの衣擦れと、草と土を踏む足音、そして虫の声だけが響いている。そしてしばらくして、先ほどの「森に埋めた夢」の字幕が出る。

まったくもって不思議な映画である。ラストに向かうにつれて『Deep Red Bloody Night』のキャストやスタッフの姿が消えていき、あたかも声だけの存在になっていくようなのは、前節で述べた『エメラルド』や、マルグリット・デュラス（『インディア・ソング』と『ヴェネツィア時代の彼女の名前』以外にもデュラスは『オーレリア・シュタイナー』等、無人の映像に「声」が重なる映画を何作も撮っている）を思い出させる。しかしその点はひとまず擱いて、長々と描写した歌のシーンについて考えてみなくてはならない。

まず第一に、最後も入れると計四度のくだんのシーンでは、ＭＶ風シーンを撮影している様子が映されているのだが、しかし一度としてそのＭＶ（？）そのものの画面が挿入されることはない。女歌手とダンサーを撮っているカメラを実際のカメラが撮っているわけだが、その映画内カメラが撮った映像はこの映画には全く出てこない。そしてすでに述べたように、この作品の映画内映画はそもそも架空のものなのだから、このMV（?）も現実には存在していない。要するに、彼女たちを撮影しているカメラが実際は廻っていなかったとしても何ら問題はないのだ。『Worldly Desires』はドキュメンタリー映画ではない。AWはピンパカ・トゥイラ監督の『Deep Red Bloody Night』や、その一部であるかどうかも明白でないMV風シーンというフィクションを、言葉は悪いがでっち上げることによって、フェイク・ドキュメンタリーとしての、メタ映画としてのこの映画を造り上げた。しかしこれも先に述べたように、それにしてはあまりに何もかもが中途半端で説明不足であり、フェイクとしての妙味も、メタとしての効果も、ここにはほとんど存在していないように思われる。しかし、それだって故意になされているのだとしたら？　私はこの一連のシーンにAWの隠された意図が最も鮮明に現れていると思う。では、それはどういうことか？（付言しておけば、実のところ『Deep Red Bloody Night』という作品が実在していたとしても、事態は本質的には変わらない。そのことはこのすぐ後にわかる）。

私が怪訝に思うのは、これらの場面におけるカメラのあり方と、その扱いである。歌い踊る女歌手とダンサーたちを撮影している様子を撮影しているカメラは、四度のシーンにおいてかなり変化していくのだが、しかしほぼ一貫して言えることは、どのショットもアンバランスというか、フレーミングとしてかなり不自然であるということだ。冒頭のショットからして、敢えて言うと不格好で、もう少しましな構図を作ることはどう考えても可能だった筈である。大体、あんなに離れた位置から撮らなくてもいいのではあるまいか。続くシーンにおいても、アンバランスさ、不自然さは、とりわけ距離感とカメラポジションに現れている。多くのショットが適切な距離ではなく、変に遠かったり、逆に寄り過ぎていたり、或いは構図がありありと崩れていたりする。そこで観客はふと疑問を抱く。これは誰の視線（視界）なのか？　いったい誰が、これらの映像を視ているのか、と。

誰が視ているのか？　この問いは、もちろんどんな場合にも有効であるわけではない。映画のショットは常に必ず「誰か」の視線と同定されているとは限らない。むしろそちらの方が稀である。しかし『Worldly Desires』のMV風シーンは、その独特の距離感や構図の不格好さによって、あたかも「誰か」が撮影を覗き視ているかのように思えてくるのである。では、それは何ものの視線だというのか。フェイク・ドキュメンタリー、メタ映画として考えるなら、それは当然「AW」の視線ということになる。しかし何度も述べてきたように、この映画は実際にはそういう作品ではない。だとすれば、現実には存在しないMV（？）の撮影を離れたところ、つまり森の奥からじっと凝視している何ものか、しかも瞬時に位置を変えたりすることが出来る何ものかとは、果たして如何なる存在だというのか？

そう、それは「幽霊」である、と私は言いたいのだ。あの奇妙なショット群は、幽霊が視ている光景なのだ。立ち小便をしていた若いスタッフは、あの時、幽霊と目が合ったのだ。

3 「幽霊」とは誰か?

強引な解釈と思われるかもしれない。だが、まだ続きがある。『ヴァンパイア』(二〇〇八年)は、パリのエスパス・ルイ・ヴィトンからの依頼で製作された「旅」をテーマとする十九分の短編である。AWと仲間数人は、タイ北部のミャンマーとの国境付近の山奥(つまり彼が繰り返し描き続けているジャングル)に、伝説の「ヴァンパイア鳥」を探して分け入る。この鳥は名前通り血を吸う鳥とされ、夜行性で、生捕りされたことも死骸が見つかったこともない。世界に数羽しかいないとも言われる「翼の生えた宝」である。この映画もドキュメンタリー(タッチ)で、全編、懐中電灯の光だけで撮られている。一行は森に入ると、ひとりのメンバーの体に用意した血糊を塗りたくり、その匂いでヴァンパイア鳥をおびき寄せようとする。映像は極めて不安定かつ断片的であり、否応無しに不安感を掻き立てられる。

AWたちがヴァンパイア鳥の発見と捕獲に成功するか否かは、ここでは問題ではない。重要なことは、この「旅」が始まるより前に置かれた、謎めいた(と言っていい)ごく短いパートの存在である。少年の声がする。彼はジェイ・ルンスーと名乗る。両親の名前はルンスーヤとパナム。シャン州の真ん中にあるライカに住んでいる。そこはタイ領の筈だが、実際には沢山のミャンマー人が住んでおり、ジェイの家が作っている米もミャンマーの兵士たちの略奪に遭っている。だが、どうすることも出来ない。ジェイは言う。ここには幽霊も多い。こう淡々と語る声に重ねて、ぐらぐらと揺れるハンディ・カメラの映像で、テント（？）の中に横たえられた、瀕死の状態であるらしい少年の姿が、ほんの数秒だけ映し出される。

そして、やっと「ヴァンパイア鳥」を説明するクレジットが表示されるのである。これはどういう意味なのか。例によって映画内に説明はない。だが、この冒頭部を踏まえれば『ヴァンパイア』が単なる「ヴァンパイア鳥」の話（だけ）ではないことは疑いを入れない。ここには明らかに政治的な含意がある。また本論の文脈においては、もちろん無視してはならないのは「幽霊」への言及である。この作品は、血を吸う鳥を探すという設定の裏側に幽霊譚が潜在しているのだ。ほとんどが闇に覆われた、おそろしく見にくい画面の連鎖の内に、紛れもない「幽霊」の存在が隠されているのである。そして『Worldly Desires』と同じく、そこに映っているもの＝視られているものではなく、それを視ているもの＝撮っているものの中に、幽霊が紛れ込んでいるのだ。いや、ここではカメラこそが「幽霊」なのである。あの映像を視ているのは、もちろんその時、カメラを持っていた誰かなのだが、それと同時に、ジェイ・ルンスーの幽霊かもしれないのだ。

映画において、とりわけドキュメンタリー映画において、カメラとはいわば「そこに居るのに居ないことになっているもうひとり」である。たとえば『ヴァンパイア』で二人の人物が映っている時、そこには実は少なくとも三人居る。だが三人目はけっして画面には映らない。そこに確かに居るにもかかわらず、まるで存在していないかのように。鏡を真正面から撮りでもしない限り、撮者＝視る者は撮られ／視られることはない。カメラという機械に原理的に備わったこの宿命は「幽霊」という存在の様態によく似ている。ＡＷは「幽霊」を映像に収めようとしているのではない。そうではなく、彼はいわば「幽霊」として映画／映像を撮っている。カメラとは「映画」において「幽霊」のごときものであり、そして「映画」とは「世界（現実）」において「幽霊」のごときものなのだという真理こそ、ＡＷが繰り返し描き続けていることなのだ。

『ナブアの亡霊』（二〇〇九年）も奇妙な作品である。どうやって撮ったのかわからないが、夜の庭先に鋭い轟音と共に幾つもの雷が落ちる様子が映し出される。しかし実はそれはやはり夜の空地に張られたスクリーンに映写されている映像であり、その前で少年たちがサッカーを始める。だがそれは普通の蹴球ではない。ボールに火が点けられ、煌煌と燃える球を彼らが蹴るたびに鈍く激しい音が聞こえる。やがて焔はスクリーンに燃え移り、白幕は完全に焼け落ちてしまう。すると向こう側にプロジェクターの光源が見える。いつの間にか少年たちの姿は消えている。プロジェクターはまるでライトのようにこちらを向いており、まだ映写が続いているのか、光は大きさを変化させ、落雷らしき音も聞こえている。

原題は「Phantoms of Nabua」。ナブアはタイ東北部の小さな村で、かつては共産主義者の拠点とされて（よくあることだが実際には誤解／陰謀であったらしい）二十年にわたってタイ国軍の強権的な支配下にあった。落雷のビデオが『ナブア』という短編で、それを野外で映写しながらサッカーをするのが『ナブアの亡霊』である。ここでの「亡霊」は複数形（Phantoms）であり、燃えるボールを蹴り続ける少年たちの姿には、ナブアの今は亡き村民たちの悲嘆や無念が重ね合わされている。

だが、それと共に、この映画もやはり「視ること／撮ること」をめぐる作品となっている。野外スクリーンに投影される落雷の映像は、言葉通りの映画内映画である。われわれは少年たちと一緒に、映画内映画があっけなく燃え尽きるさまを目撃する。そして白幕が消え失せてしまうと、そこには今しがたまで自分たちが視ていた映像を送り出していた機械が出現する。いうなれば『ナブアの亡霊』とは『ナブア』が「亡霊」になるプロセスを描いた作品である。しかし、ここで忘れてはならないことは『ナブアの亡霊』も「亡霊」なのだということだ。ビオイ＝カサーレスの『モレルの発明』では、主人公自身が、狂気の発明というべき機械によって無人の島で永遠にリピート上映され続けている映像の一部であったことが最後に判明する。彼の視線は映像＝映画を外部から視ているのではなく、その内側に属していたのだ。『ナブアの亡霊』も、他のあらゆる映画と同様に、それ自体が完全に燃え尽きてでもしまわない限りは、ふたたび映写することが可能だし、映画の中では燃え尽きた筈のスクリーンも、映像を最初から再生しさえすれば、そのたびごとに何度でも復活して、落雷の光と音を発し始めるのである。

だが、だとすれば、最後にもう一度、問わなくてはならない。それを視ているのは誰か？　私たちが映画／映像を視ることが出来るのは、それが撮影装置という機械によって写し取られ、映写装置という機械によって再生されるからである。この当たり前の真理に、ＡＷは極めて意識的な映画作家である。彼は、この純然たるテクノロジーの問題を、「幽霊」の存在論に直結させる。『エメラルド』において、失われた思い出に耽る「幽霊たち」は、声、顔、浮遊物のかたちを採っていた。エメラルド・ホテルの内部に、生きた人間の姿はひとりとして見当たらなかった。だがしかし、そこには実際には、無人の光景を視ていた／撮影していた瞳／カメラが間違いなく在ったのであり、そうでなければ、そもそも『エメラルド』という映画は存在していない。デュラスの『ヴェネチア時代の彼女の名前』の場合と同じく、幽霊たちの「声」は、そこに視えている「映像」とは本当は分離／独立しているのだが、にもかかわらず、それら「声」たちの生々しい触感によって、この「映像」の外部にいて、それどころか、この「映像」自体を成立させている、もうひとり（以上）の「幽霊」の存在が隠蔽されているのだ。

そこで起こる一部始終を、ただじっと黙って視ている「幽霊」の正体とは何なのか。『ヴァンパイア』なら「ジェイ・ルンスー」かもしれない。『Worldly Desires』なら森の奥に棲む精霊たちかもしれない。『ナブアの亡霊』ならナブアの亡霊たちかもしれない。そして『エメラルド』に最も純粋な形で示されていたように、それらは同時に「映画」という「幽霊」としての「機械」、いや「機械の中の幽霊」そのものでもある。ＡＷを「ホラー作家」と呼ぶとしたら、そこに映っているもの以上に、それを視ているものについて考えてみなくてはならない。

だが、それだけではない。視ているのは誰か？　この問いには、実はもっとシンプルな答えがある。視ているのは他でもない、私たち観客である。これはあまりにも自明のことではないだろうか。ＡＷの作品を視るとき、観客は幽霊化している。それは『モレルの発明』の主人公のように、映像の内部の住人になることではない。まったく反対に、映像の絶対的な外部にあるしかない自らの宿命を思い知らされることなのだ。幽霊が視ている幽霊の映画、それがアピチャッポン・ウィーラセタクン作品が放つ奇妙さの、少なくとも一個の理由だと私には思える。何てことだろう、幽霊とは私たちのことだったのだ。

Beautiful Dreamer　アピチャッポン・ウィーラセタクン論　2

私はこれから、アピチャッポン・ウィーラセタクン（以下AW）の四本の映画から、それぞれひと繋がりの場面を抜き出し、それらを「記述」してゆくことによって、論考の代わりとしたいと思う。

最初は、二〇一九年夏の時点で最新長編にあたる『光りの墓』（二〇一五年）である。AW作品ではお馴染みのタイ東北部、かつて学校だった建物を利用した病院に、ひたすら延々と睡り続ける奇病に罹った兵士たちが入院している。そこに、これまたAW作品の常連である松葉杖の初老の女性ジェン（ジェンジラー・ポンパット・ワイドナー）がやってくる。彼女は病院が学校だった頃の生徒であり、顔馴染みの看護師もいる。ジェンはボランティアとして見舞客のいない青年イット（バンロップ・ロームノーイ）の世話を始める。病院には、死者や失踪者の魂と交信出来るという若い女性、ケン（ジャリンパッタラー・ルアンラム）がやってきている。その特殊能力を買われてFBIからスカウトが来たが、タイのために働きたいと断わったという。ジェンはケンと知り合い、親しくなる。例によって不可思議な出来事が色々と起こるのだが、ここでは詳しくは触れない。ケンの人物設定やストーリーの展開は、ほとんどハリウッド映画にだって出来るようなものと言えるが、当然ながら仕上がりはまったく異なっている。

映画の終わり近く、ジェンとケンとイットが四阿《あずまや》で涼んでいる。イットは時々目が覚めるようになったのだが、今は昏々と睡っている。ジェンも横になると、ケンはイットと「交信」し始める。「おばさんも見たいかと彼が聞いてるわ」「何を?」「彼が見る景色」「どうやって?」ジェンは起き上がる。「私を通して見る」「そんなことができたら素晴らしい日になるわね」「おばさん、さよなら」。ケンはジェンの方を向き「こんにちは」と言う。「イット? あなたがイットだと信じてみるわ」「おばさん、僕だよ。今〝玉座の間〟にいる」。「他にも人がいるの?」ケンは首を振る。ケンはイットの腕から手を離し、「一緒に来て」と言って立ち上がる。「ついてきて」。そしてケン=イットとジェンは歩き出す。そこは何の変哲もない木立の中なのだが、ケン=イットの目に映っているのは王宮の内部なのだ。彼女=彼はジェンに屋敷の構造を説明しながら歩く。敷居があるので跨いで、などと言う。「ここは大広間だよ、まばゆい装飾でいっぱい。部屋が多いんだ」。もちろんそんなものは無い。観客の目には木々しか視えていない。ジェンにも同じ風景しか視えていない筈だ。しかし彼女はイットの話に合わせて身を屈めたりする。彼女はごく自然にケンをイットと呼んでいる。二人はバルコニーのある廃屋にやってくる。そこでは女が男に歌を唄ってあげている。ジェンは自分が一番好きな歌だ、と言う。そして彼女は「まるで夢みたいだわ。もう目を覚ましたいの」「じゃあ目を大きく開けて、こんな風に」。二人はにらめっこのように互いに視つめ合う。だが目は覚めない。

このシーンはまだしばらく続くのだが、ここまでにしておく。この後、病室のベッドの横で椅子に座ったまま睡ってしまっていたジェンが目を覚まして、イットに「あなたの夢の中を覗いていた」と告げるので、われわれは先の一連の場面が夢だったのだと知る。だが、重要なのはそのことではない。この奇妙な、しかしこの上なく魅惑的な、この映画の静かなるクライマックス・シーンにかんして、三つのことを述べておきたい。

まず第一に、イットが夢見ているらしい、そしてケンがそれを覗き視ているらしい、いにしえの王宮の様子を、観客は一瞬たりとも目にすることがない、ということである。そしてそれはジェンも同じである筈なのだが、彼女に視えている景色が本当はどのようなものであるのかは、ジェンの視点のショットが存在していない以上、確かめる術はない。ただ兎も角も画面に映し出されているのは、華美な宮殿などではなく、ただ貧弱な木々が立ち並んでいるだけの、神秘性のかけらも感じられない情景に過ぎない。つまり、夢の光景はわれわれ観客から決定的に隔てられている。だが、このことは、それ以前に、ジェンが打ち捨てられたお堂に祀られた二人の王女と出会って会話を交わしていことを考え合わせると、いささか不思議な気もする。すでに観客は「夢の中」を覗いていた、あるいは「夢」が「現実」に侵入しているさまを目にしていたではないか。ならばどうして王宮の具体的な光景が描かれることはないのか。

むろん、その答えは結局のところ予算的な問題に帰着するのかもしれない。だが、ここで第二の点になるのだが、そもそもケンの「交信」は夢視る者に触れることによって可能になっていたのではなかったのか。最初に登場したシーンから、彼女は睡る兵士の腕に手を触れていた。イットについても同じだった。だが、彼女はあっけなくイットから手を離してしまっている。ケンはイットになり、イットとしてジェンに語りかける。もちろんケンは死者とも交信出来るのだから、接触が不可欠であるわけではないのかもしれない。しかしそれにしても、あのあっさりとした交信ならぬ憑依は何なのか。そこで気になるのはジェンの「あなたがイットだと信じてみるわ」という台詞である。つまり、彼女は信じてみているだけで、それは実際には起こってはいないのではないだろうか。

第三は、先ほどは書かなかったが、くだんのシーンには、イット＝ケンがジェンに、いま自分に視えているものを説明するだけでなく、ジェンがイット＝ケンに説明するところもあるということである。たとえば木の幹に結ばれたランの花について、ジェンはそれが老人ホームの催しで行なったものであり、ここに自分の名前が記されているとイット＝ケンに話す。それは王宮の話ではなく、今まさに目の前にある花のことである。他にも何度か、ジェンは「夢」の中とは違う、観客の目にも視えているもののことをイット＝ケンに語りかけ、彼＝彼女もごく自然にそれに応じるのだ。

これら三点が意味しているのは、どのようなことだろうか。あくまでも整合性を重んじるならば、答えは限られてくる。まず考えられるのは、全ては演技だった、ということである。ケンにはイットの「夢」は視えてなどいないし、ましてや彼が乗り移ったりもしていない。二人はただ、そういうことに、そう信じたことにして、いわば「王宮ごっこ遊び」をしながら散歩しただけのことなのだ。

もちろん、これでは説明のつかないこともある。すでに記したように、これ以前に二人の王女の出現が置かれてあり、この映画が通常のリアリズムからとっくに逸脱していたということがひとつ（もっともそれもジェンの「夢」という解釈は成り立つ）。そして、一連の場面が終わってから、イットのベッドの脇で居眠りをしていたジェンの姿となり、ここまではイットではなくジェンの「夢」だった、と示唆される、ということもある。しかし先ほどは触れなかったが、ジェンの「あなたの夢の中を覗いていた」という言葉に対して、イットはこう応じるのだ。「僕もあなたの夢を覗いていたよ」。

つまりここにあるのは「夢視ること」をめぐる、おそろしく複雑で豊かな重奏である。イットは「夢」の中で、自分自身の記憶とは関係のない、はるかなる過去の光景を視ている。ケンはイットと「交信」することで、彼の「夢」を覗き視る。ジェンはケンにイットが乗り移っていること、ケンが語るイットの「夢」を信じることにして、あたかもケン＝イットの「夢」が現実の光景と二重写しになっているかのように振る舞う。しかし、それらの全てが実はジェンの「夢」なのであって、そして彼女の「夢」をイットが彼の「夢」の中で覗き視ていたのだ……。

二本目の映画は『世紀の光』（二〇〇六年）である。この作品も病院が舞台になっているが（しかも前半と後半は別の病院である）、『光りの墓』とは違い、ごく普通の病院である。しかし兵士たちが治療にやってきているのは同じである。この映画はAWの好む二部構成となっているのだが、前半の中心人物である女医（ナンタラット・サワッディクン）が、若い兵士に交際を申し込まれる。彼女は断わる。恋をしたことがあるのかと問われて、ないと答えると、兵士は自分が如何に思い詰めているかを切々と語り出す。二人が話しているのは病院の庭のはずれのベンチだが、テーブルに突っ伏してしまった兵士を前に、女医はおもむろに思い出話を始める。「以前、ある男の人を知っていたわ、彼とは生産農家の野外市場で出会ったの」。

すると画面はいきなり市場に変わり、彼女の回想シーンになる。その男ヌム（ソーポン・プーカノック）はランの栽培をしていて、彼女は彼の自信に満ちた話しぶりに惹かれる。現在に戻ると、兵士はいよいよ落ち込んでいるのだが、彼女は結局この恋（？）は実らなかったのだと言う。すぐさま期待を取り戻そうとする兵士を制して、女医は話を続ける。また過去に戻ると、ヌムが初老の人物に何やら説明をしており、その横で女医が双眼鏡で野性のランを眺めている。場面が変わると、女医と兵士が居たのと同じベンチに、ヌムと女医が座っている。彼は彼女に自宅で栽培しているランの写真を見せている。ヌムは車で彼女を郊外の自宅に案内する。うまくいっているようだが、そうではなく、自宅にはひとりの女が滞在している。それは『光りの墓』よりも十歳近く若いジェンジラー・ポンパットである。ジェンおばさんがどういう関係なのかはよくわからないが、ヌムはジェンを秘かに愛しているのだと女医に告白する。いつのまにか回想シーンは、まるで回想ではないかのようにずっと続いている。女医が兵士と居るベンチに画面が戻ってくることはない。映画はやがて別の登場人物のエピソードに移っていく。

ＡＷの映画で何か突拍子もないことが起こる時、それはいつもあまりにも唐突、かつあまりにも事もなげに起こるのだが、この回想シーンも例外ではない。前触れ抜きに、それは始まる。かといってそれは、いわゆる時制の混乱を惹き起こすこともない。観客の多くは、女医の過去の淡い恋心に思いを馳せながら、いつのまにか彼女に恋慕していた兵士のことを忘れてしまう。いや、むろん完全に忘れてしまうわけではないのだが、観客の大方にとって、それはどうでもよくなっている。もう少し細かく辿ってみよう。女医が思い出を語り出した時、そしていきなり場面が過去へと跳んだ時、われわれは一瞬驚くものの、すぐにこのような場合によくあるような「回想」の機構が働いたものとして納得する。ところで、ではその際、いま映像として映っているのは、次の三つのどれだろうか。

一、本物の過去そのもの
二、女医の記憶の映像
三、女医の話を聞きながら兵士が思い描いた映像

この三つは似て非なるものである。しかし観客には、いま目の前で展開されているのが、この三

つのどれなのかを確定出来ない。だが、少なくとも途中までは、われわれは兵士と一緒にその回想場面を視ているような気持ちになっているのではないだろうか。一度、画面が現在に戻ることによって、そして過去と現在が同じ場所を共有することによって、その感覚は補強される。ところが、過去の物語が次第に深まっていくと共に、兵士の存在は消滅し、現在の物語は捨て去られる。忘却されるのは過去ではなく現在なのだ。最初は兵士に思い出を語っていた筈の女医の声もやがて消えてしまう。

この場面が重要だと思えるのは、『光りの墓』について見たように、AWにとって「夢」とは、ただ単に現実とは異なる無意識の世界ということではなく、何よりもまず視覚の対象、すなわち「誰かが視ている」ものであるということこそ、この類い稀な映画作家が繰り返し俎上に上げ続けてきた主題、少なくともそのひとつだと考えられるからだ。ヌムとジェンは女医の「回想」の中にしか登場しない。つまり『世紀の光』という映画＝物語において、彼と彼女の存在は他の登場人物よりも虚構の階梯が一段下にあるわけだが、そのシーンが非常に長く続くことによって、次第にそんなことはどうでもよくなってしまう。時制は混乱することのないまま混濁する。あっけなく消えてしまう兵士は、まるでヌムとジェンを召喚するためにのみ使われたかのようだ。

三つ目の映画は、更に遡って『ブリスフリー・ユアーズ』（二〇〇二年）。ジェンジラー・ポンパットが初登場した作品である。主人公は三人いて、ミャンマーから違法入国してきた青年ミン（ミン・オー）、その恋人のタイ人の娘ルン（カノクポーン・トングラム）、そしてジェン演じる中年女オーン。映画はミンの健康診断のシーンから始まる。前半はミンとルンの工場での労働や、関係性はよくわからないが二人とは年の離れた友人であるらしいオーンとのかかわりが描かれてゆく。後半、ミンとルンはピクニックに行く。オーンは二人とは行動を共にしないのだが、偶然にも近くで野外セックスをしていたところ、相手の男がバイクを盗まれそうになって走っていってしまい、仕方なしに森の中を彷徨っていると、二人と遭遇する。三人は川で水遊びをして、疲れて水際で横になる。全員が睡りに落ちる。それから、三人がただ睡っているだけの映像が延々と、まさに延々と続く。そしてそのまま、この映画は終わる。

ＡＷの作品の中でも、もっともエロティックな映画といっていい『ブリスフリー・ユアーズ』は、ジェンの青姦の途方もない生々しさにも驚かされるし、ミンとルンのぎこちない抱擁と熱い接吻も素晴らしいのだが、何と言ってもラストのこのいつまでも終わらない睡眠場面の官能性には陶然とさせられる。それは時間の経過そのものが醸し出す官能である。われわれは画面を視つめながら、このシーンが永遠に終わらないで欲しいと願う。いや、もちろんやがて映画は終わるのだが、この数分間の内に「永遠」が封じ込められているかのようだ。そしてわれわれはここで問うてみなくてはならない。この永遠にも等しい時間、三人は幸福な睡りを貪りながら、いったいどんな夢を視ているのだろうか、と。

睡っているひとを凝視していても、彼もしくは彼女がいま、夢を視ているのかどうか、どんな夢を視ているのか、知ることは出来ない。むろん科学的に夢を視ているかどうかを知ることは可能だ

（REM睡眠）。今や他人の夢を覗き視るテクノロジーさえ開発されつつあるというのだから（本当かどうかは知らない）。だが、もちろん言いたいのはそういう話ではない。たとえば三人の睡眠のシーンの後に、何かすこぶる幻想的な映像が付け加えられていたら、観客はそれを彼らの視ている夢だと思うかもしれないし、思わないかもしれない。ただひとつ確実に言えることは、夢視ているひとを凝視していても、彼もしくは彼女がいま、どんな映像を視ているのか、けっして知ることは出来ない、ということだ。だが、この映画の終わりらしからぬ終わりで、三人が何ごとかを夢視ていると想像することは許されている。ひょっとしたら、いまわれわれが視ている映像こそ、彼らが視ている「夢」なのではないか。彼らは睡りながら、自分たちが天国のような場処で幸福に睡っているさまを夢視ているのかもしれない……。

最後は『ブンミおじさんの森』（二〇一〇年）である。やはり映画の終わり近く、ブンミおじさんの葬式も無事に終わって、ホテルの部屋のベッドの上でジェンと年若い娘ルン（サムッド・クガサーン）がテレビを見ていると、シャワーを浴びてきたジェンの甥トン（サックダー・ケァウブアディー）が部屋に戻ってくる。トンはルンにセブンイレブンに行こうと誘うが、ルンは気怠そうに寝転がったままだ。Tシャツとジーパンに着替えたトンは二人の横に座り、一緒にテレビを眺める。再び立ち上がってベルトを締めていると、ジェンがベッドから起きてトンに外出しようと言う。

突拍子もないことが唐突に、だが事もなげに起こるのは次のショットである。トンがふと見ると、そこにはジェンとルンとトン自身がテレビを見ている後ろ姿がある。だがトンはその後ろに居るのだし、ジェンもその側にいる。真顔になったトンの手を取ってジェンが「行こう」と言う。テレビを見続けるベッド上の三人を置いたまま、ジェンとトンは部屋を出ていく。この時、明らかにトンは狼狽しているが、ジェンは彼をなだめるような態度を取っている。

トンとジェンは店に来ている。この映画のテーマ曲でもあるペンギン・ヴィラの「アクロフォビア」が流れ始める。トンが「歌う?」と尋ねるがジェンは笑って断わる。店の中に思い思いの様子で佇む若者たち。ジェンは無言になり、宙空をじっと視つめる。いきなり画面がホテルの部屋に戻ると、まだ三人はそこにいる。ルンは真ん中で横になって睡ってしまっている。ジェンとトンはテレビを視つめている。エンド・クレジットが流れ出す。

こんなドッペルゲンガー描写が他にあるだろうか。しかもこの作品は、ここに至るまで(他にさまざまな不思議な出来事が起こるとはいえ)このような結末を予感させるところは特にないのだ。だが、このエンディングを単なる奇抜さと片付けることは出来ない。ここまで辿ってきたAW映画における夢視と睡りの独特なかかわりを踏まえるならば、たとえ通常の意味で理屈は通らなくとも、このラストシーンが表現しているものが確実に存在している筈である。まず分身の出現がトンの視点で起こっていることに注目するべきだろう。しかしそれはワンショットだけであり、その後は全て客観的なカメラの映像に戻る。いや、精確に言うと、あのショットはトンの視点とは限らない。彼の横にいるジェンも明らかに異変に気づいており、画面のフレームから視点ショットがトンのものなのかジェンのものなのかを判別することは困難であるからだ。しかしいずれにせよ、最初、ドッペルゲンガーは画面の中の人物が視ている映像の内に現れる。つまりその時点では、それは幻影や錯覚である可能性もある。だがすぐに三人の分身はいわば実体化し、生身（?）のトンとジェンが部屋を出ていくショットはあからさまな合成画面となっている。

もうひとつ重要なのはルンの存在である。彼女はそもそも映画の後半になってから登場する、扱いとしては脇役と言っていいのだが、ここでの役割は重要だ。なぜならば、彼女は最後のショットで睡っているからである。AWの映画では、睡るひとが視ている夢は、その時われわれが目にしている、そのひと自身が映っている映像かもしれない。そうではないかもしれない。つまり、ホテルの部屋と音楽の流れる店に人物たちが分裂したのではなくて、それらのどちらかが、あるいは両方が、ルンの視ている「夢」なのかもしれない。もちろん、そうではないのかもしれない。睡っているのは別の誰かなのかもしれない。店でジェンは何かをじっと視ている。われわれはその彼女を視る。ホテルのベッドで、彼女はトンとテレビを視ている。われわれは、その様子を視る。このように、視ることと夢視ることは複雑に絡み合っている。いや、視ることとは夢視ることなのだ。そしてそれは、ほんとうはそうではない場合にだって、そうなのである。

Esse est percipi. 存在することは知覚されることである。この手垢の付きまくった言葉をもじるなら、「映画」では、知覚されているものが存在することになる。映画の中で誰かが夢視る「夢」は、究極的には「現実」と区別されない。そもそも「映画」が「夢」と区別出来ないからだ。要するに、映画とは夢なのだ、などと言ったら、凡庸に過ぎる結論だと思われるだろうか？

だが、本当にそうか？　このことの意味を、あなたはほんとうに、ちゃんとわかっているのか？　アピチャッポン・ウィーラセタクンは、繰り返しそう問いかけているように私には思える。一本の映画を視ている時、あなたが視ているものは本当は何なのか、と。

付記：『光りの墓』の後、アピチャッポン・ウィーラセタクンは、初の（そして今のところ唯一の）舞台作品『フィーバー・ルーム』（二〇一五年）を発表した。『光りの墓』に出資した韓国・光州のアジアン・アーツ・シアターの委嘱によって制作されたこの作品は、しかし生身の人間はひとりも出て来ない（お馴染みジェンジラー・ポンパットとバンロップ・ロームノーイが映像出演している）。これは三方向のマルチ・プロジェクション（しかもスクリーンが上下移動する！）と強力なビデオ・プロジェクターから客席に向けて照射される光線の乱舞による、一種の「拡張映画（エキスパンデッド・シネマ）」である。この異形の作品は日本でも二度、二〇一七年二月（横浜）と二〇一九年六月‐七月（東京）で上演された。日本初演の際に私が行なったインタビューでも、アピチャッポンは同作を「映画」と位置付けていた。舞台作品にはあまり興味が湧かない、とも。後半で圧倒的な存在感を見せつける光源＝プロジェクターは、明らかに『ナブアの亡霊』のラストで現れる映写機のなれの果てである。

視えないものと視えるもの　黒沢清論

命題1。Esse est percipi. / To be is to be perceived.　存在するとは知覚されることである。

命題2。Seeing is believing. (To see is to believe.)　視ることは信じること。

命題3。「映画は、事物が「見えること」と「存在している」こととのぎりぎりのせめぎ合いから成り立っていると私は思う」（黒沢清）

『ダゲレオタイプの女』（二〇一六年）は、黒沢清監督にとって初めての「フランス映画」である。ここでいう「フランス映画」とは、主にフランスの資本（「主に」というのは今日のヨーロッパ映画の多くは多国籍の合作で製作されており、この作品もフランス＝ベルギー＝日本の共同出資であるからだ）によって、主にフランスの俳優（メインキャストではベルギー国籍のオリヴィエ・グルメ以外は全員がフランス人）とフランス映画のスタッフを使って、全編フランスでロケーションされた、フランス語の映画ということだ。黒沢監督は、ほとんど身ひとつで（もちろん実際には通訳や製作陣として日本人も参加していただろうが）異国に渡って、一本の映画を撮り上げた。

この企画が如何なる経緯で可能となったかについては本稿では触れない。というか私はその事情を知らない。また、そのことが如何なる意味を持っているか、如何なる影響を今後の黒沢監督自身と、彼がこれまで属してきた「日本映画」に及ぼすことになるのか、という点にかんしても述べるつもりはない。ただ言えることは、この作品が、単に黒沢監督にとって初の「フランス＝外国映画」であるばかりでなく、多くの意味で、彼の映画の集大成と言える作品になっているということだ。集大成というのは、必ずしも最高傑作ということを意味しない（だが個人的にはそう呼んでしまいたい衝動をいま私は感じている）。しかし「日本映画」であるがゆえのさまざまな拘束や制約が軒並み取り外されたことによって、黒沢清という映画作家がほんとうは何をしたいのか、いや、彼はほんとうのところ何をしてきた／いるのか、ということが、これまでにない鮮明さで露わにされたことは確かだと思う。そしてその鮮明さは、われわれに納得と驚きと感動を同時にもたらす。

『ダゲレオタイプの女』は、多くのこれまでの黒沢映画と同じく、一種の心霊映画、怪奇映画、恐怖映画としての結構を持っている。まずはストーリーを述べてゆこう（尚、本稿では最終的に結末まで記すので映画を未見の方はご注意願いたい）。非正規雇用の低賃金労働者として暮らしてきたらしい青年ジャン（タハール・ラヒム）が、かつては国際的に有名だったが、モデルでもあった妻の死後、商業的な仕事から半ば引退して郊外の屋敷にひとり娘のマリー（コンスタンス・ルソー）と引きこもっている写真家ステファン（オリヴィエ・グルメ）にアシスタントとして雇われる。ステファンは世界最古の写真技術とされる「ダゲレオタイプ」に取り憑かれており、妻に代わって娘のマリーをモデルとして屋敷の地下のアトリエで撮影を続けている。

ダゲレオタイプとは、一八三九年にルイ・ジャック・マンデ・ダゲールによって発明されたもので、ネガが存在せず、写真像を直截銀板に焼き付ける技術である。極めてクリアで細密な、リアルなイメージを得ることが出来るかわりに、長時間の露光が必要で、その間、被写体は不動でいることを強いられた。実際のダゲレオタイプは、最初期でも十〜二十分程度の露光時間であり、それも程なく短縮されたが、この映画の設定では、ステファンは原寸大の写真像を得るための超大型の撮影機を所有しており、露光時間が長ければ長いほど実物に近いリアルさが達成されるということで、彼はモデルに数十分、遂には二時間もの不動状態を求めるようになる。アトリエには人体を固定するための拘束具が置かれている。それはおそろしくグロテスクな形状をしている。

写真に興味はあったが助手の経験は皆無のジャンは、最初は割の良いバイトのつもりだったが、ダゲレオタイプの異様さとステファンの暴君ぶりに気圧されつつも、次第にこの仕事に入れ込んでいく。マリーは母親の青いドレスを着て、粛々と父親のモデルを務めているが、彼女の夢は植物園で働くことであり、屋敷の横にある温室の世話もしている。或る日、彼女は遠く離れたトゥールーズの植物園から内定通知を貰う。ステファンの承諾を得られるかどうか心配するマリーに理解と共感を示したジャンに、彼女は思わずキスをする。この映画の時間経過は明確ではないが、二人は急速に惹かれ合っていく。

ところで街は再開発計画の真っ只中であり、あちこちで工事が行なわれている。ジャンは土地開発業者のトマ（マリック・ジディ）から、ステファンの屋敷が指定区域の中にあり、今なら五百万ユーロ以上の大金で売却出来ると聞かされる。だが、追って交渉にやってきたトマをステファンは怒りに燃えて追い返してしまう。トマは帰りしなにジャンに再開発事業の書類を預ける。ジャンから書類を見せられたマリーは、高値が付いている内にこの屋敷を売り払い、父娘でトゥールーズへと引っ越すことが望ましい選択だと言う。それに、ステファンも本心ではここから出て行きたいのだと。

ステファンは以前から、亡き妻ドゥーニーズ（ヴァレリ・シビラ）の幻に苦しめられていた。実はドゥーニーズは精神を病み、温室で首を吊ったのだった。ある夜、ステファンは妻の影に誘われるように地下室に降りていき、青いドレス姿のドゥーニーズの亡霊と対峙する。彼は妻に許しを乞うが、返事はない。ドゥーニーズは無言のまま階段を昇っていき、ステファンはその後を追う。そこにマリーがやってくる。父親を探して彼女は階段を昇り、姿が見えなくなった次の瞬間、何事が起こったのか、階段を転げ落ちてくる。続いてステファンが駆け降りてくるが、マリーは倒れたまま微動だにしない。どうやって撮影したのかは不明だが、マリーの階段落ちからステファンが彼女を抱き上げるまでは切れ目無しのワンショットで撮られており、『回路』（二〇〇一年）の名高いワンショットの飛び降りシーンを彷彿とさせる。

そこにジャンが撮影道具を片付けにやってくる。慌てふためいた彼は、茫然自失のステファンを置いてマリーを車で病院に連れていこうとする。ところが、夜道で突然タイヤがパンクしてしまい、河沿いで車は急停車する。その拍子に後部ドアが開き、外に放り出されたのか、頭から血を流していたマリーの姿が消えている。ジャンは暗い場所で彼女を探すが見つからない。諦めかけた時、ふと見ると闇の奥にマリーが浮かび上がるように立っている。彼女は意識を取り戻し、もう大丈夫だから家に帰りたいと言う。不思議なことに頭の怪我も治っている。屋敷に戻ると、ステファンは泥酔している。ジャンはマリーは無事だったと伝えるが、ステファンは信じようとしない。彼は娘は死んでしまったと思い込んでいる。そこでジャンは妙案を思いつく。このままマリーが死んだことにしたら、ステファンは屋敷を売る気になるのではないか。ジャンはマリーを自分の部屋に匿う。こうして二人の奇妙でささやかな愛の生活が始まる。

屋敷売却の書類を揃えたら多額の手数料をトマから得る約束をしたジャンは、ステファンを説得しようとするのだが、妻ばかりか娘も失ったと信じているステファンは酒浸りとなり、全てに投げ遣りになって登記簿の在処も忘れてしまっている。いまや屋敷には濃厚な死の気配が漂っている。やがて温室でドゥーニーズの亡霊と決定的な遭遇をしたステファンは、鍵を掛けた部屋の扉の外でジャンが真実――マリーは死んでいないこと――を告白したのにもかかわらず、拳銃自殺を遂げる。狼狽したジャンはトマを電話で呼び出すが、やってきたトマに彼がステファンを殺したのではないかと疑われ、我を失ってトマを撃ち殺してしまう。かくして完全に追い詰められたジャンは、マリーを連れて車で逃亡の旅に出るのだが……。

ラストシーンの手前まで来たが、ここまでの粗筋では敢えて触れていなかったことがある。それは物語の後半、マリーが実はとっくに死んでいるのではないかと、ジャンがずっと疑っているということだ。自分の部屋で寝起きして、料理を作ったり会話を交わしたりしているのは、生きているマリーではないのではないかという疑念を、彼は拭い去ることが出来ない。そして、この疑いは観客のものでもある。実際、マリーが夜道の事故で車から投げ出され、そのまま河に落ちてしまったことを露骨に仄めかすシーンも存在する。あの後、ジャンがその場所を通りがかると、警察官とダイバーが集まっている。釣りに来た子供が河の底に何かが沈んでいるのを見たというのだ。死体が発見されたという事実が描かれることはないが、これだけでも十分だろう。そして、この映画を最後まで観れば、残念ながらジャン（と観客）の疑念は正しかったことがわかる。しかしジャンは疑いを抱きながらも、ほんとうは実在していないのかもしれないマリーを、より一層愛するようになっていく。後でも触れるが、非現実感に襲われたジャンがマリーを問いただそうとする場面もある。だがジャンが決定的な問いを口にすることはない。彼には真実を確かめる勇気がないのだ。

黒沢清の映画を観てきた者なら、誰もがここで一本の作品を思い出すことだろう。『叫《さけび》』（二〇〇六年）である。主人公の刑事吉岡（役所広司）の妻である春江（小西真奈美）は、怪事件に翻弄される吉岡を二人が暮らすマンションで優しくいたわってくれるのだが、実は他ならぬ吉岡自身の手によってずっと前に殺されていたことが映画の終わりに明らかにされる。春江の姿は、われわれ観客にも、他の登場人物たちと何ら変わらぬものとして、確かに見えていたのだが、しかし彼女は実在してはいなかったのだ。幽霊らしさ、死者らしさというものがあるとして、そうした徴をほとんどまったく有していないのに、実はこの世のものではない（のかもしれない）存在という意味で、マリーと春江はよく似ている。だが違いもある。もちろん注意深い観客には疑いが生じる余地が設けられているものの、春江の非実在は基本的にラストまで伏せられており、真実が露わにされた時、観客は少なからず驚かされる。しかしマリーの場合は、先にも触れたように事故のシーンの後、かなり早い時点から（そもそも額の血が忽然と消えているという露骨な描写もあるのだし）、彼女の実在は繰り返し疑問視されており、むしろ観客は次第に、マリーがほんとうに幽霊ではなかった、彼女がほんとうに生きていた、という可能性の方に、意外性の軸を置くことになるとすら言える。絶えず疑いを抱いてはそれを打ち消そうとし続けるジャンと共に、われわれもそんな「意外な結末」を希う。それゆえ、まだ記していないラストシーンを経て、エンド・クレジットが静かに上がってきた時、われわれは、やはりそうだったか、どうしてもこの結末を迎えるしかなかったのかと、やりきれない想いに駆られることになるのだ。

もう一作、『岸辺の旅』（二〇一五年）についても触れておこう。あの映画では、長らく行方不明になっていた優介（浅野忠信）が、ある夜突然、妻（深津絵里）の許に帰ってくるのだが、彼は自分がすでに死んでいることを告白する。だが、優介は生きていた時とまったく変わらず、死者＝幽霊であることを匂わせるような様子もほとんどない。もちろん触れることだって出来る。それどころか、ここが『叫』の春江、そしてマリーとの違いだが、彼は妻と一緒に旅に出て（そもそも彼は旅をしながら帰ってきたのだが）、彼女以外の人々ともごく普通に接するのだ。つまり優介は生者と一切見分けのつかない死者なのである。だがそれでも、彼は生きてはいないのだ。幽霊の属性を持たない幽霊。その事もなげな死にぶりは、全然怖くはない幽霊映画としての『岸辺の旅』の魅力の核となっている。

さて、しかし実のところ、ここで考えるべきなのは、生者と死者の区別ではない。幽霊と幻影の区別である。どういうことか。まるで死者＝幽霊らしくはないものの、死んでいることを前提として物語に召喚される『岸辺の旅』の優介とは異なり、マリーと春江は、彼女たちが客観的な（という言い方も変だが）意味での霊なのか、それとも、ジャンや吉岡の妄想の産物、すなわち幻でしかないのかが、どうにも判別し難いという意味において、同質の存在だと言っていい。そして黒沢監督は明らかに、巧妙かつ狡猾に、その線引きを曖昧にしている。いや、先回りして言ってしまうなら、そもそも幽霊と幻影の間にはっきりとした区別などつけられるのか、そんなことは誰にも出来はしないと、黒沢清は言いたいかのように思われる。そしてそれは確かにそうなのだ。裏返すならばこれは、誰であれ、何ものであれ、しかと疑いなく確実に実在しているなどと、どうして断言出来るだろうか、という問いでもある。だが、この問いに向かうのはまだ早い。いま暫く足踏みをしなくてはならない。

恐怖映画には――いわゆるジャンル論とは別に――二つの方向性がある。仮に実在論的恐怖映画と反実在論的（観念論的）恐怖映画と名付けよう。前者は、おそろしい出来事が現実的具体的に起こっている映画。後者は、実際には超常的なことは何も起きていないのに、登場人物の誰某の精神の内部におそろしさが宿っている映画である。大方の恐怖映画はもちろん前者だが、当然のことながら、あらゆる実在論的恐怖映画にも観念の次元が潜在している。妄想の次元、想像力の次元と呼んでもいいだろう。それに、全てではないにせよ、多くの実在論的恐怖映画は、その正体が反実在論的恐怖映画であるという疑いを完全には排除出来ない。恐怖映画が恐怖をもたらす真の理由は、むしろここにある。つまり怪異が、この世ならざる出来事が、「世界」の側に在るのか、「心」の中に在るのかが、判定出来なくなる場合があるのだ。そして、この決定不能性こそが、もっともおそろしいのである。

ジャンが陥っていくのは、この決定不能性である。マリーが生きているのか死んでいるのかは、本質的な問題ではない。たとえ生きていないのだとしても、彼女はここに居るのだから。問題は、ここにいるマリーが超常的（超自然的）存在＝幽霊なのか、それとも妄想的存在＝幻影なのか、なのである。

『ダゲレオタイプの女』には「ステファン×ドゥーニーズ」と「ジャン×マリー」の二組の男女による二重のストーリーラインがある。この二つの系列は、青いドレスという形象によって掛け合わされている（この点においても「赤いドレスの女」が登場する『叫』との関連は明らかだ）。ステファンは死んでいるドゥーニーズに責められ、襲われる。ジャンは死んでいるマリーと暮らし、愛し合う。ドゥーニーズの死は事実と考えてよいが、マリーの生死はラストまで宙吊りにされている。しかし繰り返すが問題はそこにはない。見るべきは、ステファンの前に現れるドゥーニーズ、ジャンが接するマリーが、彼ら以外にとっても実在しているのかどうかなのだ。

幽霊と幻影の違いは、言うまでもないことだが、前者はしばしば複数の人物にその姿を示すが、後者は結局のところ特定の人物の意識の内に現れるものだということである。常に青いドレスを着て出現するドゥーニーズは、ステファンの歪んだ悔悟が生み出した、彼にしか視えていない幻なのか、それとも自らを死に追いやった夫への恨み——ここで重要な事実を述べておくと、ステファンは長時間の不動状態を要するダゲレオタイプのために、ドゥーニーズに筋弛緩剤を投与しており、彼女の自殺はその薬物とかかわっていたらしいことが示唆されるのだが、ステファンは娘にも同じ薬を与えていた——によって下界に繋がれた霊なのか。そしてマリーは、ジャンの狂気の愛が彼だけに視せている幻なのか、それとも彼のためにこの世に留まってくれている霊なのか。ジャンはマリーに「お父さんは君が死んだと思い込んでいる」と話すが、現実は逆で、ジャンがマリーを生きていると思い込んでいるだけなのかもしれない。ステファンはジャンに「この頭が狂えば、気が楽になるのに」と言う。程なくステファンの望みは叶えられるが、それ以前からジャンの頭の方が狂っていたのかもしれないのだ。

そして何よりも重要なことは、そのことにジャン自身が気づいているということである。彼はマリーの生死を疑っているのではない、自分の頭を疑っているのだ。では、実際のところはどうなのか。ジャンの頭は狂っているのだろうか？

では、ここで、ドゥーニーズとマリーが、幽霊なのか幻影なのか、私なりの考えを記してみようと思う。愚昧さはもちろん承知の上である。先にも述べたように、黒沢清自身が、意図的にこの判別を宙吊りにしているのだから。しかしそれゆえにこそ、考えるためのヒントはそこかしこに散らばっている。まずはドゥーニーズから。彼女はステファンがひとりでいる時にしか現れない。写真家が自室で書物を捲っていると、耳元で「あなた」と呼ぶ声がする。彼は驚いて後ろを振り向くが、誰もいない。だが再び「ステファン」という声がする。窓の外を見ると、緑の中に青いドレスの女が立っている。遠くて顔はわからないが、服装は見紛いようがない。この時点では声と姿だけだが、後には、椅子に座ったステファンの両肩をドゥーニーズが背後から抱きしめるショットが出てくる。ドゥーニーズがステファンに接触するのはこの一度きりだが、この映像は重要である。

ごく短いショットにこの世ならぬものがいきなり映っており、すぐに切り替わった次のショットではあっけなく消えているというのは、『降霊』（一九九九年）など、黒沢恐怖映画ではしばしば見られる趣向だが、ここでも、どんな高度な特殊撮影技術よりも効果を上げている。マリーの転落に至る地下室のシーン、ステファンが恐怖の閾値を超えてしまう温室のシーンでは、ドゥーニーズは姿形だけの存在であり、その場にはステファンしかいない。この映画の中では、他の誰もドゥーニーズを視ていない。従って、彼女はステファンの妄想である可能性が高いと考えることが出来る。だが、ここには幾つか留保も付けられる。

映画が始まってまもなく、ステファンの屋敷にはじめてやってきたジャンは、二階に上がる階段に青いドレスの女の後ろ姿を目にする。その女性は踊り場に黙って立っており、ジャンが視ているとゆっくりと上に昇っていく。この後、ステファンと会ってそのまま助手に採用されたジャンは、ダゲレオタイプに定着されたマリーの写真像を視せられる。だから階段に居た女性はモデル姿のマリーだったと考えられるし、ジャンもそう思っただろうと推測出来る。しかし、そうではなかった可能性も残る。それはマリーではなくドゥーニーズの霊だったのかもしれない。

また後半、ジャンが地下室で登記簿を探していると、とつぜん照明が消えたり点いたりする。いわゆるポルターガイスト現象である。ドゥーニーズが出現することはないが、彼女の仕業であるかに思わせる場面ではある。もっとも、このシーンはマリーの事故よりも後なので、ポルターガイストの正体がドゥーニーズであるという保証はない。このように、ドゥーニーズがステファンの妄想に過ぎないと完全に証明することは難しい。だが私は以下の理由で、彼女は幽霊ではなく幻影なのだと考えている。

ドゥーニーズはマリーの前にステファンのモデルを務めていた。彼女はダゲレオタイプ撮影のために長時間の拘束を何度となく強いられ、筋弛緩剤まで使われた結果、遂には自殺したものと思われる。ステファンはダゲレオタイプこそ「本来の写真」なのであり、それは「存在そのものが銀板に固定される」のだと宣う。しかし、ならばどうして、ドゥーニーズのダゲレオタイプ像が、この映画には一度も出てこないのか。青いドレスを身に纏った原寸大の写真は、常にマリーのものである。ステファンが、地下室の壁に立てかけられたマリーのダゲレオタイプ像とドゥーニーズの写真を対面させようとする場面があるが、彼が手に持っているのは、ごく普通の肖像写真であり（彼は「こんなに小さくなって」と写真に語りかけ、次いで「復讐は順調かな」と言う）、ダゲレオタイプではない。

これはどういうことなのか。

もちろん、その理由はわからない。だが、こう考えることが出来るのではないか。ステファンはドゥーニーズの死後、彼女のダゲレオタイプを全て処分したか、どこかに隠してしまった。彼女を視ないように、そしてそれ以上に、彼女に視られないように。ステファンがドゥーニーズからの視線を怖れていることは、先の肖像写真が横向きであることにも示されている。そしてむしろ、そのことによってこそ、彼は妄執に蝕まれていったのだ。マリーはジャンに、父親は「写真と現実を混同して生者と死者を区別できない」と言っていた。つまりステファンの前に現れるのは、ドゥーニーズの霊ではない、ドゥーニーズのダゲレオタイプなのである。

ダゲレオタイプという技術は、或るあからさまなパラドックスを有している。写真は静止像であり、決定的瞬間という言葉にも明らかなように、間断なく連綿と流れゆく時間を切断し、一瞬を固定する。それはいわば時間的な連続のどこにも存在していない断面としての写像である。ところがダゲレオタイプのような長時間露光の場合、その方法からして、瞬間の内に、時間の持続を閉じ込める。ダゲレオタイプも他の写真と同様、平面の上に固着された静止像であることに変わりはないのだが、そこには同時に時間の流跡が刻まれているのだ。だが、そこに封じられた時間の中に動くものがあると、像は乱れてしまう。従ってダゲレオタイプの撮影においては、現実の時間を止めることが要請される。その結果、リアルな静止像が得られる。しかし翻って言えば、その像には無理矢理に止められた、いわば無時間的な時間が刻印されているのだ。

実際、青いドレス姿のドゥーニーズは、顔も体も、ほぼ不動である。温室でステファンがドゥーニーズに迫られるシーンでも、刻々と近づいてくる彼女の表情は凍りついたままだ。それは自分を死に追いやった夫への復讐のためにこの世に舞い戻った亡霊ではない。そうではなく、ステファンを狂気へ、自死へと誘うのは、何よりも彼自身がそう信じている、銀板に固定された存在そのもの、すなわちドゥーニーズのダゲレオタイプ、もっと精確に言えば、その本物そっくりの写真像の記憶なのである。彼は亡き妻のダゲレオタイプを視えないようにしたからこそ、その幻を視るようになったのだ。そして温室の場面で、遂に彼は彼女と目が合ってしまう。

では、マリーについてはどうだろうか。ジャンは（冒頭の場面の可能性を除けば）ドゥーニーズの姿を視ることはないが、事故後、ステファンは娘を一度も視ることはない。死んだことにして隠れているのだから当然とも言えるが、一箇所だけ例外がある。居間でステファンとジャンが話していると、突然「パパ」という声が聞こえ、思わず二人とも身構える、というシーンである。続いてステファンは向こうの部屋にマリーが居ると言って脅えるが、そこには誰も居ない。ジャンは少なくとも、そこにマリーが居るわけがないことを知っている。彼は「こんな家にいたら誰でもおかしくなる」と言う。だが、二人とも（そしてわれわれ観客も）確かにマリーらしき声を聞いたのだ。

もうひとつ、より重要な意味を持つ場面がある。屋敷内の美術作品を査定に来た業者が、帰りしなにジャンに「階段で若い娘さんを見かけた」と言う。失礼を詫びたが無言だった、と。ジャンが「そんな人はいない」と答えると、業者は曖昧な顔で誤摩化す。不審に思ったジャンが急いで自分の部屋に戻ってみると、マリーはそこにいて、外出などしていないという。業者の言葉からして、それは無論ドゥーニーズではない。このシーンは、この映画の中で唯一、ジャン以外の人物が事故後のマリーを視た可能性を示すものである。

そして決定的と言っていいのは、正気を喪ったステファンが薬剤を撒き散らし、植物たちが枯れ果ててしまった温室に、ジャンの部屋を抜け出したマリーがひとりでやってくる場面である。このシーンにはジャンは出てこない。ということは、マリーは自らの独立した意思を持った霊なのであって、ジャンの妄想内存在ではないのだろうか。この場面をそのまま受け入れるなら、そう考えるのが妥当なのだと思われる。だがもちろん、幾らだって疑うことは可能だ。マリーはこの時、誰とも出会わないので、他者の認識によって彼女の存在を証立てることは出来ない。このシーンが現実であるという確たる証拠はどこにもない。この出来事自体がジャンの妄想の一部なのかもしれない。真実はどこまでも宙吊りにされている。だが私は以下の理由で、マリーは幻影ではなく幽霊なのだと考えている。

ここで、これまで述べていなかったラストシーンを語ることにしよう。田舎に向かって車を走らせたジャンとマリーは、モーテルで一夜を過ごす（おそらくこの時はじめて二人は結ばれる）。翌朝、近くの教会で結婚式を挙げようとジャンはマリーに言う。彼女は嬉しそうに同意する。誰も居ない教会に入り、道に落ちていた針金で拵えた指輪をマリーの指に嵌めて、ジャンは神父と新郎を兼ねて婚姻の誓いを述べる。マリーもそれに応じる。二人は接吻を交わす。そこに神父らしき男が訝しげに入ってきて、祭壇に立ってはいけないと注意する。すると、マリーの姿が消えている。神父の目には最初からジャンしか映っていなかったようだ。戸惑いながらも、ジャンは教会を出て行く。映画の終わり、ジャンは畦道の真ん中に車を止めて泣いている。マリーの姿はどこにもない。やがて彼は何とも苦しげな笑顔を浮かべ、助手席の虚空を見据えて、マリーに語り掛け始める。

　この先どうしよう？　君の好きでいい。家に帰りたい？　僕は構わない。君といられるなら……

彼の最後の台詞は「楽しい旅だった」。なんて哀しい幕切れだろうか。黒沢映画において、これほどストレートに心を揺さぶられる場面は過去に観たことがない。タハール・ラヒムの素晴らしい演技も相俟って、深い深い余韻の残るラストになっている。およそ物語上の情緒的な要素に対しては、常に一定の距離感を――おそらく本能的に――導入してきた黒沢監督が、ここまでエモーショナルな演出をしてみせたことに、私は不意打ちにも似た感銘を受けた（それゆえにこの結末を嫌う黒沢ファンも居そうだが）。

　マリーは、どうして消えたのだろうか？　それは私にはわからない。だが、こう考えることは出来る。教会でジャンは、婚姻の誓いの言葉として「死が分かつまで」と言う。マリーも同じ言葉を返すのだが、その直後、彼女は不意に消滅する。キリスト教の結婚において誰もが口にする、ごく平凡な台詞だが、しかしマリーがほんとうはもう死んでいるのだとしたら？　二人を分かつ「死」

は、すでに訪れていたことになる。ただ、その事実を直視しないことによって、マリーはジャンと同じ世界に存在し得ていたのだ。しかし「死が分かつまで」という言葉が、そのことを露わにしてしまった。その結果、マリーは自分が死者であることを、幽霊であることを、とうの昔に二人が分かたれていたことを、認めざるを得なくなった。受け入れざるを得なくなってしまったのだ。

　マリーがジャンの妄想的存在だった場合も、結果は同じになる。ジャンはずっとマリーが生きているのかどうか不安だった。いや、彼はマリーがほんとうは死んでいることを最初から知っていたと言ってもいい。そして彼は、夜の闇の奥から現れたマリーが、自分の狂った頭が生み出した幻であるということにも気づいている。だが、妄想もいつまでも続くなら現実と変わらない。もはや彼にとっては、マリーが生者であるか死者であるか、幽霊であるか幻影であるかは問題ではない。彼女といられるなら、何だっていいのだ。だから或る意味で、ジャンが発する「死が分かつまで」という言葉の意味は――結婚の儀の真似事ゆえの不用意な慣用句だけではなかったのなら――こうして今、二人は分かたれていないのだからマリーは死んでなどいないのだと、自分に対して、彼女に対して、世界に対して、やみくもに宣言するため、言い募るための、どこまでもそう思い込むための、思い込み続けるための、魔法の言葉だったと考えられるのではないか。しかし、その言葉を口にしたがゆえに、魔法は消えてしまったのだ。

　つまり、こういうことなのだ。ステファンもジャンも、幽霊と幻影を、現実と妄想を取り違えた。だが二人の錯誤は真逆である。ステファンは、実際には妄想＝幻影であるものを現実＝幽霊だと勘違いした。それが彼の悲劇だった。しかしジャンは、現実＝幽霊を妄想＝幻影だと思い込んだのだ。彼はずっと、マリーを彼の心が生み出したイメージではないかと疑っていた。最後の最後までそうだった。だが、ほんとうはそうではなかったのだ。マリーは、死者として、確かにそこに存在していたのである。ジャンがマリーに思わず真実を問いただそうとする場面で、「君とここにいることが信じられない。すべてが本物じゃない、現実じゃない気がする」と彼が言うと、彼女は穏やかに微笑んで「悪くない生活でしょ」と応える。そして彼女はひとつの質問を口にする。「これが現実なら、どこが境目？」

そう、彼はこれは現実じゃないと思うべきではなかった。これは紛れもない現実で、そしてマリーという、いま目の前で微笑む女性こそ、奇跡の別名である境目なのだと認識するべきだったのだ。だが、彼はそう思わなかった。思えなかった。それが彼の悲劇であり、だから彼は何もかもを失ったのだ。自分に視えているものを信じ切ることが出来なかったがゆえに。

だがしかし、最後に言っておかなくてはならない。ジャンの悲劇は、けっして彼が愚かだったからではない。彼の立場になったとして、いったい誰が霊と幻の区別をつけられるだろう。そればかりか、いったい誰に、視えない筈のものと視えているものを、視えているものと存在しているものを分けられるだろうか。それが不可能であることこそ、人間が人間であるゆえんではないか。なぜならそれは、人間が想像力というものを、或いは希望と呼ばれる能力を持っていることの証左であるからだ。

黒沢清という映画作家は、このことを問うている。問おうとしている。問い続けている。そしてこれは、すこぶる映画的な問題であると同時に、無論のこと、映画だけの問題ではない。

『散歩する侵略者』（二〇一七年）の「原作」は、前川知大の作演出による劇団イキウメの同名の舞台だが、演劇と映画には幾つかの違いがある。その内のひとつが映画では長谷川博己が演じているジャーナリスト桜井の扱いだ。舞台版でも映画と同様、桜井は物語のきっかけとなる猟奇殺人（心中？）事件を記事にするべくあちこち嗅ぎ回り、やがて侵略者＝宇宙人に体を乗っ取られた少年の「ガイド」となり、もうひとりの宇宙人である少女と出会う。だが桜井（演劇）の態度は終始愉快犯めいた雰囲気を纏っており、俄には信じ難い事の次第の深刻さを認識しつつも、どこか面白がっているようにも見える。しかし桜井（映画）は少年・天野（高杉真宙）の「ガイド」となって少女・立花あきら（恒松祐里）と三人で行動を共にしつつ、始めの内は半信半疑を隠すことが出来ず、信じざるを得なくなってからも複雑な内面を幾度となく覗かせる。そして最後には自らの決断によって、或る途方もない行動を取る。黒沢清が原作舞台に施したアダプテーションは他にもあるが、重要なそのひとつは、間違いなくこの桜井のキャラクターの改変ならぬ拡張だ。その結果、舞台版ではサブストーリーだった桜井・天野・立花のエピソードが、映画においてはもう一方の加瀬夫妻のエピソード（舞台版では明らかにこちらがメインである）と同等に近いウェイトを持つことになった。

見方によっては、この映画を一種の「バディもの」として捉えることも可能だろう。桜井は天野少年の不遜な態度に最初は戸惑うが、次第にあれこれ協力するようになり、人類滅亡を企図する宇宙人の「ガイド」としての役割を全うしようとする。桜井と天野少年の関係は、極めて捻れてはいるものの、或る種の友情のごときものへと育ってゆくように見える。このことが特に映画では強調されているように私には思われる。しかし考えてみれば、桜井の態度は支離滅裂である。最終的に彼は、まるで宇宙人＝侵略者の味方であるかのような行動を執る。言い換えればそれは自らもその一員である筈の「人類」を敵に廻す、ということである。なぜ、彼はそんなことをするのか。確かに天野少年に「人類を滅ぼした後もサンプルとして何体かは生かしておくかも」と言われて桜井は迷ったりするのだが、だが彼はけっして自分が生き残りたくて強者の側につこうとしているわけではない。それは映画を最後まで観た観客には自明のことだろう。ではなぜなのか？　私はここに黒沢清という映画作家に独特の倫理観（のようなもの）が表れていると思う。しかしそのことを語るためには、加瀬夫妻のことも述べておかなくてはならない。

何らかの事故に遭ったらしい夫・加瀬真治（松田龍平）はまるで若年性アルツハイマーのごとき状態になってしまっている。妻の鳴海（長澤まさみ）は途方に暮れる。すでに夫婦関係は冷えきっており、折しも彼女は夫の不貞の動かぬ証拠を摑んだばかりだったのだ。だが真治は都合良く何も覚えていないようだ。それどころか彼女に「ガイド」になってくれなどと意味不明のことを言い出す。この映画で長澤まさみはひたすら怒っているのだが、それは舞台版の女優も同じだった。だが真治のキャラクターはかなり違っていて、演劇の真治は剽軽で明るく、どこか人を舐めているかのような感じさえあるのだが、映画の真治は寡黙でゆっくりとしていて、あまり感情を表に表さない。重要なことは、いずれにせよ、三人目の宇宙人である真治の性格設定は乗っ取られた後のものであり、以前に彼がどんな人物だったのかは、演劇でも映画でも描かれることはない、ということである。

つまりわれわれが見る加瀬真治とは、天野少年、立花あきらと同じく、その名前で呼ばれる人物の記憶やら何やらを使用しているとはいえ、実は人間ではない。彼はどういうわけか突然地球征服にやってきた宇宙からの侵略者の一員なのであり、その存在のメンタリティが如何なるものであるのかをわれわれは彼らの言動を通して推し量ることしか出来ない。宇宙人がわれわれ地球人とどれほど違っているのかは、彼らが侵略の事前調査として人間どもの「概念」を収集していることでもわかる。「家族」や「所有」や「自分」や、或いは「愛」などといった「概念」を宇宙人は持っていない。彼らに「概念」を奪われた人間はそれを失ってしまうという卓抜な設定は、演劇から映画に踏襲されている。

桜井と天野少年の関係と同様に、真治と鳴海の関係も「バディもの」として捉えられるだろう。夫が宇宙人だと知らされた鳴海は、やはり桜井と同様、そんな荒唐無稽をすぐに信じることなど出来ない。この映画の好ましい点のひとつは、桜井と鳴海がどの時点でパートナーの言うことを信じるようになったのか、はっきりさせていないことだ。彼らは自分は相手を信じる（ことにする）などといったことは一切言わない。私はあなたを信じる、というタイプの言表は、裏返せば自分に信じられることを相手に押しつける、責任を負わせることでもある。彼らはそういうことはしない。ただいつのまにか、鳴海は真治を連れて逃避行に出ている。そして驚くべきことに、最後まで文字通りに非情な宇宙人らしさを崩さない天野少年や立花あきらと違って、真治、いや真治の体を乗っ取った宇宙人は、徐々に真治らしく、つまり人間らしく振る舞うようになっていくのである。桜井と天野少年のエピソードが「友情の物語」だとするなら、鳴海と真治のエピソードは「愛の物語」である。そしてそのどちらも、普通の物語とは根本的に異なる、一風変わったものとなっている。

しかし、もちろんここでの問題は、それらがどのように変わっているのか、ということである。この映画には、幾つかの関係性とカテゴリが描かれている。もちろんその第一は「人間＝人類」と「宇宙人」だ。加瀬鳴海と桜井は前者であり、加瀬真治と天野少年と立花あきらは後者である。そして加瀬鳴海と加瀬真治は「夫婦」である。順番に検討しよう。桜井は天野少年の「ガイド」となるのだが、それは出会い頭の偶然に近い成り行きによるもので、彼は「人間」の代表として選ばれたわけではない。そのことは彼自身がよくわかっている。桜井は最初はスクープ狙いで天野たちに協力する。天野たちが「宇宙人」であることを信じていなかったのだとしても、トップ屋としての彼の本能がそうさせたのだ。しかし次第に、完全にというわけではないにせよ、天野少年の主張を信じざるを得なくなってくる。それでもやはり桜井の心中はジャーナリストとしての欲望に支えられていたと思われる。違ってくるのは彼らを追う勢力（それは国家権力であることが示唆される）が現れ、三人の道行きが逃亡の様相を帯びて以後だ。立花あきらが死に、追い詰められた天野少年も瀕死の状態に陥った時、桜井は彼に言うのだ。俺に乗り移ればいいんじゃないか、と。

その後の展開については書かないが、これは『散歩する侵略者』の中で最も感動的な場面だと思う。個人的には後で述べる鳴海と真治の場面よりも強く胸を打たれた。では、再び問おう。なぜ桜井はそんなことを言うのか？　彼は「宇宙人＝侵略者」に手を貸そうとしたのではない。そうではなく、彼はただ、天野少年の姿をしたひとりの宇宙人をそのまま死なせたくなかったのだ。「宇宙人」などどうでもいい。桜井が救いたかったのは、目の前に居るひとつの存在なのであって、その存在がどのようなカテゴリに属するかなど、どうでもいいとまでは言わないが、さして重要ではない。「天野少年」の向こう側に「宇宙人」という一般名詞を透視するのではなく、桜井は「天野」という固有名を、ただそれだけを見ている。私はこのことが、黒沢清の倫理だと思う。

鳴海と真治についても、ほぼ同じことが言える。二人はかつてそうであったような、愛し合う夫婦としての関係を回復するわけではない。これはそんな物語ではない。鳴海は、今や「宇宙人」でもあるらしい「夫」ではなく、その中身が何であれ、いま自分と一緒にいる「加瀬真治」というただひとりの存在に、仮に「愛」と呼ばれている感情を芽生えさせ、それを彼に教えよう／与えようとする。そして「真治＝宇宙人」が対峙しているのも「人間」という集合の一要素としての「妻」ではない。彼にとっては彼女が「人間」であることも「妻」であることも重要ではない。彼が大切に想っているのは「加瀬鳴海」という、他の誰でも何でもない、代替不能の存在なのである。

一般名詞ではなく、固有名の切実さを描くこと。全体性などには目もくれず、あくまでも個体のかけがえのなさに付くこと。そればかりか、固有名こそが一般名詞の「概念」の改訂を促すのだということ。個こそが全体を変えるきっかけになるのだということ。黒沢清は、この映画で、このような「倫理」を提示しているのだと私は思う。『散歩する侵略者』は「宇宙人」による「人類」への脅威を描いたSF映画である。だが、それと同時に、この作品は、個が個を見出し見出され、個と個が繋がり合うことで生成される絆、世に言われるキズナのようなあやふやでインチキなものではなく、たまたまだからこそ、仮初めだからこそ、契約とも宣言ともまるで無縁に、いつしか深く取り交わされている真の意味での絆、真の意味での「信」を描いた映画である。そして思えば、いわゆる「バディもの」とは、そういう関係を描き出そうとするジャンルではなかったか？

もともとは前川知大が考え出した物語でありながら、黒沢清は、この映画に、彼がこれまで幾つもの作品を通して繰り返し問うてきた倫理的なモチーフを、これまで以上に豊かで鋭く力強い仕方で、思うさま注ぎ込んでみせた。前作に当たる『ダゲレオタイプの女』が「信じることの終焉」を描いていたのだとしたら、『散歩する侵略者』は「信じることの誕生」を、黒沢清にしか出来ないやり方で見事に描き出した作品である。ひとはひとを信じられるか、を問うのではなく、ひとはひとを信じるべきだ、と主張するのでもなく、ひとがひとを信じ（られ）るとは、本当のところどういうことなのかを、黒沢清は映画によって考え続けている。

付記：黒沢清は『散歩する侵略者』の公開に合わせて、同作のスピンアウト的長編『予兆　散歩する侵略者』（二〇一七年）をＷＯＷＯＷの製作で発表した。前川知大の原作の設定を踏まえつつも、高橋洋との共同脚本で、より自由なストーリーテリングを行なったこの作品は、ある意味で『散歩する侵略者』よりも従来の黒沢清らしい仕上がりとなっている。特に本編とは違う役柄で出演している東出昌大の不気味さは特筆に値する。

二〇一九年、黒沢は前田敦子を主演に、ウズベキスタンで撮影された長編『旅のおわり世界のはじまり』を発表した。『ダゲレオタイプの女』以来の黒沢の単独脚本作だが、こちらは異国を舞台としたひとりの若い女性の物語である。ラストで前田敦子が唐突に歌い出す場面の素晴らしさは、三十年以上前の『ドレミファ娘の血は騒ぐ』（一九八五年）の洞口依子に始まる黒沢的ヒロインの系譜の最新形である。

視えるものと視えないもの　諏訪敦彦論

命題1。Esse est percipi. / To be is to be perceived.　存在するとは知覚されることである。

命題2。Seeing is believing. (To see is to believe.)　視ることは信じること。

命題3。「映像の場合、自分の意図しない風景や音声といったものまで映り込んできてしまうわけです。それは単なるノイズではなくて、世界との対話だと思うんですよ」（諏訪敦彦）

0

『ライオンは今夜死ぬ』（二〇一七年）は、諏訪敦彦監督にとって『ユキとニナ』（二〇〇九年／イポリット・ジラルドとの共同監督）以来、約八年ぶりとなる長編映画である。更にその前作『不完全なふたり』（二〇〇五年）から数えて三本目の日本＝フランス合作であり、前二作と同様、フランスで撮影されたフランス語作品である（後でも触れるように『ユキとニナ』は一部が日本で撮影されており日本語も話されるが）。主演にジャン＝ピエール・レオーを迎えたこの作品は、今や「フランスで撮り続ける日本の映画作家」という例外的と言ってよい存在となった諏訪監督の作品歴の中でも、とりわけ特権的な位置を占めるものとなるだろう。言うまでもなくジャン＝ピエール・レオーは「ヌーヴェルヴァーグ」と呼ばれる映画史上の奇跡の一時代／一潮流の申し子であり、その象徴であり、もはや残り少なくなってきたその生き残りのひとりでもあるからだ。

数年前から諏訪監督がレオーを主演に新作を撮るらしいという噂を耳にして想像を逞しくしていたが、遂に完成し観ることの出来た『ライオンは今夜死ぬ』は、私の予想とは幾つかの点で異なっていたと共に、私の期待をはるかに凌駕する作品に仕上がっていた。ラストショットを観終わったとき、私はしたたかに打ちのめされ、感動で言葉を失っていた。それから暫しの時を経て、私はこれから、自分の受け取った感動が如何なるものであったのか、その感動がいったい何に由来していたのかを、出来る限り論理的に書いてみたいと思う。だが、そのためにはまず、いささか長い廻り道をせねばならない。

1

こんにちの映画は基本的に、矩形に縁取られたイメージの連続と、それらに重なって聞こえてくるサウンドから構成されている。つまり映画とは有限の映像と有限の音響の集合体である。撮られて映される画面と、録られて流される音しか、われわれ観客は視る／聞くことが出来ない。

当たり前のことである。だがしかし、もう少し考えてみよう。そのような映画の映像と音響について、「内」と「外」という概念を導入してみる。まずは映像から。観客が視ているのは常に矩形に限定された画面だが、そのフレームの外側に何も存在していないわけではないことは誰もがよくわかっている。しばしばカメラはワンショットの中で動くことによってその事実を証明しているし、セットとロケの違いという点もありはするが、いずれにせよ画面の外部にいま視えてはいない世界が広がっていることに異論を差し挟む者はいまい。つまり映画の映像には必ず「内」と「外」がある。さしあたり具体的に視えてはいないが画面の「外」に在る／居るのであろう人物や物体や風景の実在を、観客はたとえばそれらが一瞬後にフレームに入ってくることによって知ったりもするし、そうでなくても与えられた諸情報から推察することが可能である。つまりここには、画面の「内」に視えているので実在していると考えられるものと、画面の「内」には視えないが「外」に実在していると考えていいもの、という二種類の存在が設定されていることになる。

では、音についてはどうだろうか。画面の「外」にある筈のものが、音によって示される場合がある。パトカーのサイレンの音が次第に大きくなってきたら、観客は「警察がやってきたのだろう」と思う。その後にパトカーが到着する映像が続けば、その予想は当たっていたわけだ。音は目に視えないので、映像とまったく同じことにはならないが、その音を発する者や物＝音源が画面の

「内」に在る場合と「外」に在る場合という分類は出来るだろう。

いわゆる「切り返し」のことを考えてみればよい。向かい合った二人の人物の対話が切り返しによって描かれる際、画面の「内」に視えていない人物が、そのショットの間だけ実在していないなどと観客はまず思わないし、画面「内」に映っている人物が黙っているのに声が聞こえてくれば、観客はもうひとりが画面の「外」から話しているのだと理解する（画面「内」の人物の「心の声」或いはナレーションという可能性もあるが）。携帯電話がフレーム「内」にあって着信音が鳴る／フレーム「外」にあって着信音が聞こえるという二つのパターンで、後者の場合は音のみによって「いま視えてはいない＝フレーム「外」の携帯電話の実在」を観客は認知する。着信音が聞こえてから登場人物が隣室のドアを開けてテーブル上の携帯電話を手に取ったなら、観客の認知は証明されることになる。

当たり前のようだが、このような映画における映像と音響の「内」と「外」という問題は、個々の作品に当て嵌めてみると、それほど単純な話ではないことがわかってくる。そして諏訪敦彦という映画作家は、何よりもこの問題に極めて意識的であると私には思われるのだ。

先ほどの携帯電話の例が興味深いのは、もちろん携帯以前に電話機による通話という行為が、映画の「内」と「外」の問題に深くかかわってくるからである。映画における電話とは、それを使っている（ように見える）フレーム「内」の人物が、今まさに通話している相手が画面の「外」の世界のどこかに確かに存在しているという情報を観客に提示する装置である。しかし現実とは違い、それは実際には演技、映画の嘘であっても構わない。彼もしくは彼女は、どこにも接続されていない電話で話している（ふりをしている）ことがしばしばであり、そのことを観客も百も承知で、フィクションの暗黙の契約上、向こう側にいま話している相手が居ることにしているだけのことである。

諏訪敦彦監督の『M/OTHER』（一九九九年）について考察しよう。この作品は、離婚して現在は若い女性（渡辺真起子）と以前からの家で同棲している中年の実業家（三浦友和）が、元妻が交通事故で入院したことにより、幼い息子（高橋隆大）を一ヶ月間預からなくてはならなくなる、という物語である。男、女、息子、元妻の四名が主要登場人物だが、元妻は映画の最初から最後まで一度も画面に姿を見せることはない。ただ彼女から何度か電話がかかってくることによって、観客は元妻の存在を認知する。それ以外にも、この映画では電話が頻繁に使用される。電話は通常一対一で行なわれるものだから、通話は先の四名の二人ずつの組み合わせで為される。

注目すべきは、電話の通話相手の声が聞こえてくるかどうか、である。基本的に映画の作り手は、演出上の都合で相手の声を観客に聞かせるか否かを恣意的に選択することが出来る。現実の場合は、余程大声で話していない限り、電話の向こう側の声が第三者に漏れ聞こえることはないと思われるが、映画では基本的にそれは監督の判断に委ねられている。では、この映画ではどうなっているか。最初に自宅にいる男のところに電話がかかってくる。女が出ると、息子の声が名前を名乗る。女は男に電話を手渡す。そして男は息子から代わった元妻によって入院を知ることになるのだが、しかしこのシーンでは元妻の声は一切聞こえない。一瞬前まで息子の声は聞こえていただけに、このことはいささか奇妙に思われる。観客は電話を切ってから男が女に話す内容で、事の次第を知るのである。

その後はどうなるかといえば、元妻との電話の場面は何度かあるのにもかかわらず、彼女の声は聞こえてこない。画面に映っている息子や男の声が聞こえるのみである。ならばこの映画で元妻は姿のみならず声さえ一度も出て来ないままで終わるのかと思いきや、ほぼラストに近い場面になって突然、電話の向こうから彼女の声が聞こえてくるのだ。それはこの映画の中で女と元妻がたった一度だけ、電話で会話を交わす場面でもある。元妻は女に感謝の意を述べ、女は戸惑いながらもそれに応える。実は女はこのとき、男と別れてひとりで暮らすことを決意しているのだが、しかし彼女はもちろん、そのことを元妻に話したりはしない。

相手の声が自在に聞こえたり聞こえなかったりする『M/OTHER』における電話は、ただ単に映画演出の恣意性を、映画のストーリーテリングの独善性を示しているのだろうか。そうではない。だが重要なのは、この或る意味であからさまな操作によって、画面「内」には一度も出現しない、だが視えはしないが居ることになっている第四の登場人物の存在が、大胆かつ繊細な明滅を放つことになるということなのである。実際、いきなり彼女の声が聞こえてきた瞬間、思わずはっとさせられた観客は私だけではないだろう。この人物は最後まで視えない/聞こえないままだと思っていたからだ。間違いなく諏訪監督は明確な意図をもってこの演出を行なっている。そして、それは物語上の都合などではなく、いわば映画における存在論の次元に属しているのだ。

2

ひとまず整理しておこう。映画において、単位は「ショット」「シーン」「その映画全体」など色々と考えられるが、それぞれにさまざまな形での「内」と「外」を見出すことが出来る。そしてそのそれぞれの「内」について、以下のような機械的な類別が可能となる。

（a）「内」に（以下略）、視えている（聞こえている）ので、居る／ある。
（b）視えている（聞こえている）のに、居ない／ない。
（c）視えてない（聞こえない）ので、居ない／ない。
（d）視えてない（聞こえない）のに、居る／ある。

それぞれにかんして「外」の側からの分類も出来るのだが、煩雑になり過ぎるので、ここでは措く。（a）と（c）は、ごく当たり前のことのようだが、（b）と（d）は一見すると常識に反している。たとえば（b）は「居ないのに視える」に、また（d）は「居るのに視えない」に書き換えられる。『M/OTHER』の元妻は（d）ということになる。彼女はいわば「不在の存在」である。先走りして述べておくならば、『ライオンは今夜死ぬ』に忽然と出現する「幽霊」は（そしてほとんどのその手の映画に現れる、また一般的に言うところの「幽霊」も）（b）である。これも当たり前のことのようだが、それほど単純な話ではない。だが、まだ廻り道は続く。

3

諏訪敦彦は、映画、いや、世界のあちこちに穿たれる「内」と「外」という主題に極めて敏感な映画作家である。そしてそれはまず第一に具体的な空間的要素として提示される。すなわち、或る「部屋」の「内」と「外」。だがしかし、諏訪映画の「内」と「外」は断絶しているのではない。それらはひとまず分けられた上で、さまざまな仕方で相互に侵入や行来を繰り返す。

たとえば長編劇映画第一作『2／デュオ』（一九九七年）は、役者志望の若者（西島秀俊）とブティックで働くその恋人（柳愛里）が同棲する狭いアパートの一室が主な舞台である。その後の諏訪監督の方法論となる、あらかじめシナリオを用意せず、登場人物にかんする設定のみを共有して、主演俳優たちとディスカッションしながら撮影を進めてゆく（従って監督と共に役者たちの名前が「Dialogue」としてクレジットされている）というスタイルが最初に試みられた作品である。

役者としての芽がなかなか出ない男は次第に塞ぎがちとなり、女に当たるようになる。ほとんど思いつきのように男が口にしてしまった「結婚しようか」という言葉が、二人の関係を却って破綻させる成り行きとなっていくのだが、そのような物語のみを取れば、ありふれた青春恋愛映画の紋切型ではある。二人の感情が激しくぶつかり合う何度かの場面も、その生々しさが逆にお決まりのパターンに見えてしまわなくもない。だが興味深いのは、睦言であれ喧嘩であれ、男女の濃密なやりとりが演じられるのが、もっぱら二人が暮らす部屋であることは当然としても、その関係がのっぴきならない方向へと捻れていきつつあるさまを表す場面が、その部屋の「内」と「外」のありようと深くかかわっているという点である。

たとえば男は仕事がないので部屋にひとりで居て、洗濯機を回しながら不貞寝に近い長い居眠りをしてしまうのだが、その機械が置かれているのは、ベランダというより物干し場と呼んだほうがよかろう狭小な空間の隅である。そこは部屋の「外」であり「内」でもあるような一種の中間地帯である。帰宅した女は男が部屋にいないと思って慌てるが、すぐに男を発見してひどく驚く。女からすれば、部屋の「内」で待っている筈の男が「外」に行っているのかと思ったら、思いがけず「内」と「外」の狭間で宙吊りになっていたわけである。

もうひとつ例を挙げよう。先ほどの洗濯機の場面で、女は冬場にそんなところで寝たら寒さで体がおかしくなってしまうと男を叱るのだが、彼女の心配は彼の健康のことだけではない。彼女は彼がふいと出ていってしまうのではないかと秘かに怖れている。そして実際にそれは起こり始める。或る日、男から女の携帯に電話が掛かってくる。女がいまどこにいるのかと尋ねると、男はここはどこだろう、どこなのかわからない、と答える。男の言葉が本当なのか嘘なのかは問題ではない。ここで重要なのは、電話から声が聞こえるのだから彼は確かにどこかには居る、だがどこであるのかはともかく、そこは「外」であって「内」ではない、ということなのだ。この出来事は繰り返される。その延長線上には、男の存在が「内」から完全に消失してしまうという事態が予感される。ところが、実際に部屋の「内」から「外」に出て行くのは女の方なのである。

時が過ぎ、何も言わずに男の前から消えた女は仕事も変えて孤独に生きている。男は俳優の道を諦めて就職し、まだ同じ部屋にひとりで住んでいる。或る日偶然に彼は彼女と再会し、彼女の部屋まで行き、自分の許に戻ってきて欲しいと想いを伝えるが、彼女はうんとは言わない。この映画のラストは、男が部屋を引き払うため荷物を整理している場面である。最後のショットがどのようなものであるのかは、ここでは書かない。だがそれが或る「部屋」の「内」と「外」をめぐるこの映画のドラマの見事な結末になっていることは述べておいてもいいだろう。

「部屋＝空間」の「内」と「外」をめぐる諏訪的なドラマは、次作の『M/OTHER』で、より豊かに変奏される。先に述べておいた設定を持つこの映画の場合も、事前のシナリオはなく、諏訪監督は二人の俳優とひとりの子役と一緒に物語の展開や台詞をディスカッションしながら撮影していったのだという。父親が女と住んでいるのは比較的大きな家であり、複数の部屋がある。かつては夫婦と息子がそこで暮らしていたのだ。別れてから（離婚の理由は明示されないが非は男にあったようである。女の存在が原因だったのかもしれない）元妻は息子をそこに近づけようとはしなかったが、仕方なく元夫を頼ることとなり、父親は息子を家に連れてくる。

こうして始まった男、女、息子の奇妙な共同生活がこの映画の主筋だが、それはもっぱら「家」

の「内」と「外」、そして「家」の「内」の幾つかの「部屋」の「内」と「外」を彼らが出入りする行為によって描かれる（この映画のファーストショットは寝室から出てきた女の足元であり、前作のラストと或る仕方で呼応している）。寝室、リビング、女の仕事部屋、二階には玩具等がそのまま残してあり、息子によって片付けられて彼の遊び部屋となる。

「内」と「外」にかかわる場面として、幾つか例を挙げておこう。まず息子がトイレに閉じこもってしまうシーン。トイレとはまさに「内」の中の「内」であり、と同時に一種の「外」でもある。その個室に入った者は他の者から視えなくなる。この場面ではトイレの「内」にいる息子の姿が映ることはない。彼はその間だけ「家」の「内」から居なくなっている。もうひとつはより物語と深くかかわっている。男が出張で静岡に一泊することになり、女と息子ははじめて二人だけで一晩を過ごすことになる。この時点ではまだ二人はさほど打ち解けてはいないのだが、夜、息子は眠れないと言って女（と父親）の寝室にやってくる。女が「お父さんが心配なの？」と訊ねると、息子は「心配」と何故か甘えるように言う。「明日には帰ってくるから」と女は言うのだが、息子は何度も「心配」「心配」と繰り返す。彼は無意識の内に、父親が「家」の「外」に行ってしまったが最後、もう二度と戻って来ないのではないかと怖れているのだ。

『2／デュオ』と同じく『M/OTHER』でも、映画の後半にメインの「家」以外の「部屋」が、それも複数登場する。女が或る日、家に帰ると息子の姿が視えない。男と女は携帯電話で連絡を取り合いながら行方を探すが、実は息子は母親と暮らしているマンションに戻っていたのだった。男がその部屋に来てみると、息子はテレビゲームを点けたまま眠ってしまっている。息子は家の「外」の別の「内」に居たのである。また、映画の終盤、男の家から出ていくことを考え始めた女は、秘かに独り暮らしの部屋を探す。ワンルームのマンションを内見していると、男から携帯電話がかかってくる。彼女はもちろん自分のいる場所を言ったりはしない。彼女は男の「家」の「外」にある別の「部屋」の「内」に居る。そのことを男は知らない。かくのごとく諏訪映画とは、空間の、「部屋」の、「家」の、「内」と「外」をめぐる複雑な説話的回路の集積である。

長編第三作『H story』（二〇〇一年）と、第四作で、初の日本＝フランス合作となった『不完全なふたり』（二〇〇五年）では、ホテルの客室という空間が新たに導入される。前者では、マルグリット・デュラス脚本、アラン・レネ監督の『二十四時間の情事（ヒロシマ・モナムール）』（一九五九年）の「諏訪敦彦監督」によるリメイク映画に主演するため広島（諏訪敦彦の出身地でもある）までやってきた「ベアトリス・ダル」が、オリジナルに則してゆきずりの日本人青年と情事を重ねるさまを演じるホテルの部屋と、その役柄を演じる女優を演じる「ベアトリス・ダル」が宿泊する同じホテルの部屋が、意図的に混同されるように描かれる。名作の完全リメイクという特異な「映画「内」映画」は、「ダル」の作品に対する疑問と困惑によって、やがて頓挫を余儀なくされる。すると解放された彼女はホテルの部屋から「外」に出ていき、偶然に出会ったもうひとりの男（町田康）と広島の街を徘徊することになる。

後者では、結婚十五年目の夫（ブリュノ・トデスキーニ）と妻（ヴァレリア・ブルーニ＝テデスキ）が、友人の結婚式に出席するためにリスボンからパリにやってくるのだが、傍目からは理想的な芸術家夫妻と思われている二人は、実は離婚危機の渦中にある。二人はホテルでもベッドを別々にして、夫婦関係の修復（不）可能性について何度も議論を戦わせる。この映画では夫婦が「ホテルの部屋」を出入りすること、そして「部屋」の中に分けられた互いの空間の「内」と「外」を行き来することが、そのまま二人の感情の交錯を表している。『不完全なふたり』は、題名にも示されているように、「内と外」とはまた別の（そこに繋がりがないわけではないが）『2／デュオ』以来の諏訪映画の重要なテーマである「二人であることの病い」が徹底的に追究された作品である。

「家」や「部屋」に新たに加わった「ホテルの客室」という空間は、『H story』の副産物（?）として広島で撮られた中編「A Letter from Hiroshima」（二〇〇二年／オムニバス映画『After War』の一篇）と、やはり「広島」を主題とする近年の短編『黒髪』（二〇一〇年）でも主要な舞台となっている（後者は終始ホテルの一室で展開する）。「住居」から「客室」への変化は、諏訪映画における「日常性」から「非日常性」への重心移動を示しているとも考えられるだろう。この点もまた幾つもの次元について言えるのだが、まずもって諏訪監督自身にとってフランスという場所は地理的にも言語的にも「外」である。そしてそれは「ベアトリス・ダル」にとっての、「A Letter from Hiroshima」で「諏訪敦彦」からの謎めいた依頼（誘い?）に応えてソウルからやってくる（が何故か「諏訪」は現れない）女優「キム・ホジョン」にとっての「広島／ヒロシマ」と同じである。

「外」とはこの場合、端的に「日常ならざる場所」ということだが、このベクトルは諏訪監督に

「非日常」としての「外の空間」である「ホテルの客室」を通り越して、いわば「超常的外部」への突破（！）を齎すことになる。

4

二作目の日本＝フランス合作映画『ユキとニナ』（二〇〇九年）は、日本人の母親とフランス人の父親を持つ少女ユキ（ノエ・サンピ）と彼女の親友ニナ（アリエル・ムーテル）の物語である。ユキの両親は最近うまくいっておらず、母親はユキを連れて日本に戻ることを考えている。やはり両親が離婚したニナとあれこれ相談して、なんとかパパとママの仲を回復しようと苦心惨憺するユキが可愛らしくも切ない。ところが後半、ニナのパパが住む遠方の家に二人で行った後、森の中でニナとはぐれてしまったユキは、なんと突如として日本の田舎に空間移動してしまう。それは一種の時間移動でもあった（らしい）ことが後にわかるのだが、ここに至って遂に諏訪的な「外」は、リアリズムの範疇をあっけなく逸脱する「超常的外部」へと貫通し、そしてそれは八年後の次作長編『ライオンは今夜死ぬ』に繋がってゆくだろう。

もっとも諏訪映画に「超常的外部」が登場したのは、これがはじめてではない。『不完全なふたり』の後に撮られた短編「ヴィクトワール広場」（二〇〇六年／オムニバス映画『パリ、ジュテーム』の一編）で、幼い息子の死に泣き暮れる母親（ジュリエット・ビノシュ）は、謎のカウボーイ（ウィレム・デフォー）の導きによって、いっときの幻想の中で息子と再会する。わずか五分の小品だが、この時点ですでに諏訪的な空間は、物語的現実の「外」を描いていた。

さて、長々と廻り道をしてきたが（そしてまだまだ幾らでも寄り道は可能なのだが）、このぐらいで先に私は、諏訪敦彦の映画とは、或る「空間」のことを考えるための道具立てはおおよそ調ったのではないかと思う。『ライオンは今夜死ぬ』の「空間」の「内」と「外」をめぐる複雑な説話的回路の集積である、と述べた。この「空間」とは、各々の映画に映し出される具体的現実的な「部屋」「家」「客室」のことでもあるし、個々の作品の「物語」や「設定」のことでもあるし（「映画内映画」や「映画内現実」と、その「外」）、そして最初に戻れば、一本の映画を構成する多数のショットやシーンのことでもあり、またそれぞれの「映画それ自体」のことでもある。諏訪監督は、これらの全てにさまざまな「内と外」を垂直／水平に見出し／導入し、繊細かつ精緻な、そして大胆にして自由闊達なドラマを奏でてみせる。

ところで、諏訪映画に頻出する「部屋の主題」（それは論者によって「扉の主題」や「窓の主題」などとも言い換え得るだろう）は、彼の作品を何本か観たことのある者ならば誰の目にも明らかなことであり、この点を指摘するだけでは何も言ったことにはならない。真の問題は、やはり「内と外」なのであり、そしてそれが「映画」と「世界」の関係と、どのようにかかわっているのか、なのだ。

5

『ライオンは今夜死ぬ』は、とりあえず枝葉を省いてあらすじ的に纏めると、以下のような物語を有している（尚、本稿では結末まで記すので映画を未見の方はご注意願いたい）。

　新作映画の撮影で地方都市に滞在中の老優ジャン（ジャン＝ピエール・レオー）は、相手役の女優が年下のダンサーへの恋煩いでホテルの部屋に籠城してしまったため、思いがけず撮休の時間を得る。彼はまず旧知の女性（イザベル・ヴェンガルテン）を訪ねるが、彼女から「ほんとうに会いたいのは別のひとでしょう?」などと言われ、屋敷のような大きな家にやってくる。そこはなかば廃屋と化しており、家具などは残されているが、ひとは誰も居ないようである。その家にはかつてジャンの恋人ジュリエット（ポーリーヌ・エチエンヌ）が住んでいたのだった。だがジャンは或る時、何の説明もなく不意に彼女の前から去り（「散歩すると言って出掛けたまま戻らなかった」）、そのまま長い時が流れた。ジュリエットはジャンが消えてから間もなく、まだ二十代の前半で亡くなっていた。自殺とも事故とも言われている。ジャンがその家にひとりで居ると、突然、ジュリエットが以前の若く美しい姿のままで現れる。ジャンは歓喜し、彼女に自分のしたことを詫びて、その家で寝泊まりするようになる。ジュリエットは何度も出現して、ジャンと愛を語らう。

　一方、自分たちだけで映画を作ろうとしている子供たちが屋敷にやってくる。無人の家だと思っていたら変な爺さん＝ジャンが居たので彼らは最初吃驚するが、やがて互いに打ち解け、子供たちはどうやら有名な俳優であるらしいジャンを主演に映画を撮ることにする。それは一種の幽霊映画であり、あとで『恐怖の館』と題される。撮影は順調に進み、ジャンの発案でラストシーンを湖畔で撮ることになる。皆でバスに乗って歌いながら（題名となった「ライオンは今夜死ぬ」はここで唱和される）ピクニック気分で湖へと向かう。実はそこはジュリエットが死んだ場所だった。やはりというか、彼女がジャンの前に現れる。そして彼に別れを告げ、湖の中に入っていく。

ジャンが最初に会いに行く女性の孫娘役として『ユキとニナ』のノエ・サンピが顔を見せたり（しかも「ユキ」と呼ばれている！）、ジャンが子供たちに「まず脚本を書くんだ」と言ったりするなど、諏訪映画のファンなら思わずニヤニヤさせられる細部も散見されるこの作品は、主人公ジャンを中心として、ジュリエットのパートと子供たちのパートに分けることが出来る。実際、ジュリエットはジャンがひとりで居る時にしか現れず、子供たちのみならず他の登場人物とかかわることは一度もない。『恐怖の館』は子供らしい天真爛漫な自由奔放さに満ちているが、そこでジャンは亡き妻の幽霊と出会う男を演じる（だが妻役は幼い少女である）。諏訪監督は近年、小中学生を対象とする映画制作のワークショップ「こども映画教室」の講師を務めており、この作品でも子供たちは実際に自分たちで相談しながら小さな映画内映画を拵えていったのだという。言うまでもなく、これは諏訪監督が最初期から行なってきた手法の応用である。途中まで編集されたシーンをジャンが子供たちと一緒に観るシーンは、映画作りのプリミティヴな幸福感に溢れている。

ところで、映画の冒頭と結末には、ジャンがこの地にやってきたそもそもの理由である（子供たちのではない）映画撮影のシーンが置かれているのだが、どうやらその作品で彼が演じているのも「最愛の女性に先立たれた、死に瀕した老いたる男」であるらしいのだ。映画の始まり（と最後）は、周囲の風景が見渡せる高い場所にある建物の屋上で、俳優ジャンがリハーサルをしている場面である。彼は寝間着姿で椅子に腰掛けている。画面の外から女の声が語りかける。「私が分かる?」「これは現実か？　君にまた会えるなんて」「夢じゃないわ」「死が迎えに来たのかと思った」「バカね、昔と同じだわ」。ジャンはシナリオを手にして監督を呼ぶ。女の台詞を言っていたのはスタッフのひとりだったようだ。

この映画では、同様の境遇に置かれた三つの役柄をジャン＝ピエール・レオーは演じている。

（1）俳優ジャンが撮影中の映画で演じている男。
（2）ジャンが子供たちの映画で演じる男。
（3）ジャン自身。

映画内では（3）が（1）を、次いで（2）を演じているわけである。だがこの三人の人物は——実におかしなことではあるのだが——同一人物と言ってよい。実際、ジャンは子供たちにジュリエットの話をしながら「君たちが脚本に書いた女性だよ」と言ったりする。もちろん、このようなややこしくもあからさまなメタ的趣向も、西島秀俊と柳愛里が登場人物として作中でインタビューを受けていた『2／デュオ』や、ベアトリス・ダルが映画内映画のヒロインと、その役を演じる女優「ベアトリス・ダル」を二重に演じていた『H story』の延長線上にある。だが、『2／デュオ』でも『H story』でも「監督」として映画の中に登場していたのは諏訪敦彦その人だった。もちろんこれらも精確にいえばカッコ付きの「諏訪敦彦」なのだが、しかし『ライオンは今夜死ぬ』の大人の映画内映画の「監督」は、フランス人俳優（ルイ＝ド・ドゥ・ランクザン）が演じているのである。

この変化が意味するものは非常に大きいと私には思われる。そして、ここには過去の作品では少なくとも前景化されてはいなかった重要な主題が新たに登場している。「死」である。この「死」には二つの顔がある。すなわち「ジュリエット（妻／恋人）の死」と「ジャン自身の死」。ジャンは病気であるらしい。彼は遠からずやってくる自らの人生の最期を悟っており、「死」を演じることの困難について語り（それに対して女性スタッフは「演じてはダメ」と言う）、「死」とは「出会い」なのだと何度か口にする。

すでに述べたように、ジュリエットはジャンにしか視えない。より精確に言えば、ジャンには視えているのに他の人物にはジュリエットが視えない、という場面は存在しない。彼女はジャンしかいない場面にしか姿を見せない。このような場合、或る問いが生じることになる。ジュリエットはいわゆる「幽霊」なのか、それともジャンが抱いている「妄想」なのか、という問題である。

だが結論から言ってしまえば、この問いに正解を導き出すことは難しい。杓子定規に考えるのなら、こうなる。ジュリエットはジャンひとりの時にしか出てこないのだから、彼の妄想である可能性は十分にある。だがしかし、ジャンがぐっすり眠っている傍らでジュリエットが彼を視つめている場面や、屋敷の通路を彼女がひとり横切る場面などが存在している。これらを客観的な映像だと考えるなら、ジュリエットはジャンの妄想ではなく幽霊であることになる。そもそも二人が再会する家は如何にも幽霊の出そうな館である（表の壁面にはこれ見よがしに「danger de mort（死の危険）」という注意書きが貼られていたりする）。最初に彼女が姿を見せるのが合わせ鏡の中だというのも怪しい。ジュリエットはジャンに「私が消えても驚かないで」と言ったりもする。彼女は「家」に憑いているわけでもない。或る夜、ジュリエットはジャンを起こして深夜の散歩に連れ出す。他に人っ子一人いない暗い街路を手を繋いで歩きながら、ジャンが指差す夜空の星々の名前を彼女は次々と口にする。ベテルギウス、カシオペア、オリオン、アルクトゥルス。

しかし、だからといってジュリエットがジャンの妄想ではなく幽霊だと断言出来るわけでもない。諏訪監督は極めて巧妙に、彼女の存在を宙吊りにしている。先に『ユキとニナ』と短編「ヴィクトワール広場」の「超常的外部」について触れておいたが、実はそれらは「外」ではなく、或る意味では「内」であるのかもしれない。つまり「夢」である。ユキはただ単に日本に行った夢を視ただけかもしれない。母親は息子に会える夢を視ただけかもしれない。そのように解釈することも十分に可能なように、二本の映画は演出されている。それと同様に、ジャンとジュリエットの一連のシーン、いや、それどころか、冒頭と末尾に挟まれたこの映画の大部分を、老優ジャンが視ていた長い長い夢だと考えることだって出来なくはないのだ。疑おうとすれば幾らだって疑える。そして実際、ジャンはラストシーンで、映画内映画の台詞としてではあるが、寂しげに「夢だったのか、君に会えたと思ったのに」と言うのである。

6

これが第2節で触れておいた（b）すなわち「視えているのに、居ない」という問題である。ジュリエットの姿をジャン以外の者は視ることはないが、観客には彼女が視えている。足はちゃんとあるし、半透明になったりもしておらず、見たところ生者と何ら変わりはない。ジュリエットは全然、幽霊らしくない。しかし映画の中の物語においては、彼女は——それが如何なる意味であれ——ほんとうは居ないのだ。

そしてこの「亡き恋人の幽霊が出現する」という映画のメインストーリーそれ自体も、今しがた述べたように実のところ宙吊りにされている。デビュー作以来、映画「内」の物語だけでなく、映画の「内」と「外」の現実との間にさまざまな虚実の戦略を張り巡らせてきた諏訪敦彦の、これは最新の試行となっている。そういえば夜道の散歩のシーンで、星々の名前をジュリエットが教えていると、ジャンはこんなことを言い出す。「君の言う名前は本物だという証拠は？　僕も言えるよ。

アスピリュス、ノロメージュ、ヴォルロージュ」。これは諷訪的な虚実のあり方を示す卓抜な挿話となっている。

ところで、この映画における「視えているのに、居ない」存在はジュリエットだけではない。ジャンと映画を作る子供たちのひとりである少年ジュールは、父親を亡くして母親と二人暮らし、近々母が再婚しそうで気持ちが穏やかではない。ジュールはジャンに、ジュリエットのように自分も父親に会えるだろうか、と尋ねる。ジャンは「お父さんの霊なら怖くないね」と優しく答える。ところが映画の終盤、ジュールが視るのは、父親の幽霊ではなく、ライオンなのだ。猛獣は湖畔の樹々の間に佇んでいたり、街中を悠然と歩んでいたりする。それは明らかにリアルな存在ではない。とすればそれはジュールだけに視えている幻想、或いは「超常的存在」ということになるだろう。

だがなぜ、父親でなくライオンなのか。この不可解さの解決法も色々と考えられはするが、むろんここにも正解はない。ただ、それはジャンにとってのジュリエットも、彼が望んだから彼女が出現したわけでは必ずしもない、という可能性を示唆している。要するに彼女はただ単に、どうしてか「外」から「内」にやってきたのである。そしてまた「内」から「外」へと去っていくのだ。彼女が何であるのかは問題ではない。なぜならジャンには、そして私たちにも、彼女の姿はちゃんと視えているのだから。

ここで「死」の話に移ろう。ジャンは冒頭の映画撮影の場面から「死を演じること」について語っていた。彼とジュリエットは夜の散歩の別れ際に「僕らの物語」の「結末」について語り合う。

ジャンが「どんな物語も結末は同じ、死だ」と言うと、ジュリエットは「つまらない」と答える。「死は生の一部なんだ。生がつくる影だ。人生とは生と手を携えて歩むもの」とジャンは生真面目に続ける。するとジュリエットは、少し皮肉っぽい顔をして「あなたは俳優だから何度でも死ねる。生きることも死ぬこともできる」と答える。ジャンは冒頭場面と同じように「死を演じられない」と言い出す。

この対話の興味深さ、奥深さは、この映画が諏訪敦彦の作品であることによって倍増している。ここまで書き控えていたが、この映画のエンドロールで「Scenario」は「Nobuhiro Suwa」とクレジットされており、「Dialogue」のクレジットはない。しかし諏訪監督のインタビューによると、ジャンが語る死生観はジャン゠ピエール・レオー自身によるものとのことである。諏訪映画においては、映画の登場人物と、その役を演じる俳優が——その露呈の仕方はさまざまだが——常に半々になっている。いや、あらゆる物語映画がそうなのだが、諏訪監督は、そのことを絶えず意識しつつ映画を作っている。それゆえに、この映画のジャンはジャン゠ピエール・レオーそのひとの二重写しとして受け取らざるを得ないし、裏返せば、そのためにこそ、諏訪監督はレオーをこの映画の主演に迎えたのだ。『ライオンは今夜死ぬ』は、或る架空の設定を与えられた、七十歳を超えた名優ジャン゠ピエール・レオーのドキュメンタリーでもあるのだ。ジャンは冒頭のリハーサルのシーンで、意味ありげに「カメラが二台あるのでどちらに向かって演じればいいか」と言う。この台詞はジャンのものなのか、それともレオーのものなのか？

従って第5節で示した三つの役柄には、

（4）ジャン＝ピエール・レオー

を付け加えなくてはならない。

それだけではない。「俳優だから何度でも死ねる」というのは、ジュリエットを演じる女優ポーリーヌ・エチエンヌにとっても同じことである。実際に彼女はこの映画の最後に、もう一度死んでみせる。ジャンとジャン＝ピエールが重なり合っているように、このひとつ前の文中の「彼女」は、ジュリエットであり、ポーリーヌでもある。

ジャンとジュリエットの湖での別れのシーンは、『2／デュオ』以来の諏訪映画ではほぼ見られることのなかった切り返しで撮られている。水の中に立ったジュリエットは「またね、ジャン」と微笑む。「また会うということだね？」「あなたは？」「君が望むなら会いたい」「じゃ、会えるはず」。この場面の画面構成がとりわけ重要なのは、切り返しであるということは、彼の前にも、彼女の前にも、実際にあるのはカメラであり、彼女でも彼でもないのであって、そこに映っている／視えているのは、彼か彼女のどちらかひとりでしかなく、そして「内」と「外」をめぐる諏訪敦彦的ドラマツルギーを考え合わせるならば、このことは見た目以上の切実な意味を持っていると考えられるからである。

第2節の分類を思い出そう。映画における（b）「視えているのに、居ない」ものは、現実には存在している。何故ならそれは実際見えているのだから。ジュリエット（を演じている女優）もライオンも、この世界に実在しているに違いない。ならば（c）「視えてないので、居ない」はどうなのか。物語的な了解としては、そしておそらく現実としても、ジャンもジュリエットも、（d）「視えてないのに、居る」筈ではある。

だが、切り返しという手法は、この当然の認識を危うくする。視えていないものは、視えていないのだから、そこには居ないのかもしれない。もちろん、切り返しも反復によって（d）を証立てはする。しかしこの場面で、敢えてワンショットごとに視つめ合う二人のひとりずつしか映し出されることのない切り返しを採用した諏訪監督の心中には、自らが物語と映画と世界の「内」と「外」を相手取って長い時間を掛けて取り組んで来た、複雑にして豊かな試みと闘いの歴史が鳴り響いていたのではあるまいか？

（b）「視えているのに、居ない」には、もうひとつの意味がある。幽霊や妄想や幻想は、現実には「居る」。それは実在なのだから。だが「居る」が「居た」になることがある。言うまでもなく、そこに映っている／視えているものが死んでしまった場合だ。もう現実世界のどこにも居ない誰かの姿を、私たちは画面の「内」に視ることが出来る。彼や彼女と、何度でも再会することが出来る。最後のジャンとジュリエットの対話が比類なく感動的なのは、これが映画である以上、彼女の言う「会えるはず」が端的に事実だということ自体が、映画の「外」に広がるこの世界、この現実における、死者との再会の不可能を逆接的に晒け出しているからである。

そして『ライオンは今夜死ぬ』についても、まだずっと先であるかもしれないが（そうであることを心から望んでいるが）、いつかは必ず、避けようがなく確実に、そこに視えているのだから居た筈のものが、そこに紛れもなく視えており、何度だって視ることが出来るのに、ここにはもう居ないものに、ここからは完全に居なくなってしまったものに、いつまでも「内」にあり続けながらも「外」へと旅立っていったものに、あっけなくも不可逆的に変わることになるのだ。

『ライオンは今夜死ぬ』のラストシーンは、冒頭と同じくジャンのリハーサルの場面である。眠っている彼に、カメラがゆっくりと近づく。彼は目を開ける。「夢だったのか。君に会えたと思ったのに」。そして「監督」の指示通り、彼は再び目を閉じて眠りに落ちる。「完璧です」と「監督」は言うが、もう一度やることにする。彼は目を閉じる。カメラが近づく。画面には彼しか映っていない。目が開く。「夢だったのか。君に会えたと思ったのに」。だが今度は彼は目を閉じない。むしろ強く見開いたまま、画面の外の何ものかを、じっと視つめ続けている。

「ホラー映画」の内と外

1 〝それ〟は、どこから来るのか?

中島哲也監督『来る』(二〇一八年)は、実に興味深い映画である。一般観客層にはセンセーショナルな話題性を、シネフィルには嫌悪と嘲弄を、毎度のごとく喚起し、常に毀誉褒貶に晒されてきた過去の中島作品に負けず劣らず、この「ホラー映画」はかなりの問題作だったと言っていい。

だがここでは、さまざまな意味で「日本映画」の畸形的な現在を表象していると言うべきこの作品を総体的に論じるつもりはない。批判でも擁護でもない中島哲也論はいずれしかるべき書き手によって執筆されるべきだとは思っているが、それは私がすることではないだろう。本論をこの映画の話から始める理由は、作品や作家への評価とは別のところにある。

映画『来る』の原作は、第二十二回日本ホラー小説大賞を受賞した澤村伊智の小説『ぼぎわんが、来る』（二〇一五年）である。小説と映画には、特にクライマックスの描写において少なからぬ違いがあるのだが、中島監督は三章立ての章ごとに語り手が変わる原作の卓抜な趣向を、映画のナラティヴにおいて――視点人物を移動させることによって――基本的に踏襲している。『ぼぎわんが、来る』は、とりわけこの構成の妙によって、イヤミス（イヤなミステリ）ならぬイヤホラー小説としての類い稀な達成を示す成功作だが、映画もまた、その点を最大限に活かした作りになっている。

映画化に当たってタイトルが『ぼぎわんが、来る』から『来る』に変更されている。そもそも「ぼぎわん」とは何なのかと原作を未読の方は思うだろうが、ネタバレになるため、ここでそれを記すことは出来ない。それに「ぼぎわん」の正体は実のところ問題ではない。なぜならば、映画ではそれはもっぱら〝それ〟と呼ばれるのみであり、しかも結局のところ〝それ〟が何だったのかは最後までよくわからないからである。原作では「ぼぎわん」が何なのかは一応ちゃんと説明されているのだが、むしろ中島監督の慧眼は、「ぼぎわん」であれ〝それ〟であれ、映画はもちろん原作小説においても、その正体などそもそも別にどうだっていいのだ、という真理（？）を見抜いた点にある。だから題名から「ぼぎわんが、」をあっさりと取り去って、ただの『来る』にしてしまったのである。とにかく〝それ〟が、「来る」、ということ、それだけが重要なのであって、原因など如何なる理屈だってつけようと思えばつけられるからだ。兎も角も〝それ〟は怪異を招来させ人死にを齎す、忌まわしくもおそろしい存在である。そして〝それ〟との対決が『（ぼぎわんが、）来る』という物語の主筋である。さて、ここで問わねばならない。ならば〝それ〟はいったい、どこから来るのか？

「ぼぎわん」というネーミングは澤村伊智の創作だが、親の言うことをきかないと◯◯が来て攫われるぞ、といったような子供のしつけにおける慣用句（？）はごくありふれたものだろう（私も幼い頃よく祖母に言われた）。『ぼぎわんが、来る』では当初、ぼぎわんは「山」から来る、とされている。「ぼぎわんという妖怪も、親や親戚から聞かされていました。普段は山に棲んでいるんですが、たまに下りてきて人をさらうそうです」。だが物語が進むにつれて、この「山」が必ずしも具体的な土地を指しているわけではないらしいことがわかってくる。登場人物のひとり、霊能力を持つ真琴はこう言う。


（その何とかいうヤツは）

（基本どっか――遠くにいる）

どの単語に普遍性があるのかは分からないが、ぼぎわんはこの世とは違う場所にいるらしい。

遠く。異世界。亜空間。彼岸。常世の国。

（『ぼぎわんが、来る』）


この後、更に深い説明もなされはするのだが、それはここでは重要ではない。私が考え込んでしまったのは、この「遠く」の「この世とは違う場所」とは、いったいどこなのか、そこはどこにあるのか、ということなのだ。

　無意味な問いを発していることはよくわかっている。ぼぎわんがどこから来るのかという問いは、ぼぎわんがなぜぼぎわんと呼ばれるのか、ぼぎわんとは何なのか、といった問いと同じく、物語上はほとんど意味を持たない。要は、それが「来る」ということだけが問題なのだから。それがゆえに、映画ではそうした本来なら重要である筈の問いの何もかもがほぼオミットされていても特に支障はなかったわけである。ぼぎわんが、〝それ〟が、どこから「来る」のかという問いは、端的に言ってナンセンスである。別にどこでもいい、というのが正しい答えである。

　しかし、もう少し考えてみよう。「遠く。異世界。亜空間。彼岸。常世の国」などと呼ばれもする「この世とは違う場所」ということは、そこは物理的に「この世」からものすごく遠く離れた場所ということなのだろうか。その可能性もないとは言えない。ならば、そこはここから、具体的にどのくらい離れているのか。距離を測れるような遠さではないのだろうか。しかし「来る」と言うからには、やはりどこかから、何らかの経緯／経過を経て「来る」のではないのか。或いは、そういうことではなく、そこはここと完全に別の空間だか宇宙だか次元だかにあるのであり、そこから何かが「来る」場合、距離の踏破という行為自体が不要なのであり、距離ゼロ移動ゼロ時間ゼロで、〝それ〟は「この世」に忽然と出現する、ということなのか。

　少なくとも『来る』にかんする限り、どうもそういうことではないようである。明らかに〝それ〟は、どこかからじわじわと接近してくる、やって「来る」のであって、いきなり目の前に現れたりはしない。むしろじわじわと、来るぞ来るぞという十分過ぎるほどのタメを経て、やがて〝それ〟はやって「来る」。遂に〝それ〟が「来る」のを大々的に迎え撃つ場面が映画のクライマックスであり、このことは何よりも『来る』というタイトルによってあらかじめ予告されている。だが、そうすると先の問いが舞い戻ってきてしまう。じゃあ〝それ〟はどこから「来る」のか？

繰り返すが、これはまったくもってナンセンスな問いではある。そんなことはどうでもいいし、どうにだってなる。しかし私がこのことにこだわりたいのは、この問いが喚起する問題系が、ホラー映画、それもここ十年ほどの間に製作された広義のホラー映画のことを考えようとする際に、多少とも有益な示唆を与えてくれるのではないかと思うからなのだ。私はこれから、現在形の「ホラー映画」における「恐怖の対象」と「空間」との関係性について少しばかり考察してみたい。その出発点となるのが、先の問い、すなわち、〝それ〟はどこから来るのか、という問いなのである。言い換えるとこれは――『ぼぎわんが、来る』の真琴の台詞をもじるなら――〝それ〟は、いったいどこに棲んでいるのか、という問いでもある。忌まわしくもおそろしい得体の知れない何ものかは、どこに居るのか？　どこから来るのか？

2　「彼方」とはどこか？

二〇一〇年代のメジャーなホラー映画を牽引してきた監督、少なくともその先頭集団に上げられるべきひとりは、間違いなくジェームズ・ワンである。周知のように、ワンは二〇〇四年に斬新なアイデアによるワンシチュエーション・スリラー『ソウ（SAW）』で国際的なメガヒットを飛ばし、一躍人気監督となった。以後、『ソウ2』（二〇〇五年／製作総指揮のみ、監督はダーレン・リン・バウズマン）、『ソウ3』（二〇〇六年／前作と同じ）、『ソウ4』（二〇〇七年／前作と同じ）、『ソウ5』（二〇〇八年／製作総指揮のみ、監督はデヴィッド・ハックル）、『ソウ6』（二〇〇九年／製作総指揮のみ、監督はケヴィン・グルタート）、『ソウ　ザ・ファイナル　3D』（二〇一〇年／前作と同じ）と計七作で「ソウ」シリーズを完結させた（二〇一七年に新「ソウ」シリーズの一作目として『ジグソウ：ソウ・レガシー』が発表されている。ワンは原案・製作総指揮で監督はマイケル&ピーター・スピエリッグ）。これと相前後してワンは、『ソウ』の脚本を執筆し（以後のシリーズ作品の脚本にも参加）主演もこなした盟友リー・ワネルと再びタッグを組み、更に『パラノーマル・アクティビティ』（二〇〇七年）の脚本監督のオーレン・ペリを製作に迎えて、本格的なホラー映画『インシディアス』（二〇一〇年）を発表する。脚本ワネル、監督ワンのコンビの復活作である。同作は大ヒットを記録し、やはりシリーズ化される。「インシディアス」シリーズは、ワン&ワネルのコンビによる『インシディアス　第2章』（二〇一三年）、ワネルが監督も務めた『インシディアス　序章（原題は Insidious: Chapter 3）』（二〇一五年）、そしてアダム・ロビテル監督の『インシディアス　最後の鍵』（二〇一八年）と、計四作が発表されており、更なる続編も企画されているという。

『インシディアス』と『同2』の間にワンはもうひとつのホラー映画のシリーズをスタートさせた。

『死霊館（The Conjuring）』（二〇一三年）である。こちらは『インシディアス』を上回る興行収入となり、以後、サイドストーリーに当たる『アナベル　死霊館の人形』（二〇一四年／ワンは製作、監督ジョン・R・レオネッティ）、正規の続編『死霊館　エンフィールド事件』（二〇一六年／監督はワン）、『アナベル　死霊館の人形』の前日譚『アナベル　死霊人形の誕生』（二〇一七年／ワンは製作、監督デヴィッド・F・サンドバーグ）、「死霊館」と「アナベル」双方の前日譚に当たる『死霊館のシスター』（二〇一八年／ワンは原案・製作、監督コリン・ハーディ）と、二〇一九年一月までに計五作が公開されている。

『インシディアス』と『同2』は物語上の時間が完全に連続しており（というより一作目は物語の途中で終わっている）、製作年は離れているが前後編と呼んでよい。『インシディアス　序章』は『インシディアス』以前の物語であり、『インシディアス　最後の鍵』は『序章』の続編である。時間軸で並べると『序章』→『最後の鍵』→『インシディアス』→『2』ということになる。『死霊館』と『エンフィールド事件』も時間的に繋がっている。最新作『死霊館のシスター』はそれ以前の物語である。どうにもややこしいが、昨今のアメリカ映画ではよくあることではある。煩雑さを避けるため、以下では主に『インシディアス』『同2』と『死霊館』『エンフィールド事件』について述べていくことにする。まずはそれぞれの基本的な設定とおおよそのストーリー展開を記しておこう。

インシディアス＝Insidiousとは、陰湿な、狡猾な、油断がならない、秘かに進行する、というような意味である。ジョシュとルネの夫婦に三人のまだ幼い子供たちから成るランバート一家は、新たな生活を始めるべく或る家に引っ越してくる。転居して早々、家のあちこちで不思議な現象が起こり、ルネは気にするが、ジョシュは取り合わない。ところが突然、長男のダルトンが梯子から転落し、そのまま昏睡状態となる。病院で検査を受けてもダルトンの体に異常は見当たらない。にもかかわらず謎の昏睡状態は続く。家に原因があると考えたルネはジョシュを説得して再び引っ越しをし、ダルトンを引き取るが、新しい家でも次々と怪異が起こる。ルネは神経をすり減らし、悪魔祓いの牧師や霊媒師に救いを求めるが、一向に効果が上がらない。しかも夫のジョシュは超常現象を信じていないようだ。

そんな折、ジョシュの母親ロレインが、実はジョシュは幼い頃、奇怪な出来事に遭ったことがあると話す。ロレインはその時に世話になった霊能力者のエリーズとそのチームを呼び寄せる。だがやってきたエリーズは、問題があるのは家ではない、ジョシュなのだ、と言う。そう、何かが彼に取り憑いているのだ。しかしエリーズはあっけなく殺されてしまい、彼女の親友で、やはり霊能力を持ったカールがやってくる。カールとエリーズの部下である凸凹コンビのスペックスとタッカーは、すべての禍の根源であるらしい過去の事件を探っていくのだが……実質二作でひと続きの物語と言っていい『インシディアス』は、後で述べる理由によりストーリー展開を場面に則して精確に述べることが難しい。だが、まずは続いて『死霊館』シリーズについて述べよう。

こちらは『インシディアス』よりも筋立てはわかりやすい。『死霊館』は実在する著名な心霊現象研究家（英語ではdemonologist＝悪魔研究家）夫妻、エドワード&ロレイン・ウォーレンの調査録を基にした物語で、夫妻が一九七一年に遭遇した事件を描いている。『インシディアス』と同様、キャロリンとロジャーの若夫婦と五人の娘のペロン一家が新しい家に引っ越してくる。やっと手に入れたマイホームは古いが広くて快適な筈だったが、入居まもなく怪異が起こり始める。キャロリンの体に痣が浮かび、どうしても家の中に入ろうとしなかった飼い犬は惨殺され、家中の時計が「午前三時七分」で停止する。鳥たちが家の壁に激突して死んでいき、遂には娘たちに危害が及び始める。恐怖を感じた家族はウォーレン夫妻に助けを求める。やってきた夫妻の調査によって判明したのは、その家に潜む戦慄すべき過去だった。やがてウォーレン夫妻は途轍もない力を持った「魔女」との戦いを余儀なくされる（『死霊館』）。それから数年が経った一九七七年、ロンドン北部のエンフィールドの古ぼけた家にシングルマザーのペギーと三人の子供のホジソン一家が引っ越してきた。すぐにポルターガイスト現象が次々と起こり、ペギーは警察を呼ぶが相手にしてもらえない。そこでウォーレン夫妻が呼ばれるが、ロレインには霊の気配が感じられない。その時点でホジソン家の怪異はマスコミによって大きく取り上げられており、心霊現象を科学的に究明しようとする博士とテレビクルーがホジソン家のあちこちにカメラを仕掛けてみると、一連の不可解な出来事が貧困にあえぐペギーによる狂言だという証拠が撮れてしまう。調査はその線で終了となり、ウォーレン夫妻も帰国の途につくのだが……（『エンフィールド事件』）。二つのエピソードは部分的に繋がっており、サイドストーリーの「アナベル」シリーズとの連繋も随所に仕掛けられている。

「インシディアス」と「死霊館」には多くの共通点がある。まず何と言ってもどちらもパトリック・ウィルソンが主演している点が挙げられる。面白いのは、ウィルソンが「インシディアス」では被害者一家の父親＝夫であり全ての謎の鍵を（無意識に？）握っているジョシュ・ランバートを、「死霊館」では心霊探偵エド・ウォーレンを演じていることである。二つの役柄は対照的であり、これは明らかに意図的なキャスティングだろう。また「インシディアス」のジョシュの母親と「死霊館」のエドの妻が、どちらもロレインという名前であることも意味深長ではある。しかしもちろん、両シリーズの最大の共通項は、怪異と恐怖の舞台空間としての「家」である。そう、全ては「家」の中で起きるのだ。「インシディアス」でも「死霊館」でも、物語の起点に置かれているのは転居である。普通ならば幸福な新生活の端緒である筈の引っ越しが、ホラーの序章になっているのである。二つのシリーズは、いずれも基本的に「室内劇」であり、おそろしいことは屋外ではまったく起こらない。これは「室内劇」どころか完全な「密室劇」だった『ソウ』以来のジェームズ・ワン監督の志向／嗜好と言ってもいいかもしれない。

ホラーの舞台としての「家」。だが言うまでもなくこれはワン監督作に限らずとも数多のホラー映画がそうなのではある。というよりもあらゆる物語上の出来事は屋内か屋外のいずれかで起きるのだから、「家」の中で怪異が出現するというのは取り立てて特殊なことであるわけもない。それにポルターガイストとは、そもそも「家」に付随する現象である。しかし、この点でワンはむしろ例外的なタイプ、或る意味では従来の「ポルターガイスト型ホラー」に対して批評／批判的な視点を有した映画作家だと言える。何故なら「インシディアス」も「死霊館」も、最終的には「家」に悪霊なり悪魔なり、つまり〝それ〟が憑いていたという物語には必ずしもなっていないからである。「インシディアス」については明白だろう。被害者となる一家は怪異が起こり始めた後にもう一度転居しているのに、災いは止むことがない。それは憑かれているのが「家」ではなく「人」であるからだ、ということはすでに述べた通りである。「死霊館」は邦題からしても一見〝それ〟は「家」に憑いているように思えるが、特に『エンフィールド事件』の物語の真相は、真に憑かれていたのは「人」だったのだという隠された事実を巧みに利用している。「家」だと見せかけて実は「人」に問題があったのだという意外性は、オーソドックスなホラー映画史上の「悪魔の棲む家」すなわち〝それ〟に憑依された「家」という定型、紋切型に対して、効果的なツイストたりえている。

また、これはジェームズ・ワン作品のみならず、二〇一〇年代のホラー映画、いや二十一世紀のホラー映画ならば当然のことかもしれないが、登場人物や設定が、心霊現象に対して基本的にかなり懐疑的な視線を持っている点も特徴である。「インシディアス」のエリーズ・ライナーは昔ながらの霊能力者だが、『最後の鍵』の事件をきっかけに彼女の部下になるスペックスとタッカーは、テクノロジーを駆使して怪異を科学的に解明しようとする、いわば「オカルトおたく」として描かれている。「死霊館」は一九七〇年代が舞台だが、妻が透視能力者、夫が超常現象研究家であるウォーレン夫妻もまた、怪異を超常現象とはなかなか認定しようとせず、人間の仕業や事故や偶然である可能性を排除しようとはしない、極めて慎重な人たちである。また、先に見たように『エンフィールド事件』には霊現象に否定的な科学者が登場する。

こうした懐疑論的な姿勢はもちろん、それらを超えて「やはり本物だった！」という驚きと恐怖を喚起するために置かれているのではあるが、それと同時に、こんにちのホラー映画が「ホラー映画」に対して不可避的に担保せざるを得ないメタ視点を表していると言えるだろう。マーケティング的な意味でも、クリエイティヴな野心としても、過去に夥しい本数生産されてきた「ホラー映画」の歴史的堆積を踏まえたうえで新たなホラー映画は撮られるしかないからである。現実世界と同じく、超常現象、ホラー現象の信憑のハードルは、ホラー映画内の世界においてもどんどん上がっているのだ。

もちろん、ここで問題にしたいのは超常現象の真偽でも原因究明でもない。前節で『来る』について述べたように、何故なのか、如何にしてかはさておき、とにかく〝それ〟は「来る」のであり、そうでなければホラー映画にはならない。問うべきは、やはり〝それ〟はどこから来るのか、ということである。「死霊館」について言えば、ウォーレン夫妻が最終的に相手取る敵は霊ではなく悪魔なので、その居場所は地獄ということになる。人間に取り憑く霊に取り憑いた悪魔は、ウォーレン夫妻の活躍によって地獄へと還される。宗教的な含意はカッコに括って、ここでは地獄＝ネガティヴなあの世、と理解しておこう（当然、天国はポジティヴなあの世、である）。あの世とは字義通り、この世ならざる世界、「この世とは違う場所」（『ぼぎわんが、来る』）のことである。しかし「死霊館」では、あの世が具体的なイメージとして描かれることはない。あくまでもそれは映画内現実の超越的な（空想的な？）外部にある世界として想定されているのみである。

「インシディアス」の場合、事態ははるかに複雑である。第一作でランバート一家が怪異から逃れるために転居することはすでに述べたが、物語後半の『インシディアス 第2章』の舞台となるのは、実は三軒目の家なのだ。それはジョシュ・ランバートの母親ロレインの家、すなわちジョシュの実家である。霊能力者エリーズの殺害を警察に疑われたジョシュは、家族と共にロレインの家に一時的に住むことになるのだが、それ以降、彼の様子はみるみる怪しくなっていく。一方、スペックスとタッカーはエリーズの家の地下室で古いビデオテープを発見する。そこには一九八六年にジョシュが見舞われた怪事が記録されていた。居間の椅子に座った幼いジョシュの背後に何かが写っている。スペックスとタッカーは過去の事件にもかかわっていた霊能力者のカールと一連の出来事の根源を調査する内、かつてロレインが勤務していた病院に長期入院していたパーカー・クレーンという男に突き当たる。最終的にすべての禍の出発点に居た/居るのはパーカーの死んだ母親であることがわかってくるのだが、何度も言うように事の真相は重要ではない。重要なのは「インシディアス」のクライマックスが、現在時のロレインの家と一九八六年のロレインの家、そして過去と現在の二つの同じ家に織り重なり合うように存在しているあの世（映画の字幕では「彼方（other-world）」）が渾然一体となった状態で展開するということである。

現在のジョシュがパーカー・クレーン（及びその母親）に取り憑かれた偽のジョシュであるのではないかと疑ったカールは単身、ロレインの家にジョシュに会いに行く。カールはダイスを使って死んだエリーズと交信し、ジョシュの正体を暴く。ジョシュはカールにナイフで切り掛かり、家の外で待機していたスペックスとタッカーは異常を察してカールを助けに家に入りジョシュに逆襲される。タッカーがスタンガンでなんとかジョシュを倒すものの、カールは瀕死の状態で「彼方」に移動してしまい、そこで本物のジョシュと会う。カールとジョシュは「彼方」で一連の出来事の根本原因を知る。ここで非常に興味深い場面がある。偽のジョシュが家族に危害を加えようとしていることを知った本物のジョシュは「彼方」からこの世に戻ろうとする。その時、彼は、さっきまでロレインの家が異様な変貌を遂げた「彼方」に居た筈なのに、いつのまにか夜になっている現実のロレインの家に外から侵入しようとしているのだ。このあたりから『インシディアス　第2章』は時空がますます混乱していく。いや、混乱ではない。逆に単純化されるのだと言ったほうが正しい。登場人物たちは一軒の家から、それとそっくりのもう一軒の同じ家に移動しているのだからだ。「インシディアス」の〝それ〟は、この世に瓜二つのあの世に棲んでいる、そしてそれは「家」という閉じられた空間である。そして〝それ〟が棲む「彼方」と化した家から元の家に戻るためには、いったん外に出て再び入り直さなくてはならない。

　現実的に考えるならば、これは単に同じセットを使い回しているのだと考えることも出来るだろう（実際にそうである）。しかし結果として生じている不可思議な効果は絶大と言っていい。要するに〝それ〟は、或る意味ではずっとここに居るのだ。「インシディアス」の「彼方」は実のところ、otherworld＝別の世界でもなんでもない。そこはここなのだ。それはあたかも同一の空間に異なった時間と（あの世とこの世という）並行世界が畳み込まれているかのようだ。しかしそうすると奇妙な矛盾が生じる。問題は「家」ではなく「人」ではなかったのか。「この家じゃない、ジョシュなのよ」とロレインはルネに言う。だが、そうであるのだとしても、ロレインの家は「彼方」化してしまう。登場人物は、一軒の二重の家を何度も行き来させられる。それは「彼方＝あの世」という語が本来持っていた筈の超越性を反古にし、リアルとアンリアルを無理矢理にひとつの空間に押し込める。すなわち、この世で生きている者たちと、あの世で蠢いているモノたちは、普段は気づかない／気づけないだけで、実はずっと同じ空間の中に居るのだ。

3　ゴーストとは誰か？

H・P・メンドーサ監督『私はゴースト（I AM A GHOST）』（二〇一二年）は、低予算映画であることを逆手に取った秀抜なアイデアのホラー映画である。白いワンピース姿の若い女性エミリーが、独り暮らしには大き過ぎる屋敷に住んでいる。映画は最初、彼女の日常生活を断片的に映し出していく。ベッドで目覚め、目玉焼きを作り、食事をし、掃除をし、買い物に出かけ、等々。だが、彼女はゴーストなのだ。メンドーサの発想がユニークなのは、自分が死んだ家から出ることが出来ない幽霊という、ごくありふれた物語を、徹底して幽霊の側からのみ描いた点にある。エミリーは最初、自分が死んでいることに気づいていない。しかし広い屋敷の中で自分が殺された部屋に入ると、とつぜんどこからか声が聞こえてくる。それは霊媒師シルヴィアの声だ。シルヴィアはエミリーに、あなたは死んでいるのだと告げて、呪文を唱えるように言う。「私はゴースト、私はゴースト、私はゴースト……」。エミリーは少しずつ自分の境遇を思い出す。シルヴィアは因果を解かなければエミリーはあの世に行けないと言い、エミリーが自分の死に向かい合うことを求める。だが、肝心のところで世界はリセットされてしまい、エミリーは自分がゴーストであることを忘れ、また最初から同じ場面が繰り返される。そしてシルヴィアの声が聞こえてきて……しかしやがてエミリーは自分の死の真相に辿り着く。

同一の場面が少しずつ変化しながら反復されていく、幾何学的と言ってもいい形式的なミニマリズムに貫かれたこの映画は極めて淡々としているが、最後にはかなりショッキングなシーンが待ち受けている。だがそれ以前に、空間の扱いが実に独創的だ。エミリーが、声しか聞こえないシルヴィアにあなたは今どこに居るのと訊ね、シルヴィアがそれに答えると共にエミリーの居場所を訊ね返すシーンがある。つまり二人はお互いの姿が視えていないのだが、同じ部屋に居る。従来のホラー映画は、生者の側から描かれるのが普通だが、この映画ではそれが逆転している。シルヴィアはエミリー（と観客）にとっては声のみの存在である。しかしシルヴィアからすればエミリーがそうなのだ。エミリーが家具を動かすと、シルヴィアは、ああ、やっちゃったわね、などと言う。

エミリーは、自分では買い物に行ってきたと思っているが、シルヴィアによるとそれはただ生きていた頃の記憶を呼び出しているだけで、実際には幽霊の彼女は家の外に出ることは出来ない。精確に言えば、家の外には何も存在していない。実際、因果を解かれた後、エミリーが家の扉を開けて外を視てみると、そこには漆黒の闇が広がっているばかりなのだ。エミリーは家の外に一歩も踏み出すことは出来ない。つまり、この映画の舞台である家は、映画では一度も描かれることのないシルヴィアたち生者の世界に現実に存在している（そしてそこでおそらくポルターガイスト現象が起こって除霊が試みられている）が、エミリーの居る家は、霊である彼女を永遠に閉じ込めておくためだけに存在している抽象的な空間なのである。この構造は、ジェームズ・ワンの「インシディアス」の空間性を裏返して極限までミニマライズしたものと言っていい。いわばこの映画は、あらゆるポルターガイスト映画の純粋形態を表しているのだ。

この映画を、物語はそのままにして、シルヴィアの側から描いたヴァージョンに変換することは──それはおそろしく凡庸な作品になるだろうが──もちろん可能である。また、エミリーとシルヴィアの視点を編集によって交錯させることも、むろん出来る（普通のホラー映画ならそうするだろう）。だがしかし、ここで問うべきは、ならばエミリーが居る（と信じている）世界／空間とシルヴィアの世界／空間を完全に重合させることは可能か、という問いである。答えはノーでありイエスである。同じ部屋に居るにもかかわらず、エミリーにはシルヴィアの姿が視えず、シルヴィアにはエミリーの姿が視えない、ということを、ひとつのショットで表現することは出来そうにない。従って答えはノーである。いや、そんなことはない。そういう設定を観客に理解させるショットを撮るだけならばごく簡単に出来る。同じ画面にエミリーもシルヴィアもちゃんと映っているのに、二人があたかも互いが視えていないように演じさせればよい。ただそれだけ。従って答えはイエスである。後者の場合、観客は暫し混乱することになるかもしれないが、やがては状況を理解するだろうし、それを撮ること自体はさほどの苦労はない。

実際に、これに似たことをやってしまった映画がある。鈴木卓爾と矢口史靖が長年にわたって継続している「ワンシーンワンカット固定画面、アフレコダビングなし」による短編映画のシリーズ「ワンピース!」において、鈴木監督は『骨肉トライアングル〜骨まで愛して』(二〇一二年)他の幾つかの作品で、或る部屋の過去と現在の出来事をギミック抜きに同時に描くということを試みている。狭い空間で、過去パートの出演者たちと現在パートの出演者たちが、お互いが視えないふりをしながら、しかしぶつかったりはしないように注意しつつ演技しているさまは端的に笑える。しかしこれは「ワンシーンワンカット固定画面、アフレコダビングなし」で、回想シーンのカットバック(ではないのだが)をやるという大胆不敵な実験でもあるのだ。ワンシーンワンカットの同一空間内に二つの時間が流れている(ことにされている)わけだが、すでに述べたように、これは『私はゴースト』でもやれる。ただしその場合は「過去」と「現在」ではなく、位相の異なる二つの「現在」を重ねることになるわけだが。

編集や合成といった手口に頼らない限り、映画では、ひとつの画面=ショットに複数の空間や複数の時間を同時に組み入れることは、非常に困難である。無理にそれをやろうとすれば、『私はゴースト』のように映像で視えているのは一方の側のみで他方は音声だけにするか、さもなければ鈴木卓爾がしたようにあからさまな芝居にならざるを得ない。では、他にやりようはないのだろうか。

問題は明らかに「ひとつの画面」という点にある。この条件を厳密に守ろうとする限り、右の二通りの解決以外には答えはないように思われる。では、この条件をいったん外した上で、尚かつ従来の映画とは異なるやり方を示すことは出来ないか。清原惟監督『わたしたちの家』(二〇一七年)は、H・P・メンドーサとも鈴木卓爾とも、そしてジェームズ・ワンとも違う解決法を呈示した作品である。

『わたしたちの家』では、二つの物語が描かれる。ひとつは、母親とふたり暮らしの女子中学生の物語であり、もうひとつは、記憶を失った女性が偶然知り合った若い女の家に居候することになる物語である。二つの物語には相互に関係はなく、登場人物の関係も繋がってはいない。映画は二つの物語を自在に行き来しながら進んでゆく。ところが観客は、やがて奇妙なことに気づく、この二つの物語は、一軒の同じ家――かつては何かの店だったらしい、玄関先に特徴のある二階建ての日本家屋――で展開されているのである。娘と母が住んでいる家と、二人の女が同居する家は、どう見ても同じ家なのだ。とすると、二つのエピソードは時間的な前後関係にあり、いずれかが過去でいずれかが現在ということになるのだろうか。そうではない。二つのエピソードは、どうやら同時並行で起こっているらしいのだ。幾つかのヒントが、二つの物語が並走していることを匂わせていく。障子に開けた穴、聴こえてくる音、クライマックスで投げつけられる花瓶、そして謎めいた箱……この映画は、いわゆる「並行世界」「可能世界」を描いた作品なのである。

しかも最後までそれぞれの彼女たちは、もうひとつの世界に、自分と同じ家に住んでいる者たちの存在に気づくことはない。この映画の二つの物語は、何度か接触はしかかるものの、基本的に交わらないままで終わる。だが、微かな気配が生じることはある。一方の世界の「わたしたち」にとって、もう一方の世界の「わたしたち」は、文字通りの意味で、この世ならざる存在、いわばゴーストである。しかもこの映画においては、どちらかの世界が現実で、他方が非現実ということではない。二つの世界は完全に等価であり、それゆえに最終的にはどちらも世界としての決定的なリアリティを欠いたまま宙吊りにされてしまう。つまり、この映画にはゴーストしか出て来ないのだ。『わたしたちの家』が秀抜なのは、二つの「今、ここ」を、ただ単に並列してみせた点にある。「インシディアス」のように「ここ」と「彼方」ではなく、『私はゴースト』のように「あの世」のみでもなく、鈴木卓爾がしてみせたような「今」と「かつて」の「ここ」での強引な重ね合わせとも違う。この映画を観る者は、一方の世界を視ながら次第に他方の世界の気配に感覚を鋭敏にしてゆくことになる。今、ここにある別の「ここ」の気配に。

『わたしたちの家』はジャンルに定位することが困難な映画だが、思弁的なホラー、存在論的なホラー映画として捉えることも出来る。実際、この映画の基本的なアイデアはホラーにも転用可能だろう。だが、清原監督の才気はむしろ、そうはしなかった点にある。「ここ」と「よそ」というのなら、「よそ」から視れば「ここ」が「よそ」なのだ、という単純極まりない発想によって、『わたしたちの家』は「ここ」に留まったまま「よそ」の存在を示してみせる。「今、ここ」に対して「いつか、どこか」を置くのではなく、「今、ここ」を複数化することによって、互いを互いの「彼方」にしてしまうこと。この映画の二組の「わたしたち」は、どこかから「来る」のではない、ただそこに「居る」だけである。それは「今、ここ」に居る＝在るということのあやふやさと無根拠さ、かけがえのなさと切実さを晒け出す。この映画が教えてくれるのは、私たちの誰もがゴーストであるのかもしれない、ということではない。そうではなく、私たちがゴーストであろうとなかろうと、私たちが私たちである（しかない）ということ、そして私たちが居るのが「今、ここ」である（ことは変わらない）ということである。

4 「この世」の外には何がある？

必ずしも明確に分けられるわけではないが、「来るホラー」と「居るホラー」という二項を立ててみることが出来るかもしれない。ここまで見てきたように、この二つの違いはまず第一に空間性の違いである。「来るホラー」の恐怖は「ここ」ではない場所（「あの世」「彼方」「よそ」など）からやって「来る」が、「居るホラー」ではむしろ「ここ」こそが恐怖の震源である。二〇一〇年代の広義のホラー映画を取り上げてみても、デヴィッド・ロバート・ミッチェル監督『イット・フォローズ』（二〇一四年）やトレイ・エドワード・シュルツ監督『イット・カムズ・アット・ナイト』（二〇一七年）は「来るホラー」だし、デヴィッド・F・サンドバーグ監督（製作ジェームズ・ワン）『ライト／オフ』（二〇一六年）やデヴィッド・ロウリー監督『A GHOST STORY／ア・ゴースト・ストーリー』（二〇一七年）は「居るホラー」だと言えるだろう。二種類の方向性にはいずれもすでに長い歴史があり、さまざまなヴァリエーションが存在している。

高橋洋監督『霊的ボリシェヴィキ』は、中島哲也監督『来る』と同じ（そして清原惟監督『わたしたちの家』とも同じ）二〇一八年に公開されたホラー映画である。いわゆる「Jホラー」の代表作である中田秀夫監督の『女優霊』（一九九六年）や『リング』（一九九八年）の脚本家であり、監督としても『ソドムの市』（二〇〇四年）、『狂気の海』（二〇〇七年）、『恐怖』（二〇〇九年）等、個性的な作品を発表してきた高橋が積年の企画を実らせたこの作品は、いわば「来る」と「居る」を止揚するような特異なホラー映画となっている。

『霊的ボリシェヴィキ』は、いわゆるワンシチュエーション映画である。舞台は廃工場らしきだだっ広くて殺風景な施設。そこに複数の男女が一種の降霊会を行なうべく集まっている。彼らはいずれも人の死に立ち会ったことがあり、その経験を順番に話していくことによって「あの世」を呼び出そうというのである。興味深いのは、それがもっぱら「声＝音」によって行なわれることである。霊気でデジタル機器が使えないという理由で、その場にはアナログのテープレコーダーや計器類が設置されており、発言者の声を機械的に増幅、録音、再生することによって「あの世」への扉が開くと会の主催者である科学者は考えている。恋人に連れられてやってきたヒロインは、幼い頃に神隠しにあったことがあった。実験が進むにつれて、少しずつ怪異が起こり始め、やがてヒロインの身におそるべき事態が訪れる。

ホラーにはよくあることだが、この映画も意図的に説明が省かれている部分が多々あり、物語上の幾つかの謎は解かれないままで終わる。だが重要なのは、ここでは「あの世」と「この世」という二つの空間＝世界を貫通し得るものとして「声＝音」が特権視されているのだということである。確かに現実においても声はしばしば壁の向こうから聞こえてくる。また、神隠しという設定も見逃せない。実は『来る』でも、また『インシディアス』でも、神隠し的な出来事は起こっていた。神隠しとは「この世」から「あの世」への望まざる移動のことである。『霊的ボリシェヴィキ』のラストでは、幼児期に神隠しに遭ったヒロインの驚くべき真実が明かされる。だが私にとって興味深いのは、この映画の「あの世」の描き方が「来るホラー」と「居るホラー」の交叉点を示している点である。

舞台空間を限定することによって、この映画の「あの世」は理念的にも感覚的にも端的な「外部」として措定されている。映画の大部分は降霊会の参加者たちが次々と語る「あの世に触れた」体験談なのだが、そこにその場に居る誰のものでもない「声＝音」が不意に侵入してくる。各々の挿話の内容に加えて、外部からの「声＝音」が「あの世」の存在を開示する。しかし物語が進んでいくにつれて、この「あの世」は徐々に怪しくなっていく。登場人物たちは「あの世を呼び出す」という言い方をしているのだが、終盤間際に、ひとりがすべてを覆すようなことを口走る。「あの世なんかあるわけないでしょ。私たちはもう怪物を呼び出すしかないの」。

高橋監督は、幾つもの意味で『霊的ボリシェヴィキ』の姉妹編に位置付けられるべき『恐怖』において、脳髄を傷つけることで普通の人間には視ることの出来ない世界が視えるようになるというアイデアを映画の中心に置いていた。そこでの「視覚」を「聴覚」で更に展開させたのが『霊的ボリシェヴィキ』だと言っていい。『恐怖』の中で、実の娘に禁断の手術を施すマッド・サイエンティストの女性は、こんな台詞を言う。「人間には見えないものをおまえは見るの。私たちの世界の外側の、現実を」。

そう、だから「あの世」は存在しない。だが「地獄は実在する」(これは『恐怖』を含む高橋洋のシナリオ集の書名でもある)。「地獄」とは「この世」の、現実の実相の別名なのである。だが、そうすると、先の人物が言っていた「怪物」とは何だというのか。そして、それはいったいどこから来るのか。

こうしてまた最初の問いが回帰してきてしまった。〝それ〟は、どこから来るのか? しかし、ひょっとするとこの問いは、われわれはどこに居るのか、と問うことと同じなのかもしれない。

第二部　現代映画の諸問題

救い主が嗤われるまで　ラース・フォン・トリアー論

ラース・フォン・トリアー監督『ニンフォマニアック』（二〇一三年）は、そのいつもながらのセンセーショナルな話題性に乗せられて、ついついこの原稿を書くことを約束してしまった私を、なかば予想（期待？）通りに思い切りげんなりさせてくれた、つまりはいつもながらのフォン・トリアー映画であると、ひとまずは言える。

よく知られているように、この作品は完成前からさまざまな噂や憶測が飛び交い、有名俳優たちがハードコアポルノ顔負けの場面を演じるという触れ込みでおおいに物議を醸した、二部併せて四時間を超える大作である。けれどもしかし、私は実際観てみて、少なくともそのような意味合いでは、事前に騒がれていたほどのものではないと正直思った。別にそういうアレを楽しみにしていたわけではなかったので特に落胆はしなかったが、もちろん日本公開版であるからにはボカシの問題はあるにせよ、局部や交接が見える見えないといったことはどうでもよくて、だがハードというならたとえば『アンチクライスト』の方がはるかにハードだったのじゃないかとも思ったのである。この「事前に予想（期待？）していたほどスキャンダラスではない」という落差は、昔『ドッグヴィル』を観た時にも感じたことだった。どんだけ救いがないんだろうか、と覚悟しつつ観に行ったら、別にそうでもなかったのである。

ここでお断りしておくが、私はラース・フォン・トリアーの作品が好きではない。いや、好きか嫌いかでいったら積極的に嫌いだとさえ言ってもいいかもしれない。彼の映画が格段に優れたものだとも、率直に言うと、全然思ってはいない。むしろこれではやはり駄目なのではないか、と思うことの方がずっと多い。だが、にもかかわらず、私は彼の映画をそれなりに熱心に観てきたし、後でも触れるが過去にも論じてみたことがあり、今またこうして何かしら書いてみようとしている。それは取りも直さず、やはりトリアーという存在を興味深いと、何かしら考えるに足るものがあると思っているからだろう。では、それは何なのか、ということをあらためて語ってみるにあたって、ここでは『ニンフォマニアック』によって結したとされる、いわゆる「鬱三部作」について少々論じてみようと思うのである。

トリアーは二〇〇七年後半から二〇〇九年初頭にかけて重度の鬱に苦しみ、映画監督としての活動休止を余儀なくされた。種々のセラピーを受けることによってようやく恢復した彼は、シャルロット・ゲンズブールとウィレム・デフォー主演（といっても、この映画にはほぼこの二人しか出てこない）で『アンチクライスト』（二〇〇九年）を撮り上げる。もっともこの作品は『マンダレイ』発表後の二〇〇五年から準備されており、必ずしも鬱の経験によって発想されたものとは言えない。しかしトリアーはそれ以前にもたびたび鬱の症状があったとのことなので、或る意味で、これを皮切りとする「鬱三部作」は、生まれるべくして生まれた連作と言えるかもしれない。

この映画のストーリーは次のようなものである（この先も含めて本稿ではネタバレは一切気にしないのでご注意を）。或る夜、主人公の夫婦が洗濯場で夢中になってセックスしている間に幼い息子が窓から落ちて死んでしまう。後悔と絶望に打ち拉がれる妻を、セラピストでもある夫は何とか救おうとする。彼は彼女を森に連れてゆく。妻はそこを「エデン」と呼ぶ。山小屋で二人きりで過ごしながら夫婦は語り合い、善悪について、罪と罰について、女について延々と議論を続けるが、次第に妻の様子がおかしくなってくる。偶然に夫は妻が我が子を虐待していた事実を知る。すると妻は「私を捨てる気だな！」と激昂して夫の太腿に大きな丸研石を埋め込み身動き取れなくする。それでも夫は逃亡をはかるが呆気なく見つかり、激しい暴行のあげくに彼女は自らのクリトリスを鋏で切り取って悶絶する。その隙に夫は丸研石を外して逃げようとするが、気付いた妻と取っ組み合いになり、遂に彼女の首を絞めて息の根を止める。彼は妻の死体を燃やし、森を後にする。ふと見ると、沢山の人々（全員、顔にボカシが入っている）が山の斜面を登ってくるのが見える。

まったくもってヒドい話だ。鬱から恢復するやいなやこんな映画を撮（れ）るトリアーの神経は如何なるものだろうか。この映画を私は今回、ＤＶＤで再見したが、見直さなければよかったと思った。そしてふと思い出したのは、三浦大輔率いる演劇ユニット、ポツドールの『おしまいのとき』という舞台である。この芝居でも、冒頭で夫婦のひとり息子が事故で亡くなる。妻は絶望から鬱状態に陥る。だが或る時、エアコンの修理に来た若い男と不倫を始め、それからはもうすさまじい勢いで堕ちてゆく。『アンチクライスト』の日本公開は二〇一一年の二月、『おしまいのとき』の初演は同年九月。三浦大輔が映画を観たのかどうかは不明だが、タイミング的には十分にあり得ることだし、少なくとも基本設定において二つの作品は明らかに似通っている。だがむしろ興味深いのは、そこからの両者の違いである。『おしまいのとき』の妻は、性と悪の権化のごとき男にひたすら溺れていき、しまいには犯罪的な行為に手を染めさえするが、しかしそこで描かれるドラマはあくまでも即物的で世俗的である。だが『アンチクライスト』の場合、子を死なせた哀しみや悔恨や辛さ、それそのものはいつのまにかどこかに行ってしまって、トリアーはもっと観念的な何ものかを相手にしようとしているように見える。

三浦大輔は『おしまいのとき』公演時に受けたインタビューの中で、次のように話している。

　今回は〝人が終わってしまう瞬間〟っていうものを描きたかった。それは何かというと、例えば、不幸が自分に舞い降りてきても人はそこで終わるのではなくて、生きていかなくてはならないと思うんです。そのとき人を突き動かしているのは何かと考えたら、理屈なんだと思ったんですね。その理屈をこねくり回して人は生きている気がするんです。自分の理屈がまだ自分の頭の中にあるうちは、人は終わらないんじゃないか、その理屈をこねくり回した末に、自分のなかでつじつまが合わなくなって破綻したときに終わってしまうんじゃないかなって思ったんですよね。

（東京ヘッドライン　http://www.tokyoheadline.com/vol522/stage.5989.php 現在リンク切れ）

この発言からも『アンチクライスト』とのシンクロを感じる。ここで三浦の言う「理屈」は『アンチクライスト』の妻と夫がすがろうとしたものでもある。「理屈をこねくり回した末に、自分のなかでつじつまが合わなくなって破綻したときに終わってしまう」というのは、映画の結末そのものだとも言える。だが『おしまいのとき』の妻が「理屈」によって、いわば無限の自己正当化をはかることで逆に追い詰められてゆくのに対して、『アンチクライスト』の妻は自己処罰の欲望をどんどん過剰にしていきながら、それを「女性一般」へとあっけなく超越させてしまう。わたしが愛する子供を喪ったのは、子供の靴を無理矢理互い違いに履かせるという陰湿な虐待に及んでしまったのは、わたしがわたしだからではなく、わたしが女だからである、と。彼女はこのような「理屈」を捏ねているように見える。

『アンチクライスト』は二〇〇九年のカンヌ国際映画祭コンペティション部門に出品され、当然のごとく激しい毀誉褒貶を醸したあげく、シャルロット・ゲンズブールが女優賞を受賞したものの、「女性嫌いの最たる作品」として「最低賞」を受賞している。この「女性嫌い＝ミソジニー」こそ、そもそもこの映画の隠れた主題（のひとつ）であることは、エンドロールにミソジニーにかんするリサーチャーがクレジットされていることからもわかる（したがってカンヌの審査員たちは、またしてもこの監督の策略にまんまと乗せられたに過ぎない）。トリアーがややこしいのは、ミソジニーを或る独特な形で宗教的な意識に関連付けていることである。『アンチクライスト』の妻は「理屈」を「宗教的な観念」へと昇華させることによって、より破滅的な「おしまいのとき」を迎えることになるのである。

『アンチクライスト』を最後まで観ると思うのは、この作品の真の主人公は妻よりもむしろ夫の方なのではないかということである。見ようによっては、これは「夫が妻をセラピーしようとして失敗する物語」ではなく「妻の狂気と死をもって夫が救済されるに至る物語」だと捉えられなくもない。荘厳なラストシーンは、それを暗示しているようにも思える。だが、誰にもわかるように、これはどう考えても「救済」とは言えない。それはいうなれば贋の救済、救済のパロディでしかない。なぜこの夫婦は、子供の死という事実と現実に向き合うことを早々に止めてしまい、観念的で宗教的な、不毛なディスカッションに明け暮れ、それどころか子供が死んだ時と同じくセックスばかりしているのか。ふたりはあまりにも不真面目にシリアスなのである。

実際、妻はほとんど確信（自信?）を持って狂気へと突き進んでいくように思える。『おしまいのとき』の妻の「理屈」とは、言い換えるなら要するに「言い訳」である。だが『アンチクライスト』の妻には言い訳の意識は微塵もない。彼女はむしろ真理へと、自分自身を超えた世界の真理へと超脱しようとして（そう出来ると信じて）、しまいには自分で自分の小陰唇を割礼するのである。妻の狂気に否応無しに巻き込まれてゆく夫は、映画の後半はただただ恐怖しているかに見える。この映画は途中から、ほとんど『エクソシスト』のようなホラー映画になってしまったかのようなのだ。

もう一点、『アンチクライスト』を『おしまいのとき』と比較することで見えてくるものについて指摘しておきたい。しばしば露悪趣味と呼ばれたりするほどに、常に人間（性）のネガティヴな側面を題材にしながら、極度に完成された劇的世界を造り上げてきたポツドールだが、それだけに、二〇一一年秋の公演の内容はおおいに注目されていた。何故ならば、それが他でもない「二〇一一年三月十一日」からたった半年足らずで三浦大輔が発表する演劇であったからである。結果として『おしまいのとき』は、より純度を上げたポツドール中のポツドールというべき作品になっていたのだが、創作にあたって三浦大輔にも迷いがなかったわけではないことを、本人が公演のプレスリリースで語っていた。「この間、色々なことがありました。そして、今、この時期に、自分が何をやりたいのか、何をやるべきなのか、とても悩みました。で、出した結論がこの芝居です」。つまり、或る意味で「色々なこと」があったからこその、こんな作品だったのである。この回路もまた、トリアーが鬱を経て『アンチクライスト』を撮ったのと似ていなくもない。つまり、トラウマに対するセラピーとしての更なるトラウマ的体験の導入。いや、トラウマを治癒するために発動される、より強力なトラウマ（の戯画化？）。すなわち結局のところ治癒など絶対にあり得ないということを潔く認め、認め続けること自体を動機として作品を拵えること。

「鬱三部作」の二作目に当たる『メランコリア』（二〇一一年）については、私は以前『批評時空間』

（二〇一二年）という書物の最終章で論じたことがある。それは同作と、時期を同じくして公開された二本の映画（大畑創監督『へんげ』と石井岳龍監督『生きてるものはいないのか』）を繫げて「世界の終わり」にかんする想像力を扱った文章だった。以下はそこで書いたことの引用及び繰り返しを含む。『メランコリア』は二〇一一年のカンヌ国際映画祭コンペティション部門に出品されたが、トリアーは記者会見で「ヒトラーの気持ちは理解できる」と発言し、カンヌ映画祭評議会は彼を「好ましからぬ人物」として追放を決定した。だが作品自体は上映され、キルスティン・ダンストが主演女優賞を受賞している。

この映画のストーリーは次のようなものである。二部構成になっており、前半がダンスト演じるジャスティン、後半がシャルロット・ゲンズブール扮するクレアを中心に描かれる。新郎マイケルと共に披露宴の会場である屋敷へと向かうジャスティンの様子から映画は始まる。ジャスティンの姉クレアとその夫ジョンの人脈によって大勢の招待客が集まり、豪奢なパーティが催されようとしている。しかしジャスティンは重度のメランコリア＝鬱に罹っており、宴が進行するにつれ異常な言動を取っていく。遂に彼女は決定的なトラブルを起こし、いたたまれなくなってマイケルは去る。ジャスティンは職場の上司をも罵倒し、あっけなく全てを喪う。ここまでが前半。

後半に入ると物語は一変する。メランコリアと名付けられた巨大な星が周回軌道を外れて地球に近づいており、五日後には最接近するという。心を病んだジャスティンを自宅に引き取ったクレアは、夫のジョン、幼い息子レオと一緒に、その時を迎えようとしている。ジョンは、メランコリアは地球とすれ違うだけで安全だと言う。だが、それは間違いで、やはり星は地球と激突し、この世の終わりが訪れることがわかってくる。すると一番落ち着いていた筈のジョンは、誰にも告げずに突然、納屋で自殺してしまう。無邪気に星の到来を心待ちにしているレオを守りつつ、クレアはパニックを起こす。だがジャスティンはむしろ破局が近づくにつれ落ち着きを取り戻していく。ラスト・シーンは、メランコリアとの接触の瞬間を迎えるジャスティン、クレア、レオの姿である。絶望に震えるクレア、いまだ事態を理解しないままのレオ、そして穏やかに微笑むジャスティン。強烈な音と光と爆風が画面の奥からやってくる。これが最後のショット。

トリアーは、これを「ハッピーエンド」だと称している。地球の終わりと人類の滅亡が、どうして幸福な結末なのか。この点にかんして私は、先の批評文で長々と論じたのだが、それは『批評時空間』を読んでもらうとして、そこでの分析を踏まえつつここで述べておくべきことは、『アンチクライスト』の動機付けにかんして触れた「トラウマを治癒するために発動される、もっと強力なトラウマ（の戯画化？）」が、この作品にも当て嵌まるということである。ジャスティンがなぜ鬱に陥ったのか、その原因や背景は映画にはまったく描かれていない。むしろそのようなものは無いのだと考えるべきかもしれない。だが明白なのは、彼女がメランコリアの襲来＝世界の終末によって恢復するということである。姉のクレアとの立場は、映画の後半になって逆転する。他のひとびととは正反対に、地球を滅ぼす星の到来が彼女を元気にするのである。

いささかデリケートな話題なので気を遣うが、私の知人にも、長年鬱病（的なもの）に悩まされていたが、「二〇一一年三月十一日」以後に急に元気になった、という人が居た。そのメカニズムのほんとうのところは知るところではないが、同じような話は当時、他にも耳にしたように思う。だがジャスティンの復調は、それらとはやはり違う。災厄や危機と、終焉や滅亡は異なるからである。だがひとつの共通点は、自分自身の罪や責任からは完全に切り離された、紛れもなく具体的な悲劇、無根拠で不条理な悲劇こそが、具体的でない、説明の不可能な、つまり気分としての鬱に対する、一種のショック療法として作用することがある、ということである。そして重要なポイントは、私の知人の体験は現実の出来事だが、トリアーはわざわざ『メランコリア』のような物語を自ら創り出して観客に向けて語ってみせているのだということである。

『アンチクライスト』と『メランコリア』に限らず、少なくとも或る時期（『ダンサー・イン・ザ・ダーク』辺り？）以降のラース・フォン・トリアーの映画の多くは、ほぼどれも次のセオリーに従って出来ている。

1 物事はどんどん悪くなってゆく。

2 それは最悪の極みに達するまでけっして止まらない。

3 物語（映画）の最後は、あらかじめ予測された最悪の達成であり、それ以外ではない。

映画のはじまりにおいて観客の誰もが容易に想像し得るバッド・エンディングへとほとんど迷い

なく突き進んでゆき、そして想像通りに最悪の結末が描かれることによって彼の映画は終わる。『アンチクライスト』も『メランコリア』も、考え得る限り最低最悪のラストでありながら、トリアーはそれを「ハッピーエンド」だと考え、そのためにこそ映画を構想しているのである。そしてそれは彼自身の鬱と深く関係している（ことも自ら表明している）。トリアーにとって、先のセオリーこそが自己救済のプログラムなのである。だが、それはいったい、どういう意味なのだろうか？

三部作の末尾を飾る『ニンフォマニアック』も二部構成になっているが、前作とは違って、ここでは長尺を便宜的に分割しただけで、前半と後半で視点や話法に変更があるわけではなく、物語は最初から最後まで基本的に連続している。細かい筋を記すのも無粋なのでざっくりと述べておくなら、トリアー作品の常連ステラン・スカルスガルド演じる男セリグマンが、激しい暴行を受けて路地裏に横たわる女を発見し、自分の家に連れ帰って介抱するところから映画は開始される。どうしたのかと尋ねる彼に、ジョーと名乗る女は自分は色情狂《ニンフォマニア》なのだと告白し、幼い頃から現在までの波乱に満ちた人生を物語り始める。この映画は、ニンフォマニアの女ジョーの自分語りと、それに時々、文学的／哲学的なコメントを加えるセリグマンのやりとりを外枠として、全八章にわたってさまざまなエピソードが描かれてゆく。

前二作に較べると、色情狂というテーマは、いささか軽いと思えなくもない。実際、目をそむけたくなる場面が続出する『アンチクライスト』、容赦なき終末論的な終末の映画『メランコリア』よりは、これははるかに普通に楽しんで観られる映画である。ジョーの描かれ方は、ニンフォマニアというよりは、一種の体質的（?）なセックス依存症とでも呼ぶべきものであり、エロティシズムの追究などといった高尚さは完全に脇に置かれて、ただひたすらヤリたくてヤリたくてたまらない、ヤラないと頭がおかしくなってしまう人物として描かれている。

トリアーがやりたかったことのひとつは、そんなヒロインの行動をいちいち「理屈」で粉飾せずにはいられない童貞（と彼は自ら告白する）中年男セリグマンの人物造型だろう。いうなれば彼は『アンチクライスト』でウィレム・デフォーが演じていた人物のパロディアスな反復である。パロディというのは、妻の狂気を起動し促進し止めることの出来なかった夫とは、物語におけるその機能がほぼ逆転されているからだ。そのことは、ここではさすがに書くわけにいかない、だがほんとうは書いてしまっても全然構わないとも思える、ネタバレ厳禁的な映画のラストシーンで明らかになる。ただ言えることは、これも『アンチクライスト』と同様に、『ニンフォマニアック』の真の主人公は、ジョーではなくセリグマンなのだと考えてみることで、俄に見えてくるものがある筈だということだ。ほんとうの「色情狂」は、彼女ではなく彼のことなのだ、と。

ラース・フォン・トリアーの映画、とりわけ「鬱三部作」は、一言でいうならば、救済とその不可能、ただそれのみを語っている。その無理、その無効、その無意味を。それは彼自身が体験した鬱と、そのセラピーから発想されたものかもしれない。それは結局、わからない。だが彼は明らかに、誰かを（自分を）救おうとする者に無能を宣告するために、これらの物語を語っている。この意味で、トリアーの映画はどれも、徹底的に倒錯した宗教映画だと言える。救い主は嗤われるためにのみ、彼の映画に召喚されているのである。

付記：ラース・フォン・トリアーは二〇一八年に『ニンフォマニアック』から約五年ぶりとなる長編『ハウス・ジャック・ビルト』を発表した（日本公開は二〇一九年）。主演はマット・ディロン。連続猟奇殺人犯ジャックの異常にして破天荒な十数年に及ぶ犯行が五つのエピソードで描かれる。一言でいえば、これは『ニンフォマニアック』のシリアル・キラー・ヴァージョンだが、ジャックのキャラクターと彼の行状はより戯画化されており、恐いというよりもむしろ笑ってしまう。『ニンフォマニアック』のセリグマンに相当する主人公の聞き役としてブルーノ・ガンツが出演しているが、前作のようなラストでの「逆転」は起こらない。トリアーにしては珍しく、かなり明解な因果応報で終わっており、この異端児も遂に「改心／回心」したという見方も出来るかもしれないが、むしろ自身の映画を見慣れた観客の期待を更に裏切ろうとした結果、一周回ってマトモな結論に至ってしまった可能性もある。

ファンタスティックＭｒ.アンダーソンの後悔と正義　ウェス・アンダーソン論

ウェス・アンダーソンにかんしては、かなり昔だが、一度だけ、ごく短いエッセイを書いたことがある。雑誌「エンタクシー」に寄稿したもので、原稿のテーマは特に指定がなかったので、たまたまその時に試写を観て間もなかった、そして大変感銘を受けていた、アンダーソン監督の最新作『ライフ・アクアティック』（二〇〇四年）をネタに書いたのだった。とはいってもいわゆる映画評ではなくて、私はあの映画における「後悔」というテーマについて書いたのである。「エンタクシー」の編集者を含めて、この原稿に対するレスポンスは当時はほぼ皆無だったが、私自身はかなり気に入っていて、それから数年後に書き下ろした『未知との遭遇』（二〇一一年）という本の記述の中に、丸ごと引用する形で収録した。

なのでここで、あのエッセイを再び引用するのは幾ら何でも気が引けるが（『未知との遭遇』を読んでください）、しかしこれからつらつら書いてみようと思うことは、まさにあそこで書いたことからそのまま連なっているので、私が『ライフ・アクアティック』という映画から受け取った、「後悔ということ」にかかわる省察（のようなもの）について、まずはじめにあらためて述べてみたいと思う。

「ビル・マーレイ扮する主人公のズィスーは、有名な海洋冒険家&ドキュメンタリー映画監督なのだが、近年は映画もコケっぱなしで、評判も落ちるばかり。世間からはほとんど終わった人扱いされているのだが、本人はその事実を認めようとしていない。精鋭のフリして本当は単なる寄せ集めに過ぎない〝チーム・ズィスー〟もポンコツ化が激しい。映画の冒頭で、彼はチームにおける長年の相棒=親友を幻の怪魚〝ジャガーザメ〟に喰われてしまうのだが、復讐（？）のための更なる航海の予算さえなく、資産家の娘でありパトロンでもある妻にも愛想をつかされてしまう。そこに、三十年前に僅かな間だけ付合っていた元恋人の息子で、ひょっとしたら彼の実の子かもしれない青年や、妊娠中の女性雑誌記者が現われて、ストーリーは展開していく」。引用しないと書いたそばから件のエッセイのあらすじを纏めた部分を抜いてしまった。二度手間も何なのでご容赦願いたい。

さて、肝心の話はここからなのだが（映画の結末に触れますので『ライフ・アクアティック』を未見でネタバレ嫌いの方はご注意を）、ウェス・アンダーソンの盟友オーウェン・ウィルソンが演じる青年ネッドは、ジャガーザメの追跡中にヘリの墜落事故で死んでしまう。最期までネッドはズィスーを父親かもしれないと信じていたようであり、ズィスーもそれを否定することはなかったが、実はズィスーは自分が無精子症であることを知っており、だから本当は血の繋がりはなかったのだった。だがズィスーはその真実を最後までネッドには言わなかった。ネッドを失ったチーム・ズィスーは、それでもジャガーザメを追い続け、遂に深海の底で巨大海魚と遭遇する。ズィスーにとっては親友の仇である。だが、それは彼らの潜水艇より何倍も大きく、到底太刀打ちなど出来そうにない。それにダイナマイトもとっくに尽きてしまった。彼らはただ成す術もなくジャガーザメの姿を見守る。その巨大さに茫然とするばかりでなく、まるでイルミネーションを纏っているかのような、その幻想的な美しさに目を奪われる。そこで、ズィスーはこう口にするのだ。「私を覚えてるかな（I wonder if it remembers me)」。そして彼は、泣き出してしまいそうになるのを必死で我慢して、なんとか笑おうとするのだが、やっぱりどうしても泣いてしまう、というような、なんとも言えない複雑な表情を浮かべる。

告白すると、先ほどは「大変感銘を受けた」などと少々格好をつけた書き方をしたが、実際にはこの場面を見たとき、試写室で私は恥ずかしいほどに泣いてしまっていた。ズィスーにとってジャガーザメは紛れもなく、彼の人生における、ありとあらゆる「後悔」の象徴である。そして彼は物語の最後にそれと再会し、自分を覚えているだろうか、と問う。しかし相手は、結局のところはただの魚に過ぎないのだし、だから彼を覚えているわけもない。もちろん、彼はそんなことは百も承知の上で、そう問うているのである。「後悔」は、ただ向こうからやってきて、そして時を置いて再び、何度となく、またやってくる。私たちには、それに抗する術はない。「後悔」に対して、私たちはただひたすら無力であるしかない。だが、だからこそ私たちは、それを真正面から見つめる勇気を持たなくてはならないのだ。いや、勇気などと書くと、さも勇ましい感じがしてしまうが、そうではなくて、それはまったくもって情けない、みっともないことなのであり、であるがゆえにこそ、おそらくは誰しもの人生において、必要なことなのだ。『ライフ・アクアティック』は、こうして完成したズィスーの新作映画の上映会の場面で幕を閉じる。それは大成功だったようなのだが、この映画は、いわゆるハッピーエンドではない。登場人物たちが延々と颯爽と行進してくるエンド・クレジットでも、ビル・マーレイはまったく笑ってはいない。彼はこの先の人生を「後悔」と共に生きてゆく決心をしたのだ。

『ライフ・アクアティック』の「ジャガーザメ＝後悔」説を、私は自信満々（？）で主張したのだったが、あの映画にかんして、公開当時、あまりこのような方向での評価を見聞きすることはなかったし、すでに述べたように、私の書いたことにも、ノーリアクションか、「はあ？」もしくは「それで？」的な反応がせいぜいだったと記憶している。私には、あの映画は、ほとんどこのことを伝えるためだけに作られたのだとさえ思われたのだが。そしてその証拠に、この「後悔」の主題は、ウェス・アンダーソンの次作に当たる『ダージリン急行』（二〇〇七年）にも、しかと受け継がれている。

三人とも少しずつベクトルの異なる変わり者であるがゆえに、これまで何かと諍いの絶えなかった三人の兄弟が、父親の突然の事故死をきっかけに、長男の発案でインドへ「スピリチュアル・ジャーニー」に出掛ける、というのが話の筋である。『ライフ・アクアティック』（二〇〇七年）のズィスー同様、彼らもまた、それぞれに恥と後悔の多い人生を送ってきたようである。映画の前半は、インドの田舎を走る「ダージリン急行」の車内における三人のドタバタをオフビートに描いていくが、或るトラブルのせいで彼らは列車を途中下車させられてしまう。それから兄弟は、この旅の隠された真の目的であった、長らく会っておらず、父親の葬式にさえ来なかった母親を、彼女が住む寺院へと訪ねる。何らかの理由で家族を捨ててインドに旅立ったらしきアンジェリカ・ヒューストン演じる母親は、すっかり僧侶のいでたちになっており、近隣の人々からの信望も厚いようだ。彼女は葬儀に行かなかった理由を、端的に「行きたくなかったから」だと答えるが、当然、息子たちには納得出来ない。そこで母親は彼らを瞑想（？）に誘う。それは「ダージリン急行」と思しき列車の個室に、三人がこれまで知り合い、彼らの人生にかかわった、さまざまな人々が収まっている、という非現実的なイメージである。それから母親は、息子たちに「協定」を告げる（この前に長兄が同じように「協定」を口にするシーンが何度かあり、この家族の一種の習慣であるらしきことがうかがえる）。協定Aは「明日起きたら、この美しい場所で楽しく過ごすこと」。実際、そこはすこぶる美しいところである。それから彼女は、協定Bとして、こう言う。「後悔は捨てること。つまらないわ（We'll stop feeling sorry for ourselves, It's not very attractive)」。最後の協定Cは「将来の計画を立てること」である。そして、こんな三つの「協定」に同意させておいて、翌朝、彼女は何も言わずに失踪してしまっているのである。

つまり母親は、それが「つまらない」ことであるがゆえに、「後悔」を捨てるべく家族のもとから出奔したわけである。これが彼女の、いうなれば悟りである。そして息子たちにも、そうすることを彼女は奨める。だが、彼らにはそれは無理なのであり、それが自分にはどうしたって無理なのだということを、三人が自らに認めることによって、この映画は終わる。

間違えてはならないことは、彼らは母親との「協定」を守ったわけではない、ということである。そうではなくて、たとえつまらなくても、後悔を捨てないこと、捨てられはしないのだと学ぶことこそが、この映画の教訓なのだ。この意味で『ダージリン急行』は『ライフ・アクアティック』とまっすぐに繋がっている。これはウェス・アンダーソンによる「後悔」をめぐるレッスンの続きなのである。

余談だが、シンクロ少女という変わった名前の劇団があって、名嘉友美という劇作家／演出家／女優が主宰しているのだが、数年前の公演に、その名も『ダージリン急行』という作品があった。小さなギャラリーでの短編二本立ての企画公演の一本で、これが題名の通り、この映画を、時間的に半分以下に縮めながら、ほぼそのまま演じてみせるというものだった。もちろん日本人俳優が日本語でやっていて、場所柄、舞台装置も簡素極まりないものであったので、映画とは当然色々と違ってはいたのだが、それにしても、まんま感が半端ではなく、不思議なインパクトを感じたことを覚えている。名嘉友美が如何なるモチベーションで『ダージリン急行』をやろうと思ったのかはよくわからないが、シンクロ少女の作品も、その多くが「後悔」をめぐる物語であることは、おそらく無関係ではないだろう。

後悔は、後悔してしまうようなことをしてしまったからするのである。当たり前のようだが、これは重要なことである。つまり、それは人生における負性の出来事に対する／が齎す感情である。これに限らず、敢えて単純化して述べるなら、人間にとって、さまざまな意味合いで、ポジティヴ／ネガティヴに選別されてしまうような要項が数々存在している。ウェス・アンダーソンは、『ライフ・アクアティック』以前の『ザ・ロイヤル・テネンバウムズ』（二〇〇一年）や『天才マックスの世界』（一九九八年）において、「天才」という本来ならポジティヴである筈の属性が、必ずしも天才自身の幸福を意味しないというアイロニカルな事態を描いていた。だが、それでも天才たちは、天才である自分と折り合って生きていかなくてはならない。それは『ライフ・アクアティック』のズィスーや『ダージリン急行』の三兄弟が、それぞれの後悔を引き連れて生きていかなくてはならないのと同じである。それは、ネガ（ポジ）をポジ（ネガ）に反転することや、見方（価値観）を変えるなどといったことでは、解決することはない。人生には、そうであるからそうであり続けることしか出来ないような事柄があるのだ。

この点で、とかくお伽噺めいた人工性、浮き世離れしたセンスによって語られがちなウェス・アンダーソンの世界は、明らかにリアリズムであると言っていい。彼は、ひとは変わることが出来る、とも、ひとは変えることが出来る、とも、けっして言いはしない。だがしかし、変えられないこと、変わりはしないことを、ただ単に諦念や断念をもって受け入れよ、と述べているのでもない。いや、たとえ受け入れるしかないのだとしても、その受け入れの決心と仕草がそのまま、その負性への挑戦と同義とされるような物語を、彼は一貫して語っている。このことは、アニメ作品ということもあってか幾分緩和された形ではあれ、『ダージリン急行』に続く『ファンタスティック Mr.FOX』（二〇〇九年）にも描かれていたし（とりわけ息子ギツネのアッシュ・フォックスのキャラクターが体現している）、それ以上に明確に『ムーンライズ・キングダム』（二〇一二年）で前景化されている。

『ムーンライズ・キングダム』は、ボーイスカウトのおちこぼれの少年サムと、学校でも家庭でも超問題児とされている少女スージーの逃避行を、いかにもウェス・アンダーソンらしい書き割りめいた秀逸なヴィジュアル・センスで描いた作品である。まだ十二歳の、ほんの子供というべき二人は、どうしても周囲の人間と上手く付き合うことが出来ない。他人を思いやる気持ちがないわけではないのだが、何故だか、些細なことでトラブルを起こしてしまう。そんな二人が偶然に出会い、一目で互いに惹かれ合って、手に手を取って駆け落ちをする。そこから巻き起こる騒動の顚末がストーリーの主軸だが、二人を取り巻く大人たちも皆、問題なしとは言えない。それどころか、ほぼ全員が、この映画においては何らかの（解決困難な）悩みを抱えている。しかしここにはもはや『ダージリン急行』の母親のような人物は出てこない。興味深いのは、サムもスージーも、明らかに一種の社会不適合者であるのだが、しかし実は……とか、その代わりに……などといった形でポジティヴな側面が強調されることも、ほとんどないということである。かろうじてサムには絵心があることが示されはするが、それも殊更に天才を喧伝されたり、賞讃を浴びたりするわけではない。むしろ二人は、はっきりとネガティヴな属性を幾つも晒け出されており、それを無理にポジティヴへと転換させようとするような回路は、この映画には、ほぼ存在していない。そして、このことこそが『ムーンライズ・キングダム』という作品から受け取るべきメッセージなのだと思われる。つまり、アンダーソンが提示しようとしているのは、社会不適合者が社会不適合者のままで生きてゆけること、すなわちサムとスージーが変わることを強いられない、ということなのである。

さて、ここまで書き連ねてきたが、実は私は現時点（本稿執筆時）で、ウェス・アンダーソン監督の『グランド・ブダペスト・ホテル』（二〇一四年）を、まだ観ていない。予定では今から約十五時間後に試写を観ることになっている。時間の都合により、先に書き始めておかなくてはならなかったのである。アメリカでは大ヒットしており、すこぶる評判は良いようだ。ということで、ここで一旦執筆を中断して（といっても読んでいる方には別に関係ないのだが）『グランド・ブダペスト・ホテル』を観に行ってくることにしよう。果たして、どんな映画なのだろうか？

ということで、無事に『グランド・ブダペスト・ホテル』の試写に行ってきた。ベルリン国際映画祭で、審査員によるグランプリに当たる銀熊賞を受賞したこの映画、ウェス・アンダーソンの最高傑作という声も聞こえてきているが、確かに実にこの監督らしい、極めてチャーミングな作品に仕上がっている。第二次世界大戦前夜、ヨーロッパ大陸の東端、旧ズブロフカ共和国（架空の国名だが、題名からしてもハンガリー、というかオーストリア＝ハンガリー帝国がモデルだと思われる）の高峰の頂に位置する豪華ホテル、グランド・ブダペスト・ホテルの「伝説のコンシェルジュ」ことグスタヴ・

H（レイフ・ファインズが抜群に魅力的に演じ切っている）の冒険を、彼に付き従うロビーボーイの少年の視点から描いてゆく（実際はもっとややこしい語りの構造になっているのだが、ここでは省略する）。このグスタヴ・H、コンシェルジュとはいえホテル内で絶大な力を持っていて、彼を目当てに来る宿泊客も数多い。とりわけ金持ちの高齢女性からの人気は大変なもので、趣味と実益を兼ねた（?）ホテル内アヴァンチュールに励む日々である。そのひとりであり、途轍もない巨額の財産を持った伯爵夫人（『ムーンライズ・キングダム』に続く出演で、最近は『オンリー・ラヴァーズ・レフト・アライヴ』『スノーピアサー』（二〇一三年）と文字通り変幻自在の活躍ぶりのティルダ・スウィントンが、またしても一瞬誰だかわからない姿で好演している）が急死し、その殺害嫌疑が彼に掛けられたことから、映画は走り出す。夫人がグスタヴに遺した一枚の絵をめぐって、サスペンスフルなストーリーが展開してゆく。

『ライフ・アクアティック』が海洋冒険家ジャック＝イヴ・クストーの生涯から想を得ていたように、この映画はシュテファン・ツヴァイクにインスパイアされている。言うまでもなくツヴァイクはオーストリア、ウィーン出身のユダヤ人作家で、ナチスの台頭によってイギリスに亡命、アメリカ、ブラジルと移り住み、故郷に帰ることなく一九四二年に六十歳で自殺した。映画ファンならマックス・オフュルス監督の名作『忘れじの面影』（一九四八年）の原作者として知っている人も多いかもしれない（『ライフ・アクアティック』のプレス資料のツヴァイク紹介ではまったく触れられていないのだが、もはやオフュルスは忘れ去られてしまったのだろうか?）。もっとも主人公のモデルだと言ってしまうと、クストーにもツヴァイクにもいささか、いや、かなり失礼だろう。何しろ『ライフ・アクアティック』のズィスーはあんな男だったし、そして『グランド・ブダペスト・ホテル』のグスタヴも、聖人君子とは到底呼べない人物なのだから。

実際、グスタヴは、見ようによっては、ホテルを私物化し、老女たちをたらし込んでは貢がせている、相当な悪人だと言ってもいい。だが、物語の最初のあたりと最後のあたりで二度、まったく同じ或る危機的状況が生じた時、彼は二度とも、まったく同じ英雄的行為を、ごく自然に、反射的にしてみせる。この二つの場面は、この上なく感動的だ。それがどういうものなのかは敢えて書かないが、自分の命を危険に晒すことをかけらも厭わない、正義と勇気にかかわる行為であるとだけ言っておく。そして、実は、これにとてもよく似た行為を、『ライフ・アクアティック』のズィスーも、『ダージリン兄弟』の三兄弟も、同じようにしていたのだった。彼らは、信念や主義のようなわかりやすい動機とはまったく異なった、ほとんど本能のごとき何かに突き動かされて、突然に、身を挺して、勇気ある行動を採る。肝心なことは、それは彼らが、ほんとうは善人であることを証立てているわけではないということである。いや、もちろん、彼らは立派に善行を成すのだが、だからといって、そのことによって、彼らの数多くの紛うかたなき短所や弱点が免罪されたり、リカヴァーされることはない。ウェス・アンダーソンが描こうとしているのは、もう少しだけ複雑な人間像なのだ。

よくよく思い返してみれば、グスタヴは、口では色々と立派なことを述べてはいるものの、結局のところは私利私欲によって行動している。彼はただ、婆さんをたぶらかして貰った高価な絵画を奪われるまいとしているだけである。そして、にもかかわらず、ではなく、であるがゆえに、でもなく、彼はいわば、単に思わず、運命の悪戯にうっかり乗せられてしまったかのようにして、命を懸けた正義を成すのである。『グランド・ブダペスト・ホテル』を構想するに当たって、ウェス・アンダーソンは、ハンナ・アレントの『イェルサレムのアイヒマン』を参考にした、と語っているそうである。意外とも思えるが、あの本でアレントが描き出したアイヒマンという人物の姿を、いわば論理的に変形してゆくと、やがてはグスタヴ・Hが出来上がる、などと述べたら誤解を招くだろうか。

人間は、善悪二元論で切り分けられるものではないという、ごく当たり前のようでありながら、しばしば都合良く忘れられがちな、或いは故意に見落とすことによって物事をわかりやすくしてしまいがちな真実を、ウェス・アンダーソンは、いつにも増して豪奢かつ痛快な、ほとんど寓話的というべき手捌きで、鮮やかに、優雅に物語ってみせる。それはしかし、もっともっと追い込んでいったなら、寓話の皮膜を破って、生々しい現実や、歴史の傷跡や、人間存在の真の暗部が、のっそりと顔を出すやもしれないものではある。だが、彼はそこまでは行かない。その手前でさりげなく踏み留まること、そして一見、牧歌的でファンタジックなお伽噺の方に戻ってくることが、この映画作家の絶妙なバランス感覚であり、おそらくは限界でもあり、そして一種の倫理でもあるのだと私は思う。

付記：ウェス・アンダーソンは二〇一八年に長編『犬ヶ島』を発表した。製作に四年が費やされたというこの作品は、『ファンタスティック Mr．FOX』以来のストップ・モーション・アニメである。ステレオタイプに満ちた「日本」観が一部で物議を醸したが、この実に奇妙で奇怪な作品に込められた含意は一筋縄ではいかない。「犬」が何の隠喩であり、この陳腐極まりない「日本」とは果たして何なのか。彼が必ずしもシニックな映画作家ではなかったということを考え合わせると、色々と想像が広がりはする。

からっぽの世界　ポール・トーマス・アンダーソン論

　スティーヴ・ライヒ作曲「エレクトリック・カウンターポイント」は、一九八七年に初録音された、エレクトリック・ギターの多重演奏による楽曲である。演奏者はパット・メセニー。発表当時、ライヒとメセニーの顔合わせは大いに話題となった。同時期にクロノス・カルテットからの委嘱で作曲された「ディファレント・トレインズ」とのカップリングでアルバムがリリースされている。生演奏する場合は、十二人のギタリストと二人のベーシストによるアンサンブルが必要となるこの曲を、メセニーはソロ・ギターの重ね録りで見事に表現してみせた。人気曲の多いライヒの作品歴の中でも、珍しいエレキギターの為の曲ということで、独特な位置を占める楽曲である。

　イギリスのロック・バンド、レディオヘッドのギタリスト、ジョニー・グリーンウッドは、二〇一二年頃から、バンドとは別のさまざまな機会に、何度か「エレクトリック・カウンターポイント」を披露してきた。メセニー同様、あらかじめ自らのギターを多重録音したテープを流しながらのライヴ演奏である。グリーンウッドの「エレクトリック・カウンターポイント」は、ライヒがレディオヘッドの二つの曲「ジグソー・フォーリング・イントゥ・プレイス」と「エブリシング・イン・イッツ・ライト・プレイス」にインスパイアされて作曲した「レディオ・リライト」と共に、アルバム『レディオ・リライト』に収められた。

私は、もちろんパット・メセニーのヴァージョンも長年、愛聴してきたのだが、ジョニー・グリーンウッドの「エレクトリック・カウンターポイント」には、ほとんど驚愕にも近い感動を一聴して覚えた。メセニーのギターは、如何にも彼らしいニュートラルな音色の精確無比な演奏で、それでいてどこか一本、譲る事の出来ない意志の力のようなものも感じられて、何度聴いても名演だと思うのだが、グリーンウッドのヴァージョンには、メセニーとはまったく異なるニュアンスがあった。この曲は第一楽章「Fast」、第二楽章「Slow」、第三楽章「Fast」の三楽章から成っているのだが、最後のパートの中盤あたりから、敢えて言ってしまえば、同じ曲とは思えないほどの異様な盛り上がりを見せるのである。とはいえ、これはあくまでもスティーヴ・ライヒという作曲家のスコアによる演奏であり、グリーンウッドが何かを独自に変更したり付け加えてみせたわけではもちろんない。メセニーとグリーンウッドのそれぞれのヴァージョンは、他にも幾つかある「エレクトリック・カウンターポイント」のリアライゼーションのひとつであるに過ぎない。だが、二人の演奏がまったく違うということは誰の耳にも明らかだ。無論、このようなことは、あらゆる「作曲された楽曲」の演奏に伴う差異の産出であるわけだが、それにしてもしかし、グリーンウッドの演奏には、感情を激しく揺さぶられるような作用がある。エモーショナル。そう、エモいのだ。彼はミニマル・ミュージックを比類ないエモさでやってのけている。だってそれはそうでしょ、レディオヘッドの人なんだから、ロックのギタリストなんだから、などと思われるかもしれないが、とりあえず言いたいのはそういう話ではない。

ご存知のように、ポール・トーマス・アンダーソン（以下PTA）監督の『ゼア・ウィル・ビー・ブラッド』（二〇〇七年）、『ザ・マスター』（二〇一二年）、そして『インヒアレント・ヴァイス』（二〇一四年）の音楽監督はジョニー・グリーンウッドが務めている。PTAとグリーンウッドは同世代であり（PTAが一九七〇年、グリーンウッドが一九七一年生まれ）、三度目（三作連続）のコンビということで、PTAの寡作ぶりを考え合わせると、非常に相性が良いと言っていいだろう。最初の『ゼア・ウィル・ビー・ブラッド』における起用は、『パンチドランク・ラブ』（二〇〇二年）以来、五年ぶりのPTA監督作品、またグリーンウッドにとってははじめての本格的な映画音楽家としての仕事だったこともあり、随分と騒がれた。グリーンウッドはこの仕事で英国アカデミー賞とグラミー賞の候補に挙げられた。そうした高い評価もあってか、次の『ザ・マスター』までの間に、トラン・アン・ユン監督『ノルウェイの森』（二〇一〇年）、リン・ラムジー監督『少年は残酷な弓を射る』（二〇一一年）のスコアも手掛けている。『ゼア・ウィル・ビー・ブラッド』の全米公開は、レディオヘッドのアルバム『イン・レインボウズ』のリリースとほぼ同時期だったが、ちょうどこのあたりからバンドの活動は以前にも増してスローペース、かつ独自路線（レコード会社を通さずダウンロードで直売するなど）になっていった。最初に触れたスティーヴ・ライヒ「エレクトリック・カウンターポイント」のライヴは、『ザ・キング・オブ・リムズ』（二〇一一年）発表以後から始められている。

あのレディオヘッドのギタリストが映画音楽を、とは言っても、グリーンウッドは幼少時から弦楽器やピアノを習い、ロックと出会うより前にクラシック音楽の作曲理論を学んでおり、バンドにおいてもリード・ギター以外にキーボードや電子楽器など数々のパートを担当するマルチ・インストゥルメンタリストである。映画音楽のスコアは、彼にとっては向かうべくして向かった分野というべきかもしれない。そして実際、ＰＴＡ映画に提供された音楽は、奇を衒った所などほとんどない、流麗かつ変幻自在なストリングスがフィーチャーされた、まったくもって堂々たる仕上がりとなっている。だが、かといってそれはやはり、サントラ作曲家の職人的な技とは、どこか決定的に違っているように思える。『ゼア・ウィル・ビー・ブラッド』の二十世紀初め、『ザ・マスター』の第二次世界大戦後、そして『インヒアレント・ヴァイス』の一九七〇年と、まったく時代の異なる三つの映画で奏でられる音楽は、それぞれの設定に即した絶妙なアクセントを添えられつつも、或る紛れもない一貫性を持っている。もちろんそれは、ジョニー・グリーンウッドというひとりの音楽家の個性と才能とアイデンティティを示しているのだが、と同時に、そこに流れる一貫性らしきものは、ポール・トーマス・アンダーソンというひとりの映画作家の個性と才能、アイデンティティと、密接に繋がっている、そう思えるのである。これはおそらく、グリーンウッドがＰＴＡの作家性を深く理解した上で、その意を汲んでみせている、といった事とは違う。むしろそれは、なぜPTAはジョニー・グリーンウッドに自分の映画のサウンドトラックを依頼し、以後もずっと依頼し続けているのか、ということにかかわっている。

『ゼア・ウィル・ビー・ブラッド』は、二時間三十八分という長尺の割には、シンプルな筋立ての映画と言っていいが、それでいて奇妙な不可解さをも持っている。ダニエル・デイ＝ルイス演じる石油王ダニエル・プレインヴューは、詐欺同然の手口で次々と油田の採掘権を手中にしてゆく。彼は目的のためには手段を一切選ばない、冷酷無比、極悪非道の山師と呼んでしかるべき人物である。彼には正義、倫理、道徳のかけらもないように見える。それは彼が「息子」と称するH・Wへの仕打ちひとつ取っても歴然としている。

ところでしかし、この映画を観た者なら誰もが同意するだろうと思うが、プレインヴューの「悪」は、或る一点において矛盾を来している。それはポール・ダノ扮するイーライ・サンデーとの確執である。若くしてキリスト教聖霊派の「第三の啓示教会」を主宰する青年イーライは、プレインヴューが狙う石油の埋まった田舎町リトル・ボストンの人々から支持を集めている。イーライは自らを救世主と標榜しており、「第三の啓示教会」のミサではカルト紛いのパフォーマンスが行われている。イーライには教会拡大の野心があり、金と名声の両面にわたって、繰り返しプレインヴューに頼み事を持ちかける。イーライの父親が権利を持つ土地が欲しいプレインヴューは、その度に話に乗るかに見せかけて、ことごとくイーライとの約束を反故にする。次第に映画は、プレインヴューとイーライの対決の様相を強めてゆく。（以下ネタバレ）ラストシーン、今や巨万の富を得たプレインヴューは、しかし強引な商売の果てに、豪邸でひとり、孤独と狂気の内にある。大人になったＨ・Ｗとの決別を経て、室内ボーリング場で泥酔していると、そこにイーライが訪ねてくる。二人が出会ってから、十五年以上の月日が流れている。経済的に困窮したイーライは、最後の切札を差し出す。プレインヴューはイーライに、金が欲しいのなら、自分は偽預言者であり、神は迷信に過ぎないと言えと命じる。イーライは応じる。だが、それはプレインヴューの罠だった。イーライの持って来た話は、とうの昔にプレインヴューに先回りされていたのだ。プレインヴューは泣き叫ぶイーライにボウリングの球を投げつけ、追い回し、自分こそが「第三の啓示」なのだと告げる。そして彼は、イーライをボウリングのピンで撲殺するのである。騒ぎを聞いてやってきた執事が声を掛けると、プレインヴューは「終わった（I'm finished）」とだけ言う。

この異常な幕切れは、しかし観ればわかることだが、不可思議なユーモアを孕んでもいる。室内ボウリング場をひゃーひゃー言いながら逃げ回るイーライの姿はひどく滑稽で、べろべろに酔っぱらいながら彼を追い詰めるプレインヴューの様子も馬鹿馬鹿しいことこの上ない。大体、幾らなんでも殺してしまうなんて、そこまで我慢ならなかったのか。何が「I'm finished」だよ、という半ば呆気に取られ、半ばうんざりするような気持ちにさせられたのは、私だけではあるまい。だが映画は、こうして終わる。そして或る意味で、この作品を通してＰＴＡが何らか訴えたいことがあるとすれば、それは疑いなく、このラストに込められているのだと考えられる。だとすれば、それは一体何なのか？

このことを考えるためには、次作『ザ・マスター』を引き合いに出す必要がある。ホアキン・フェニックス演じるフレディ・クエルは、第二次世界大戦に従軍した元海兵隊員だが、ＰＴＳＤを抱えて除隊となる。しかし本人にはその自覚がほとんどない。彼は或る日、ひどく酔っぱらってトラブルを起こし、逃げる途中に、たまたま出航しようとしていた客船に密航する。その船には「ザ・コーズ」という新興宗教を率いる、マスターと呼ばれるランカスター・ドッド（フィリップ・シーモア・ホフマン）が、家族や支持者たちと乗っていた。程なくフレディはドッドたちと知り合い、成り行き任せで「ザ・コーズ」の一員となる。物語は、ドッドと言うカリスマ的な指導者と、ほぼアル中で問題ばかり起こすフレディの長年に及ぶ関係を描いている。あらすじ紹介などでは、フレディはドッドに一時は心酔する、というようなことが書かれてあるのだが、実際に映画を観た印象としては、最後までフレディが「ザ・コーズ」をどう思っているのか、よくわからない。いや、彼は全然信じてなどいないように見える。そしてフレディが信じていないことを、少なくとも途中からドッドもわかっていると思える。にもかかわらず、ドッドはフレディを自分の傍に置いておこうとするし、明らかに気に入っている。周囲の者たちはフレディの存在を無益もしくは危険だとして排除しようとするのだが、マスターであるドッドだけがフレディを手離そうとしないのだ。フレディは砂漠でバイクに乗ったままドッドのもとから脱走し、戦地に赴く前に恋人だった女性に逢いに行くのだが、そこで待っていたのは哀しい現実だった。また映画の最初のような無軌道な生活に戻りつつあった彼にドッドから連絡がある。「ザ・コーズ」はイギリスで大成功を収めている。こっちに来ないか、と。フレディはイギリスに渡り、ドッドと再会する。ドッドはフレディに、二人が前世においてパリで一緒に優秀な伝書鳩要員をしていた、と話す。そして、君は自由な人間だ、勝手気儘に生きるがいい、そしてマスターに仕えることのない人生を見つけたら、教えて欲しい。君は如何なるマスターにも仕えることのない、最初の人間になる、と言ってから、ここを去るなら二度と会いたくない、或いはここに残るか、と訊ねる。フレディは、次の人生で、と答える。するとドッドは、次の人生で出会うなら、君は私の最大の敵だろう、と言う。この対話の後、映画はすぐに終わる。

周知のように、作中で描かれる「ザ・コーズ」が、L・ロン・ハバードによって創始された新宗教サイエントロジーをモデルにしていることは、PTA自身も明言しており、公開時には論争も巻き起こった。サイエントロジーはハリウッドの有名俳優にも信奉者が多く、PTAの『マグノリア』(一九九九年)に出演していたトム・クルーズが熱心な信者であることはよく知られている。『ゼア・ウィル・ビー・ブラッド』と『ザ・マスター』が、カルト宗教批判というテーマで繋がっていることは明白である。だが、それはけっして単純なものではない。『ゼア・ウィル・ビー・ブラッド』のプレインヴューとイーライ、『ザ・マスター』のフレディとドッドの関係は、教祖である後者に対して、前者が「最大の敵」であるという点が共通している。そしてそれ以前に、両方の映画とも、そこで教祖=マスターに注がれる視線は強く懐疑的なものである。PTAはあからさまに、カルト宗教を、いや、おそらくは宗教それ自体を嫌悪している。だが、ならば劇中でカルト／宗教に対置される者が、正義や善を体現しているのかといえば、まったくそうではない。プレインヴューもフレディも、インチキ宗教を超えるような気高い精神性を備えているどころか、どうしようもないダメ人間であり、そのどうしようもなさが逆説的な聖性を帯びるといったようなことでさえない。しかしそれでも、プレインヴューは我こそが「第三の啓示」だとのたまうし、ドッドはフレディを「最大の敵」と名指すのだ。

『インヒアレント・ヴァイス』は、言うまでもなくトマス・ピンチョンの長篇小説（原著は二〇〇九年）の映画化である。『ザ・マスター』に続いてホアキン・フェニックスの主演で、私立探偵ドックを演じている。原作はピンチョンとしては破格の読みやすさで、邦訳は何故か『LAヴァイス』と改題されている（栩木玲子、佐藤良明訳）。『LAヴァイス』の刊行は二〇一二年。ちなみにそのオビ裏には「2014年にP・T・アンダーソンがロバート・ダウニーJr.主演で映画化との噂」とある。アメリカ映画で出演俳優が二転三転するのはよくあることだが、ホアキンがファースト・チョイスでなかったことは成程と思った。『ザ・マスター』におけるホアキンの演技は一世一代の名演というべきものであり、数多くの映画賞を受賞／ノミネートされた。あの鬼気迫る熱演ぶりに較べると、『インヒアレント・ヴァイス』の彼は肩の力が抜けている。そしてそれは映画としてもそうなのだった。PTAは、『ゼア・ウィル・ビー・ブラッド』では、アプトン・シンクレアの原作（『石油！』）を完全に換骨奪胎してしまっていたが、トマス・ピンチョンの原作に対してはほぼ忠実であり、エピソードを削ったりプロットを圧縮したりはしているものの、大きな変更や追加などはしておらず、台詞も小説そのままを使っている場合が多い。唯一、明確な違いは、小説は三人称で書かれているが、映画は原作では脇役のひとりに過ぎない、ドックの探偵事務所の元職員で、スピリチュアルな力を持つ女性ソルティレージュをナレーターに据え、全体のトーンを造っていることだ。ソルティレージュを演じているのはジョアンナ・ニューサム、ハープを弾きながら歌うユニークなシンガーソングライターで、日本でも（私含め）一部にファンが多い。暫くリリースなどの噂を聞かないなと思っていたら、いきなりPTAの映画に重要な役で出ていて、かなり驚いてしまった。

『インヒアレント・ヴァイス』の物語は、ピンチョンにしてはわかりやすいとはいっても、やはりかなり錯綜したものである。舞台はカリフォルニアのゴルディータ・ビーチ。開店休業に近い私立探偵ドックを、かつての恋人シャスタ（キャサリン・ウォーターストン）が訪ねてくる。彼女の現在の恋人である不動産王ミッキー・ウルフマン（エリック・ロバーツ）を、その妻と愛人が謀って精神病院に入れる計略を立てている。シャスタとしては何とか食い止めたいのだが、自分も追われていて身動きが取れない。そこでドックを頼ってきたというわけである。ドックはシャスタの依頼を断わり切れず、仕方なしに調査に乗り出す。腐れ縁のロス市警警部補ビッグフット（ジョシュ・ブローリン）がすぐさま首を突っ込んでくる。調べれば調べるほどに、次から次へと隠された陰謀、秘密、謎が溢れ出て来て、ドックは迷宮のような事件の連鎖に囚われてゆく。

如何にもピンチョンというべき複雑怪奇なストーリーは、おそらくそもそも解きほぐされることを前提にしてはいない。観ている者は段々と、結局どういうことなのかを推し量ること自体、面倒になってくるし、しまいにはほとんどどうでもよくなってくる。それよりも、一九七〇年のカリフォルニア、すなわち「サマー・オブ・ラブ」が終わった後のアメリカ西海岸に、何が残されていたのか、ヒッピーイズムと呼ばれた何ごとかが、ポジティヴな価値を孕んでいたとして、それは本当のところ、どのようなものであり、そしてそれは、夏が終わってしまった今、如何なる形で生き延びているのか、というか、それは果たして生き延びているのか、といったようなことを、ピンチョンは、そしてPTAは、問いかけているのだと思われる。

インヒアレント・ヴァイスとは、固有の瑕疵という意味であり、保険業界でしばしば使われる言葉だという。損害を検証する際に考慮されるべき、そのもの自体にもともと備わっている欠陥。むろんピンチョンもPTAも、この意味深な題名をわかりやすく解説などしてくれない。何にだってインヒアレント・ヴァイスはある。人間にも、組織にも、国家にも。

『インヒアレント・ヴァイス』の企画は、『ザ・マスター』と同時期に立ち上がっていたものだという。両作ともホアキン・フェニックスが主演したのは結果論だったとしても、『ゼア・ウィル・ビー・ブラッド』と『ザ・マスター』のカップリングに次いで、『ザ・マスター』と『インヒアレント・ヴァイス』の対を考えてみることで、見えてくるものがあるように思う。『インヒアレント・ヴァイス』の一九七〇年は、ポール・トーマス・アンダーソンが生まれた年である。『ゼア・

ウィル・ビー・ブラッド』から数えて三作目で、ようやくPTAは自分がぎりぎり存在しているかいないかの時間まで辿り着いたわけである。だが、彼がこだわっているもの、こだわり続けているものは、時代性や歴史性とは、実は関係がない。彼が相手取っているのは、或る意味で時間や場所を超えた——いうなれば普遍的な——空虚である。

『ゼア・ウィル・ビー・ブラッド』のプレインヴューがイーライを裏切り、虐げ、苛め抜いて、殺すのは、宗教を憎んでいるからではない。宗教が空虚でしかないこと、神などからっぽの存在でしかないということ、この世の何もかもがからっぽでしかないのだということ、つまるところ世界とはからっぽであるのだということを、イーライがまるでわかっていないから、プレインヴューは苛立っているのだ。いや、イーライだって心の底ではうすうす気付いているのにもかかわらず、それを潔く認めようとしないから、プレインヴューはイーライを惨殺するのである。ちょうどその裏返しに、『ザ・マスター』のドッドのフレディへの執着は、「ザ・コーズ」が本当はからっぽであるという、自分だけが知っていると思っていた真実を、フレディという存在自体が指し示しているから、なのだ。空虚に空虚であると指摘し得るのは、また別の空虚だけである。だが、それら空虚たちは、時として膨張し、回転し、おそるべきエネルギーを孕み、ぶつかり合って、どちらかの空虚が、どちらかの空虚を呑み込んでしまったりもする。

プレインヴューもイーライもフレディもドッドも皆、からっぽな存在である。というか、彼らのみならず、この世の誰も彼もが、からっぽなのだ。なぜならここは、からっぽの世界なのだから。

トマス・ピンチョンが描く『インヒアレント・ヴァイス』の世界も、同じくからっぽである。六〇年代末にアメリカの若者たちが夢見たのも、からっぽだったのだし、その後にやってきたのも、やはりからっぽだった。ずっと昔から、そもそものはじめから、いま現在に至るまで、何もかもがただひたすらにからっぽなのであり、後はそのことをわかっているか否か、そんな世界の真実を認められるか否か、ということでしかない。全てがからっぽであるということは、シニシズムでもニヒリズムでもアイロニーでもない。むしろからっぽをからっぽとよくよく知ったうえで、空虚を、それでいて固有の瑕疵は幾つも備えてはいる空虚を、思い切り生きてみること、ただそれだけが、人間のするべきことなのだ。思い切り、というのは、別の言い方でいえば、エモーショナルに、ということである。

ジョニー・グリーンウッドによる、ライヒの「エレクトリック・カウンターポイント」の演奏が、何故あれほどまでに感動的なのか。彼もまたPTAと同じように、空虚な形式であるに過ぎないミニマル・ミュージックを、からっぽであるがゆえにこそ、思い切り、エモーショナルにやってみせている。あの第三楽章の怒濤のようなエモさは、PTAの映画が持つ空虚なエモさ、空虚のエモさ、空虚ゆえのエモさと、完全にマッチしている。それゆえに、PTAは三たびグリーンウッドを、彼の映画の音楽家として招いたのである。

ところで「からっぽの世界」といえばジャックスだが、その歌詞をいま読み直してみたら、まるきりPTAの映画みたいで、ちょっと吃驚した。

付記：ポール・トーマス・アンダーソンは二〇一七年に『ファントム・スレッド』を発表した。主演はこれが俳優としての引退作となったダニエル・デイ＝ルイス、音楽はまたもやジョニー・グリーンウッドである。一九五〇年代のロンドンで富裕層向けの仕立て屋を営む主人公の悲喜劇的な結婚生活を描く。『ゼア・ウィル・ビー・ブラッド』や『ザ・マスター』同様、ここでも主従＝ライバル関係の確執と反転が主題とされている。大抜擢だった妻役のヴィッキー・クリープスの好演もあり、細密にして豊かなオートクチュールの描写といい、多様な解釈の振れ幅を持った謎めいたエンディングといい、同じ監督・主演・音楽による『ゼア・ウィル・ビー・ブラッド』ほどの迫力はないにせよ、紛れもない傑作である。

慎ましき「反知性主義」　ジム・ジャームッシュ論

So that to write, nine tenths of the problem is to live.
They see to it, not by intellection but by sub-intellection (to want to be blind as a pretext for saying, We're so proud of you! A wonderful gift! How do you find the time for it in your busy life? It must be a great thing to have such a pasttime. But you were always a strange boy. How's your mother?)

— "Paterson" William Carlos Williams

鳴り物入りで『ストレンジャー・ザン・パラダイス』が日本公開された一九八六年の春、私はまだ二十一歳だったし、その頃は重度のシネフィルだったので、勇んで観に行ったと思う。初日に駆けつける勢いだったのではあるまいか。ほどなくデビュー長編『パーマネント・バケーション』も公開された。同じ年には三作目『ダウン・バイ・ロー』も観ることが出来た筈である。もちろん私はそれらの映画から眩しいような（画面はモノクロだったが）新しさを感じたのだった。監督は小津安二郎から影響を受けたとされていたが、当時は四半世紀近くも前に死んでいた小津こそが新しかったのだ。これはすごい、新しい、と若造だった私は大層興奮した。

しかし今あらためて考えてみると、そこには一種の奇妙な二重性が隠れていたように思う。『ストレンジャー・ザン・パラダイス』の「新しさ」とは、第一に、ニューヨークのコロンビア大学映画学科の卒業制作作品『パーマネント・バケーション』がいきなり劇場公開となり一躍注目されたジム・ジャームッシュが、二作目にして早くも決定的な傑作を撮り上げ、カンヌ国際映画祭でカメラ・ドールを受賞した、そんな国際的な映画シーンの若きニューカマーが鮮やかに体現した世代的な「新しさ」であると共に、第二に、敢えてのモノクローム、敢えてのオフビート、敢えてのスタティック、敢えてのデッドパン、などといった敢えて尽くしのユニークなスタイルによって、大作路線、スペクタクル路線をひた走るハリウッド映画に対して堂々と向こうを張ってみせた静かなる反抗児的態度、そしてその際にOZUのような日本のクラシックな映画作家を参照するという、あからさまなシネフィリーな性向――言うまでもないがヌーヴェルヴァーグから三十年が過ぎていた――に表れている逆説的な「新しさ」でもあった。つまりそこには「新しいものの新しさ」と「古いものの新しさ」が同時に宿っていたのだった。

とはいえ当時の私にとっては、どちらも紛れもない「新しさ」であったし、そもそもこの二つの区別が自分にはついていなかったと思う。映画狂といったって、私はまだ映画を観まくる生活を二

〜三年しか続けていなかった。小津をはじめて観たのだってたかだか数年前、つまり『ストレンジャー・ザン・パラダイス』とそんなに離れてはいなかったのだ。二十歳そこそこの私は（今から思えば、これもまた結構偏っていた）映画史を短期間に凝縮して学習した。これは私だけでなく、この時代の多くの若きシネフィルが同様に体験したことだろう。そんな私にとって、ジム・ジャームッシュという映画作家は、あらゆる意味で、遂に登場した同時代のスターだったのだ。

一九八九年に『ミステリー・トレイン』が、一九九二年に『ナイト・オン・ザ・プラネット』が公開された。私は八八年から映画ライターの仕事を始めていた。この二作についても何か書いたと思う。いま手元に本がないので確かめられないが（というかもうずっと見つからないのだが）、私が最初に出した本『映画的最前線――1988-1993』は一九九三年末の刊行、あれはあちこちに書いた映画レビュー／コラムを纏めたものなので、いずれかの、或いは両方の作品にかんする文章が入っているのではないか。約一年後に『ゴダール・レッスン――あるいは最後から2番目の映画』を出した。こちらは長めの論考を収めたものだが、ジャームッシュを真っ向から論じた文章はたぶん入っていない。

私にとって物書きとしての最初の二冊だった『映画的最前線』と『ゴダール・レッスン』を出した後、急速に映画について書くことから遠ざかった。というか、ほぼ完全に辞めてしまった。まだ三十歳だった。ジャームッシュは一九九五年に『デッドマン』を、二年後に『デッドマン』の音楽を担当したニール・ヤングのドキュメンタリー『イヤー・オブ・ザ・ホース』を撮った。私はこれらもオンタイムで観たと思う。だがもう映画の書き仕事はしていなかった。告白するが、私はいまだに『ゴースト・ドッグ』（一九九九年）を観ていない。二〇〇三年の『コーヒー&シガレッツ』は劇場で観た。ジャームッシュだけでなく、もう試写会には滅多に行っていなかった。そして十年後に、やはり劇場で『オンリー・ラヴァーズ・レフト・アライヴ』（二〇一三年）を観た。この頃くらいから、また映画をよく観るようになっていた。二〇一六年に、私にとって三冊目の映画にかんする本、十二年ぶりの映画にかんする本となった『ゴダール原論――映画・世界・ソニマージュ』を出した。

『パターソン』（二〇一六年）は試写会で観た。もう一本の新作、イギー・ポップとザ・ストゥージズにカメラを向けた、『イヤー・オブ・ザ・ホース』以来、約十年ぶりの音楽ドキュメンタリー『ギミー・デンジャー』は、別件の仕事もあって配給会社からＤＶＤを借りて観た。『オンリー・ラヴァーズ・レフト・アライヴ』の前の二作である『ブロークン・フラワーズ』（二〇〇五年）と『リミッツ・オブ・コントロール』（二〇〇八年）はＤＶＤをAmazonで購入して観た。

『パターソン』は、すこぶるジム・ジャームッシュらしい映画だと思う。らしさ、という意味では『コーヒー&シガレッツ』以来かもしれない（といってもあれは長期間にわたって断続的に撮られたオムニバスだが）。前作『オンリー・ラヴァーズ・レフト・アライヴ』も大好きな映画だが、らしさ的には圧倒的に『パターソン』だ。ウィリアム・カルロス・ウィリアムズが長年住んだ街であり、長編詩の題名でもあるパターソンで市内バスの運転手として働く、パターソンという名のごく平凡そうに見える青年が、すぐれた詩人でもある、という話で、映画はパターソンのパターソンでの一週間と一日を物語る。六日目に主人公パターソンにとって極めて重大な出来事が起こるのだが、そこに向かってストーリーが収斂していくのでも、それを描きたいわけでもない。いや、そこに込められたメッセージ（らしきもの）はとても切実なものだが、しかしこの映画の良さは、明らかに細部にこそある。詩を書いていること、奥さんがちょっと変わっていることを除けば、パターソンはほんとうにフツウの男である。フツウに見える男が実は非凡な文学的才能を持っている、という方向よりも、詩を書く能力と詩を書き続ける運命を有した男がフツウの人生を歩んでいく、ということの方がずっと重要なのだ。同じことを言っているようだが方向が逆なだけで異なる意味を帯びる。

パターソンのこれまでの人生についてはまったく語られないのだが、彼は詩才だけでなく詩や文学や芸術にかんする教養もかなり持ち合わせているようである。そんな男がバス運転手になるまでには何ごとかそれなりの事情があったに違いなく、ついつい想像が逞しくなってしまうのだが、肝心なことは、パターソンが自分の人生に明らかに満足している、彼はいま幸福である、ということだ。彼には野心もなければ不満もない。野心がないから不満もないのかもしれない。不機嫌には見えない無表情が終始印象的なアダム・ドライヴァーがパターソンを見事に演じている。彼はゴルシフテ・ファラハニ扮する癒し系エキセントリックな妻のローラと、ブルドッグのマーヴィンとの生活に至極満足している。彼には自作の詩を発表する、他人に読ませる、という欲望が、まったく無いわけではなかろうが、限りなく希薄である。それはしかも、他者や大向こうからの評価を内心おそれているということではない。彼はただ、そういうことを考えないタイプなのである。

面白いのは、『パターソン』という題名でありながら、ウィリアム・カルロス・ウィリアムズの同名詩集からは引用されないということだ。パターソンがノートに書きつけている詩はアダム・ドライヴァーのナレーションと共に画面に手書き（これもドライヴァーの直筆だという）で浮かび上がるのだが、それらはロン・パジェットという詩人によるものである。映画の結末近く、パターソンが日本から来た妙に礼儀正しい詩人（永瀬正敏）と話すシーンで、フランク・オハラの名前が口に出される。オハラは美術評論家としても有名だったニューヨーク派の詩人だが、パジェットもニューヨーク派に位置する。日常に立脚しながら生にふと宿るポエジーをシンプルだが豊かなイメージを孕む言葉で記述するのがパジェットの作風であり、それは『パターソン』という映画全体のトーンを成している。

ウィリアム・カルロス・ウィリアムズの『パターソン』は長大なだけでなく、レイアウト的にも凝っており（マラルメ〜パウンドからの影響）、パジェットの詩よりもはるかに難解である。パターソンが自分の書棚からウィリアム・カルロス・ウィリアムズを手に取る場面があるが、それは初期詩集である。永瀬正敏は日米対訳付きの『パターソン』を開いてみせるが、朗読されたりはしない。どちらかといえば、この映画でジャームッシュが参照したのはウィリアム・カルロス・ウィリアムズの人生である。町医者でもあった偉大なる詩人の人生。

私が観た順序は逆になってしまったが、おそらく少なからぬジャームッシュ・ファンが『パターソン』は過去の或る作品に似ていると思ったことだろう。『リミッツ・オブ・コントロール』である。こちらは秘密の任務を請け負ったひとりの黒人の暗殺者の道程を描いており、表面的なストーリーは似ても似つかないが、明らかに共通するところがある。この映画の冒頭ではアルチュール・ランボーの詩が引用される。ジャームッシュ映画ではお馴染みの俳優イザック・ド・バンコレ演じる「孤独な男＝The Lone Man」が、カフカ的とも呼べるだろうむやみとまわりくどい（だがどこかファンタジックで牧歌的な）指令の連鎖を経て、ビル・マーレイ扮するターゲットの「アメリカ人＝The American」（この作品の登場人物は固有名詞ではなく一般名詞で呼ばれる）を始末するまでが物語られるのだが、全編を通しておそろしく無口な「孤独な男」は、或る意味でパターソンの兄弟である。

パターソンが毎日、判で押したようにほぼ決まったタイムスケジュールで起床し仕事に出かけ帰宅して夕食を摂りマーヴィンを散歩に連れ出して行きつけのバーで一杯飲んでから帰って就寝するように、任務中の「孤独な男」も次の指令が来るまで淡々と黙々と日々をやり過ごしていく。パターソンの詩作に相当するものが「孤独な男」にとっては舞台となるスペインの美術館で観る絵画である。『リミッツ・オブ・コントロール』で喋るのはもっぱら「孤独な男」以外の人物たちであり、彼が美術について意見や蘊蓄を述べる場面は一切ないのだが、それにしては美術館は何度も繰り返し意味ありげに登場する。「孤独な男」が何かしら彼にとって重要なものを絵画から受け取っていることは間違いない（がそれは全然描かれない）。そして何よりも二作に共通するのはマッチ箱である。「孤独な男」は彼の許にやってきた者たちと小さなマッチ箱を交換することによって指令を確認する。『パターソン』で最初に出てくる詩はマッチ箱についてのものなのだ。

「孤独な男」と呼ばれる暗殺者は任務を全うした後、映画の中ではじめておそらく普段着に着替えて歩き去っていく。『リミッツ・オブ・コントロール』は率直に言ってやや弛緩した仕上がりだと思うが、しかし奇妙な魅力を湛えた作品である。芸術を理解する寡黙な殺し屋が転生してバス運転手の詩人になったと考えることは充分に可能だと思う。パターソンと「孤独な男」は、どちらも基本的に「規則正しさ」を特に無理することなく遂行している。だが彼らは同時に絵画と詩というおよそ「規則正しさ」から逸脱する、或いは最初からそういうこととは関係のない営み／試みに強い親近性を持っている。

いやいや、この言い方は精確ではない。詩や絵画だって「規則正しさ」を必要条件として持つ場合があるからだ。詩の場合はたとえば押韻。パターソンの書く（すなわちロン・パジェットの）詩は韻律には囚われていない。私の大好きな、彼が仕事後に路上で少女詩人と出会う場面で、彼女は自作をパターソンに読み聞かせる前に「韻を踏むのが苦手」だと告白する。だがその詩は「air」と「hair」でちゃんと韻を踏んでいた。彼は彼女の詩を賞讃する。絵画であれば、もちろんミニマル・アートと呼ばれるものがある。ミニマル（最小限）ということの最もわかりやすい形式は反復、それは「規則正しさ」の一種である。『リミッツ・オブ・コントロール』の美術館の場面には明確なミニマル・アート作品は出て来ないが、「孤独な男」がカフェで常にエスプレッソを同時に二つ注文し、左右同じカップとソーサー、左右同じスプーン、左右同じ茶褐色の液体を捉えた画面が何度もインサートされるのは、ミニマリズム的と言えなくもないだろう（『パターソン』には双児がやたらと出てくるが、これも「転生」の一種と考えられるかもしれない）。

そもそもジム・ジャームッシュの映画はミニマルだと常々言われてきた。最小限の物語、最小限の登場人物、最小限のフレーミング、最小限のショット、最小限のモンタージュ、最小限のフォルマリズム、『リミッツ・オブ・コントロール』の「孤独な男」も、『パターソン』のパターソンも、同じ行為をひたすら繰り返すことを厭わず、そこにはむしろ安穏とも呼ぶべき空気が漂っている。つまり彼らの中では、ジャームッシュの中では、「規則正しさ」と、そのささやかな踏み越えは、ひとつのものであるようなのだ。ここにジャームッシュが考える芸術像、文学像、そして彼自身の映画の秘密が垣間見えていると私は思う。ルールや形式をただ単に無効化してしまう、それをあからさまに破ってみせるのでもなければ、かといって無批判、無反省にそれに粛々と従っているわけでもない。むしろ「規則正しさ」を守ることとそのものの内に、規則を凌駕する何かが胚胎しているのだということ。あとはそれに気づくかどうかであるのだということ。パターソンはバス運転手なのに詩人でもあった、のでも、詩人なのにバス運転手でもあった、のでもなく、彼の生において両者は分かち難く結ばれ合っているのであり、そのことこそが描かれているのだ。

物語が開始された六日目の夜にパターソンが見舞われる不運は、やはり不運と呼ぶしかない出来事であり、大袈裟に言ってしまえば「神の試練」に相当するものだとさえ言える。もちろんこの場合の「神」とは詩の神様のことであり、それはパターソンにこう問いかけているわけだ。君はそれでも詩を書き続けるのか、これからもずっと書き続けられるのか、と。そして永瀬正敏のシーンになるのだが、詩が自分の人生の全てだと事もなげに語る、服装からして如何にも生真面目なジャパニーズ・サラリーマン風の冴えない中年男は、いわば神からの使者である。彼はパターソンに一冊のノートを渡す。そこにはまだ何も書かれていない。何かを書くかどうかはパターソンの自由だ。極めて美しい場面である。二十八年も前の『ミステリー・トレイン』の永瀬を思い出せば感慨はひとしおだ（『リミッツ・オブ・コントロール』には工藤夕貴が出演していた）。

さて、ここで話を最初に戻す。もはやジム・ジャームッシュの映画にかつてのような「新しさ」は感じられない。それは当たり前のことだ。彼は今では長いキャリアを持つ「巨匠」なのだから。むしろジャームッシュ「らしさ」は、現在の趨勢からすると古典的な佇まいとさえ映るかもしれない。古典的であるとは反動的である、ということでもある。しかしジャームッシュのやっていること自体は、彼のやり方は、まったくと言っていいほど変わっていない。変わらなかったから新しくなくなったということなのか。そもそも『ストレンジャー・ザン・パラダイス』だって至って反動的な映画、反時代的な映画だった。だからつまり、それがゆえに新しいとされる時代はとっくに終わったのだということだ。というか、それがゆえに新しいと思われていたことが勘違いだったのだ。

ほとんど同じ一日を、前の日と変わらぬその日を、延々と続けていくというプロセスにも、最初の一日がありはした。その最初の日、彼は自分がこれから今日とさして変わらぬ日々を何年も何十年も過ぎ越していくことなど、思ってもみなかったに違いない。或る月曜日の朝から始まり次の月曜日の朝で終わる『パターソン』のパターソンには、それ以前にも幾日もの月曜日があった筈である。それらは全て別の月曜日なのだが、いつからかどの月曜日も似てきたのだった。それは火曜日も水曜日も木曜日も金曜日もさほどの変わりはなく、土曜日と日曜日はちょっと違ってはいるが、それらだって前の幾日もの土曜日と日曜日と並べてみればやはり似かよっている。

「規則正しさ」とは、ミニマリズムとは、言い換えるならば「習慣」の問題である。詩を書くということ、毎日詩を書くということ、詩人であるということを、特権的な体験や行為ではなく「習慣」の問題として考えること。映画を撮るということ、映画を撮り続けるということ、映画作家であるということを「習慣」の問題として考えること。それはたとえば、パターソンという人物を通して、ジム・ジャームッシュという人物をあらためて見直すということでもある。

その時、あの『ストレンジャー・ザン・パラダイス』は、ことによるとまったく違ったものに見えてくるのかもしれない。そして私は、それが怖くて、三十年前のあの映画を再見することが出来ないでいるのだ。

怖くて、といま私は書いた。それは三十年前の自分に再会することと、自分を取り巻いていた時代の空気に対する怖れでもある。私は正直、あの頃の自分は幼く愚かだったし、そしてあの時代自体も或る意味では愚かで幼稚だったのだと今では思っている。もっとも、今だって大して変わり映えしないのだが。

パターソンは、明らかに知的な人物である。しかし彼はいわゆるインテリではない、しかし、かといって「野性の知性」みたいなものとも違っている。パターソンの教養と知性には、慎ましい含羞のようなものがある。彼は永瀬正敏に「ひょっとしてあなたも詩を書くのか？」と問われて、イエスと言うことが出来ない。それでいて日本から来た見ず知らずの男が口にする詩人の名前に、すぐさま反応してしまう。永瀬扮する男は、パターソンの「正体」を見抜いて、Ah Hah! と言う。だが二人は無名の詩人同士の共感を表に出すわけではない。そういうことは言わないのが自分たちのやり方だと彼らにはわかっている。

思えばジャームッシュの映画における芸術文化にかんする言及は、いつもそんな感じである。とてもおくゆかしいのだが、時々、ほんとうに時々、ふっと熱を帯びる。だがそれも一瞬のことで、すぐにまた淡々とした佇まいへと収まっていくのだ。彼が露骨に熱くな（ってみせ）るのは「映画」についてだけだ（あとは一部の「音楽」についてだけだ。あの『ギミー・シェルター』に漲る情熱と共感！）。或いはあれほど素直に映画愛を表に出せることと、それ以外へのおくゆかしさは、どこかで釣り合っているということかもしれない。

そして私はそんなジム・ジャームッシュの感じが好きである。美術館の絵の前で無言で突っ立っていた「孤独な男」の姿も、始バスの出発間際までノートに詩を書いていたパターソンも、監督自身の分身なのだと言ったら、あまりにナイーヴ過ぎる結論だと嗤われそうだが、これはそう単純な話でもない。

第三部　カメラと視線の問題

反復と差異、或いはホン・サンスのマルチバース

色々な意味に於てそれからである。

――『それから』予告／夏目漱石

ホン・サンスの映画を何本か観たことがある者ならば、それらが如何に多くの点で他の監督たちの映画と違っているか、と同時に、それらが如何に互いに似かよっているかを知っていることだろう。そして、そんな方なら間違いなく同意していただけると思うのだが、その違い方も、その似かよい方も、かなり極端だと言っていい。それがいわゆる「作家性」というやつなのかもしれないが、だとしたらそれは如何なる意味での作家性なのだろうか。ホン・サンスの映画が他の数多の映画作家たちの作品と多くの点で似ておらず、そしてとりわけ近年異様とも思えるハイペースで量産され続けている彼の映画がどれもこれも似たような内容であることは一目瞭然だとしても、ならばなぜ

似ていないのか、なぜ似てしまうのか、すなわちホン・サンスの映画の特異性／特殊性と一貫性／反復性が意味するものはいったい何か、ということにかんして、作家性という名の個性の擁護以外に説得力のある答えを導き出すことは、ほとんど成されてこなかったように思われる。

そこで私は、この難問（？）にトライしてみようと思う。日本で連続公開された四作――『それから』『クレアのカメラ』『夜の浜辺でひとり』（いずれも二〇一七年）と『正しい日　間違えた日』（二〇一五年）――を主な批評対象としつつ、必要に応じて適宜、過去のフィルモグラフィも参照していくことにする。

実は二〇一五年の一作と二〇一七年の三作の間の二〇一六年に『あなた自身とあなたのこと（당신자신과 당신의 것）』（二〇一六年の東京国際映画祭で上映）という長編があるのだが、それが今回の公開作品に入らなかった理由は、かなり明白である。日本でロードショーされる四本にはすべて女優キム・ミニが主演しているのだ。『あなた自身とあなたのこと』にミニは出ていない。実際の事情を私は知らないが、一本省くとしたら、これになってしまうということだろう。逆に言うと、日本公開されたのはすべて「監督ホン・サンス、主演キム・ミニ」の作品である。このコンビは更に、二〇一八年二月のベルリン国際映画祭に出品された『草の葉』でもタッグを組んでいる。

これは今後の論述にも深く関係する重要な事実なので述べておくが（読者の大方はご存知だろうと思うが）、『正しい日　間違えた日』の撮影をきっかけにホン・サンスとキム・ミニは監督と女優という間柄と二十歳以上の年齢差を越えて恋愛関係となり、サンスが妻帯者であることもあって一大スキャンダルとなった。『夜の浜辺でひとり』の演技によってミニは二〇一七年のベルリン国際映画祭で韓国人女優として史上初めて最優秀女優賞に当たる銀熊賞を受賞したが、同作の韓国での記者会見の席でサンスとミニは不倫関係を公式に認めた。同年のカンヌ国際映画祭に『それから』と『クレアのカメラ』の二本が出品された際、二人はペアリングをして表舞台に登場し物議を醸した。ホン・サンスは現在、妻と離婚裁判中である。

とまあ、このような話は映画界においてさほど珍しいわけではないが、サンスとミニの場合は少なくとも二つの点で他の醜聞とは異なっている。第一に、それにしたって実質一年ちょっとの間に計五本もの長編作品を撮ってしまうというのは愛の力とはいえあまりにも過剰ではないか、ということ、そして第二に、これまたホン・サンスの映画を何本か観たことがある者なら誰もが気づくように、現実世界で今も進行中の出来事が、他ならぬホン・サンス映画で何度となく描かれてきた物語をあまりにも露骨に想起させる、ということである。裏返して言うと、ホン・サンスとキム・ミニの一件は、まるでホン・サンスの映画が現実化したかのようなのだ。いや、それどころか、追って見るように、サンスはミニとの関係をネタにしているとしか思えないような映画を、よりにもよってミニを主演に撮り続けているのである。このことが意味するものは何だろうか？　単なる露悪趣味？　ゲス不倫の開き直り？　そうかもしれない。だが、そういうのとはいささか異なる考えを示すのが本稿の野心なのである。

ところで、各作品の内容に向かう前に、ひとつ確認しておかなくてはならないことがある。それはホン・サンス映画におけるカメラワークの際立った特徴について、である。これも彼の映画を何本か観ている者ならばすぐさま思い当たることだろう。そう、ズーミングである。

どの作品でもいいのだが、サンス映画では、引きの固定ショットだと思っていたら突然、画面の一部に急激にズームインする、ということが頻繁に起きる。ズームが寄っていくのは対話中の一方の人物の顔である場合が多いが、それ以外のこともある。一旦ズームインした後、暫くするとまた突然ズームアウトして元に戻る場合もあるし、パンニング（カメラを左右に振ること）を伴っている場合もある。いずれにせよ、はじめてこのズーミングを見た観客はかなり虚を突かれることだろう。なぜなら、このような奇妙な、いや奇怪なカメラワークは、現代のほとんどの映画では他に行なわれていないからである。アクションやスペクタクル場面で使用されることがなくはないが、それは煽情的な効果であって、ただの会話のシーンでいきなりズームというのは、もはや完全にホン・サンスの専売特許だと言ってよい（他の監督が同じことをやったとしたら、ほぼ間違いなくホン・サンスの摸倣もしくはサンスへのオマージュである）。そもそもズームイン／アウトという技法は、映画的にはかなり品のないカメラワークとされてきた／いる。しかしホン・サンス映画の良き観客にとっては、それはお馴染みであり、むしろ一度もズーミングが出て来ない映画をサンスが撮ったとしたら、相当に驚かれるに違いない。それほどズーミングというカメラワークは、ホン・サンスの作品世界になくてはならないものになっている。

とはいえ、ズーミングは最初からホン・サンス映画に頻出していたわけではない。長編四作目に当たる初期の『気まぐれな唇』（二〇〇二年）では、ズームはほとんど使用されていない。続く『女は男の未来だ』（二〇〇四年）でも、まだあまりズームは目立つことはない。『浜辺の女』（二〇〇六年）あたりからかなり意識的なズーミングが見られるようになり、その頻度は近作になるほど増していく。と共にカメラワークのみならず他のさまざまな面においても反復性と類似性が強まり、ストーリー展開はどんどんミニマライズされてゆく。ホン・サンス映画の歴史とその進化（？）は、ズーミングの増加とパラレルなのである。

この誰の目にも明らかなズーミングの多用ということについて、当然ながらホン・サンスは過去にインタビューなどでたびたび語っている。たとえば『クレアのカメラ』に先立つイザベル・ユペールの主演作である『3人のアンヌ』（二〇一二年）の日本での合同取材では、ズーミングはまず第一に長回しという撮影スタイルから生じてきたものだと述べている。

> 私の映画は長回しが多いので長回しの中でズームをすると、監督はリズムを作れる。ロングテイクの中でズームすることによってリズム、ペースが作れる。だからそのリズムとペースがひとつ。もうひとつは（中略）ディテールを撮りたい時にズームする。そういう理由でロングテイクの中でズームを多用しているのです。
>
> （OUTSIDE IN TOKYO　http://www.outsideintokyo.jp/j/interview/hongsangsoo/03.html）

では、なぜ長回しなのか。その答えは極めて興味深い。

カットをせずにロングテイクで撮る理由ですが、カットをかければ最低でも俳優は2回も同じ演技をしなければいけないわけです。たとえば7分のシーンがあるとします。1テイクの中で男女の会話のシーンを撮る時、たとえばテイクを重ねて、5回目のテイクで私がすごくいいと思ったとします。カット（割り）で撮ってしまうと、それと併せて女性のシーンも（一緒に）撮っていても、カットで割らずにロングテイクで撮っていれば、俳優の立場からしても、俳優が心を開いてくれたまま楽に撮ることができます。カット（割り）で撮る時に俳優がどう考えるかと言うと、たとえば今インタビューしている方に、この状況をカット（割り）で撮りますと言えば、同じことを何度も言ってもらう必要があるわけです。それと同様に、俳優もカット（割り）で一度撮った後に、次にまたもう一回同じことをしなければならないので、一回目の演技は安全にこなそうとします。でもロングテイクで一回だけ演技をすればいいと言われれば、俳優は最初から勇敢に演技ができるわけです。

（同）

これは細かいカット割りよりも長回しを好む映画監督の多くが語るようなことにも思えるが、ホン・サンスにかんしては、それだけではない。言い換えると、これは「演技」だけの問題ではない。

では続いて、加瀬亮主演の『自由が丘で』（二〇一四年）の公開時に行なわれた特別講義における発言を引用する。

ズームイン・ズームアップしていくというのは、ふたつくらいの役割があるかと思います。ひとつはここで何を見せるか、ということをカットで切ることで見せたくはない。同じ空間の中でズームアップして見せたい。切り返しなどカットで指定して見せていく、カットで繋いでいくと俳優の演技が常套的になるように思います。次に繋げる演技をこうしなければならないと予想しなければならなくなりますよね。だからカットで、見る対象を指定したくないんです。
ズームで繋ぐというのは、常に同一の世界の中に俳優がいて、そこで最大限の力で演技ができると思います。それと流れを止めないで済む。流れを止めないと私自身も同一の世界の中で、これを撮るこれを撮ると指示していくことができる。カットで割ると流れが断ち切れてしまいます。そのように流れを切らないオプションを私に与えてくれます。

（加瀬亮主演×ホン・サンス監督『自由が丘で』公式facebook【ホン・サンス監督のあのズームの秘密とは？】）

前とほとんど同じことを述べているようだが、言葉遣いの上で微妙な違いがある。ここで「世界」と訳されている語は記事原文では丸括弧で「ユニバース」という読みが当てられている。これはホン・サンスが自らそう語ったということだろう。ここにひとつの鍵があると私は思う。

ズーミングが単に俳優の演技を止めないためだけに導入されているわけではないことは、ズームされるのが人物の顔でなくテーブルや地面に落ちているモノだったりする場合もあることからも明らかである。また、もうひとつ重要な点は、ホン・サンスが「ここで何を見せるか」と言っていることである。ズームアップという技法は否応無しに「強調」という意味を持つ。サンス映画の場合、それは美学的な強調とは言えない。演出上の、物語の叙述の上での強調である。それが「ここで何を見せるか」という言葉の意味だろう。そして実際、ズーミングは「はい、ここが重要です」という観客へのサインとして機能していることが、常にではないにせよ、かなり多い。

しかし、ただ画面内のどこか／何かを強調したいだけならば、カット割りでアップにしたっていいわけである。それとズームで寄っていくことには、どんな違いがあるのか。言うまでもなく、それは時間の扱いである。画面内の或る対象をジャンプカット的にアップにするのと、ズームアップするのでは、強調表現が遂行されるまでの時間経過が異なる。前者は一瞬だが、後者は（たとえ素早いズームだったとしても）或る長さの時間が必要となる。それはカメラの運動性とカメラアイに切り取られている世界の手触りを含む時間である。

では、カメラアイは誰の視線なのか。もちろん、最終的には映画を視ている観客の視線に同定されるわけだが、それ以前に、当然ながらそれは監督ホン・サンスの視線、少なくとも彼が監督として視（せ）たいものを視る視線でもある。これも他の監督の映画も基本的には同じだが、サンスの場合は極端なのだ。ホン・サンスの映画には、ほとんど視点ショットは出て来ないが、その代わりに、とりわけ他ならぬズーミングという特異な技法の多用によって、あたかも映画を構成する画面全部が、その作品世界の創造者である彼自身の視線の内にあるかのような印象が、他の監督よりも非常に強く感じられるのだ。つまり、ホン・サンスの映画を視ているのは、誰よりもまず第一にホン・サンス自身なのだということである。彼の映画は、いわば全てが彼自身の視点ショットなのだ。

　繰り返すが、このことは、いわゆる「作家の映画」ならば何であれ、いや「映画」ならば何であれ妥当することのように思える。表面的にそう思えるかどうかはともかく、映画作家は常にカメラアイとカメラマンの視覚を介して、自分の目で自分の映画＝世界を視ている。世界、そう、ユニバースを。それはあまりにも当たり前のこと過ぎて、わざわざこんな風に殊更にあげつらうことではないと思われるかもしれない。或いはまた、そのような見立てはあまりにも極端かつ歪つであり、一本の映画を監督という特権的な立場＝存在の主観に還元し過ぎである、という意見もあるだろう。だが、他の映画作家への指摘にかんしてならば極めてもっともなこれらの反論は、ことホン・サンスについては当たらないと私は思う。私の考えでは、まずこの点を認めないと、彼の映画についてまともに論じることは出来ない。それはつまり、先の発言の中に出て来た「世界＝ユニバース」とは、ほとんど文字通りの意味で、ホン・サンスのユニバースなのだということである。

　だとするならば、ホン・サンスの映画におけるズーミングは、ただ単に話法上の強調として行なわれているわけではない。ホン・サンス自身が、その時それが気になっているからこそ、そこにズームは寄っていくのだ。それが「話法」ということじゃないかと言われるかもしれないが、そうではない。或るシーンにおいて、一体そこでどのような出来事が語られるのか、すなわちそれはどんな叙述の機能を担うシーンなのかがあらかじめわかっていれば、監督は事前にカット割りを考えることによって、どのタイミングで何を強調するべきかを用意して撮影に臨むことが出来る。しかしそうするのではなく、ホン・サンスは今まさに目の前で起こっていることへの即時的な反応として、或いはあたかもそうであるかのようにズームを使っているのだ。だからその意味は「強調」だけではない。「動揺」の場合もあれば「関心」や「興味」の場合もあるし「情熱」や「欲情」の場合もある。重要なことは、それらは何もかも監督ホン・サンスの視線の動き、つまり彼自身の心理と欲望に紐づけられているのだということである。

それでは「セカイ系」と同じじゃないか、と思われるかもしれない。或る意味では、そうなのだ。しかし、もちろんそれだけではない。だが、この話はひとまず措いて、ここでようやく、ホン・サンスの映画では、どのような出来事が物語られているのかを見てみることにしよう。

『正しい日　間違えた日』は、同一のシチュエーションが二度繰り返されるが、途中から展開が異なっていくという、ホン・サンスお得意の形式の作品である。舞台はソウルから南三十五キロメートルに位置する水原《スウォン》。世界遺産にも指定されている「水原華城」で有名なこの街に自作の上映と特別講義のためにやってきた映画監督が、一日早く着いてしまったため、観光名所らしい寺院を見物に行き、元モデルで現在は絵を描いている女性ヒジョンと出会う。もちろんそれがキム・ミニである。映画の冒頭、ホテルの部屋の窓から寺院に入っていく彼女を見かけた監督は、心中で「可愛いから気をつけないと」などと呟く。しかし結局、彼は彼女に話し掛けてしまい、有名な映画監督であることがわかるとヒジョンも興味を抱く。カフェで身の上話を聞いた後、彼はヒジョンのアトリエを訪問する。彼はヒジョンの絵を賞讃し、彼女は喜ぶ。それから二人は寿司屋で酒を呑み、したたかに酔って良い雰囲気になる。ところが突然ヒジョンは先輩たちが集う店に行くと言い出し、仕方なく彼も着いていく。そこでヒジョンの女の先輩たちは、彼の映画のファンだと言いながら、女性関係のよからぬ噂や、実は妻がいることなどを話し始め、ヒジョンは不機嫌になって席を外してしまう。翌日の講義も司会者と険悪な空気になり絶不調に終わり、そこにヒジョンは現れることもなく、代わりに先輩のひとりが挨拶に来る。

二周目は、二人の辿るルートは前半と同じだが、彼の言動が違っている。どう違うのかは述べないが、前半は「あの時は正しく、今は間違い」、後半は「今は正しく、あの時は間違い」と題されていることから多少とも推察出来るだろう。

『夜の浜辺でひとり』も二部構成だが、第一部は短い。第一部の舞台は（映画内では明示されないが）ドイツのハンブルク。キム・ミニ演じるヨンヒはソウルで女優として活動していたが、年上の映画監督との恋愛関係に疲れてキャリアを捨て、韓国人の女性の友人の住む遠い外国に逃亡してきた。彼女は先輩やその友人たちとの触れ合いによって束の間の癒しを得るが、監督からハンブルクまで会いに来ると連絡があり、心は揺れている。第二部ではやや時間が経過している。ヨンヒはドイツから帰国し、先輩たちのいる韓国東海岸の都市、江陵《カンヌン》に滞在している。女の先輩が、ヨンヒが女優を再開する気があるのならマネージャーをやると言ってくれる。先輩たちと酒を呑み、ヨンヒは酔ってくだを巻く。彼女は浜辺に行き、横になって眠ってしまう。声を掛けられて目覚めると、そこにはかつて一緒に仕事をしたことのある助監督がいた。ロケハンで江陵に来ていて、あの監督もいるという。そして……。タイトルの意味は、ハンブルク編も江陵編もラストシーンの舞台が浜辺だからであろう。

『クレアのカメラ』の舞台はフランス、カンヌ。二〇一六年のカンヌ国際映画祭の開催中に撮影され、翌年の同映画祭に出品された。主演はキム・ミニとイザベル・ユペールである。ミニ演じるマニは、韓国の映画配給会社のスタッフとしてカンヌにやってきている。ベテラン社員として責任ある立場にあった彼女は、突然、女社長に呼び出され、会社を辞めて欲しいと告げられる。理由は「誠実でないから」。どうしてそう思うのか尋ねても教えてくれない。仕方なく不本意ながら退社することにする。すぐ韓国に帰国しろと社長からは言われるが、マニは仕事抜きでもう暫く残ることにする。一方、ユペール演じるクレアは音楽教師で、はじめてカンヌにやって来た。彼女はいつもカメラを首から下げていて、自分がシャッターを切った相手は別の人間になるという奇妙な考えを持っている。クレアは映画祭会場近くのカフェで、韓国人の映画監督に声を掛けられる。彼は自分の映画の上映でカンヌに来ていた。もちろん、その映画こそマニの会社が担当する作品なのである。女社長は長年、監督と男女の関係にあり、マニが彼と浮気したことを知り、真偽も確かめずにクビにしたのだ。監督はクレアにもちょっかいを掛けようとしている。マニとクレアは偶然に知り合う。

そして……。この作品の上映時間は六十九分であり、六十七分の『自由が丘で』と並び、ホン・サンスのフィルモグラフィの中ではかなり短く、中編と呼ぶべきかもしれないが、内容的には他の作品と何ら遜色のない仕上がりとなっている。

今度の公開作品の中ではもっとも新しい『それから』でキム・ミニが演じているのは、小説家志望の女性アルムである。彼女は著名な評論家でもある男性が経営する出版社に、自分の恩師で社長の知人でもある大学教授の紹介で働きにやってくる。アルムは最初はまったく知らないが、実は前任者の女性チャンスクは社長と不倫関係に陥り、その果てに失踪してしまっていた。行方の知れないチャンスクを社長は忘れようとしており、聡明で見目麗しいアルムに何かと親切にする。そこに突然、社長夫人が会社に乗り込んできて、アルムを不倫相手と勘違いして大騒ぎとなる。そのことによってアルムも一件を知るのだが、その後、チャンスクが社長の前に姿を現す。二人は愛を確かめ合い、またチャンスクを自分の許に置きたくなった社長はアルムに会社に入るのを辞めて欲しいと頼む。妻はチャンスクの顔を知らないので、アルムと入れ替われば万事ＯＫだと考えたのだ。アルムは怒るが仕方なく受け入れ、その出版社が出した本を山程貰って去っていく。それからしばしの時が経ち、社長が有名な文学賞を受賞した。お祝いを述べるために久しぶりにアルムが社長に会いに来てみると……。英語タイトルは「The Day After」。夏目漱石の『それから』も映画の中に出てくる（『それから』の英語題名は「And Then」だが）。

あらすじを述べてみただけでも、四作が如何に似かよっているかがおわかりだろう。だがホン・

サンスの映画を何本か（略）ならば、これがキム・ミニによって惹き起こされたわけではなく、最近になって始まったわけでもないことをよくご存知の筈である。『気まぐれな唇』の主人公は映画俳優、『女は男の未来だ』の主人公は美術教師だが、後者にはすでに映画監督が重要な人物として登場する。『浜辺の女』の主人公は新作シナリオを書きあぐねている映画監督である。それ以降、現在に至るまで、ホン・サンス映画の主人公もしくは物語の中心となる男性は、圧倒的に映画監督が多く（何しろこれまでに私が観ることの出来た十七本のホン・サンスの長編の中で映画監督が出て来ないのは『気まぐれな唇』『アバンチュールはパリで』『自由が丘で』『それから』の四本しかない）、彼らは大学や専門学校の教師／教授を兼ねていることもある。そして彼らは例外なく、妻帯者であるにもかかわらず、若く魅力的な女性（女優や学生が多い）に盛んにモーションを掛け、多くの場合、成功する。だがそこで話が終わるわけではなく、彼ら自身の不実さや浅薄さによって、事態はややこしく展開してゆく。いや、さほどややこしくはない。主人公たちのラブアフェアがどのような道筋を辿るのかも、毎回大体同じであり、それほどヴァリエーションがあるわけではないからだ。

ホン・サンス映画の極度の類似性は、まずもって男性主人公のキャラクターの一貫性と彼らの行動のワンパターンによるものである。どの作品でも、彼らは自らの色情（と呼んでいいだろう）のせいで他人に道を誤らせたり自分自身ものっぴきならない状況に追い込まれたりする。しかし、にもかかわらず、そこには同様の題材が他の映画監督によって語られる際に多かれ少なかれ描かれることになる深刻さ、シリアスさが決定的に欠落している。もちろん彼らとて要所要所で苦悩してみせるのだが、それは如何にも軽く、妙に明るくさえあり、どこか空々しささえ感じさせるのだ。

こう書くと、ホン・サンス映画の男たちが要するに倫理的に完全にNGな、いわば「女性の敵」のような連中ばかりだと思われるかもしれない。はっきり言えば、彼らがやっていることを外形的にのみ捉えるならば、ほとんどそうだと言っていい。だが、ここには幾つかの留保がつく。

まず彼らは一種の恋愛詐欺師ではあるかもしれないが、ドンファンではない。彼らは恋愛を遊戯やゲームのように考えてはいない。むしろ逆に、いつも真面目で真剣、少なくともそのように見える。『正しい日　間違えた日』の映画監督が綺麗な女性を見留めるやいなや自分を戒めようとするのは、むろん欲望の裏返しなのだが、しかし彼は本気でそう思っているのである。彼はしてはならないことをよくわかっている。だが彼はもうひとりの内なる自分の色情にあっけなく負けてしまう。いけないいけないと思いながらも、結局は突き進んでしまう。これがホン・サンスの男たちに共通する性向、病いである。

そして彼らのそのような自らの欲望への素直さ、忠実さが、女性たちの心を——どういうわけか！——動かすのである。これは取りようによっては、まったくもってご都合主義的というか、ほとんど男根主義的ファンタジーのようでさえある。しかも彼らは恋愛の成就へと至るプロセスにおいて、自身の社会的立場を、暗に、いやむしろあからさまに利用しているように見える。これは果たしてどうなのだろうか、と憤る観客が居たとしても不思議ではない。

色情を慕情と都合良く錯覚しているかのような男たちに対して、女たちは、彼らにあっけなく落とされてしまったりはするものの、けっして受け身なだけの存在ではない。むしろ彼女たちは総じて極めてアグレッシヴであり、恋人の優柔不断や無責任に怒りまくったりもする。また、彼女たちにも狡いところや軽いところはあり、男たちよりもリアリスティックな面もある。『クレアのカメラ』のマニは、女社長の愛人でもある監督と関係があったのに、クビを言い出された時にはそのことをおくびにも出さない（彼女は本当に思い当たる節がないように見える）。キム・ミニとの出会い以前に明確に女性を主人公としたサンス映画でいうと、『ソニはご機嫌ななめ』（二〇一三年）のヒロイン、映画監督志望のソニは三人の男を手玉に取る。同時期に撮られた『ヘウォンの恋愛日記』（二〇一三年）の女子大生ヘウォンも、教授との秘密の恋に悩みながら、その一方で偶然出会ったアメリカ在住だという映画業界人に見初められてその気になったりする。

だからどっちもどっちだと言えなくもないのだが、そんな男たちと女たちは、自分らの直情的かつ即物的な行状とは裏腹に、映画の中で盛んに思索的・哲学的とも思えるような深い（深そうな?）会話や議論を交わす。カフェや飲食店でのその種のシーンはホン・サンス映画には必ず複数回登場するが、そこでは酒もしこたま摂取され、ほぼ必ずタバコを一服するため誰かが店の外に出るという行為が単調さを救う演出として見事に機能している。ホン・サンスの世界では男も女もおおいに呑み、おおいに喫む。ズーミングもこうしたシーンで活躍する。

そして彼らの議論の内容は、人生（誰某の、というより人間存在一般の）の意味や価値であるとか、善く生きるためにはどうあるべきかとか、或いは時間をめぐる考察だったりと、いささか浮世離れした主題ばかりである。彼らはそうした観念的な話題を雑談の延長線上のようにさりげなく自然に行なう。もっぱらこの種の趣向をもって、かつてホン・サンスはエリック・ロメールの後継者と呼ばれもしたのだった。それらの内容には傾聴すべきものがなくはないが、私にはむしろ、彼らのやっていることと考えていることのギャップの方が面白く感じられる。彼らが大真面目に語れば語るほど、でも結局ヤルことしか考えてないいんじゃん、という気持ちにさせられて、時にはそれが痛快であり、時にはそこに多少ともうんざりさせられもするのである。そしてその感覚は、言うまでもなく彼らをホン・サンスに重ね合わせることによって、更に複雑な感慨を導き出すことになるのだった。

『それから』の劇場用パンフレットに掲載された監督インタビューで、ホン・サンスは、最初期にはシナリオを準備して撮影に臨んでいたが、『気まぐれな唇』からは数十頁の筋書きしか使わなくなり、それもどんどん減っていって、『教授とわたし、そして映画』（二〇一〇年）以後は全く何も用意しなくなった、と語っている。では、どうやって撮影するのかといえば、こうである。

よく注意して俳優を選び、その後は彼らを信頼します。ある俳優と会う時、彼を観察し、その俳優に自分が惹かれるかどうか、成り行きに任せます。お酒を一緒に飲み、私から個人的な話をし、彼、または彼女も私に個人的な話をします。映画の話はあえてしません。いつも私が興味を持つのは、非常に具体的な事柄です。話しながら蘇ってくる自分の個人的な思い出に興味をもつこともあります。直観的なんです。

あらかじめのシナリオが存在せず、毎日その日の撮影分だけが出演者に渡され、現場でも随時書き換えられてゆく、というスタイルは、けっして多くはないが、ものすごく珍しいわけでもない（北野武や諏訪敦彦のやり方を想起せよ）。むしろ考えるべきは、このような即興的・可変的と言っていい創作方法で拵えられるホン・サンスの映画が、それでも毎回、似たような物語の繰り返しになってしまうことの理由と意味である。

もちろん、同じような映画を撮り続ける映画作家はサンスの他にもいる。敢えてのワンパターンに開き直っている、もとい確信を抱いている、ということもあるだろう。同じテーマやストーリーやシーンを反復することが、その映画監督のオブセッションを露わにしているという見方もある。つまり、変えようとしても同じになってしまう、ということだ。しかし、ホン・サンスの場合は、はっきり言ってそれが度を超しており、なのにほとんどオブセッシヴには見えない。ここに謎があり、考えるべき問題があると私は思う。

或いはまた、ちゃんとしたシナリオやストーリーが存在しないから毎度同じになってしまうのだ、という意見もあるかもしれない。だがやはり謎は残る。ここまで強度の反復性と一貫性を無意識にやっている、そのことに気づいていないとは到底考えられない。ならばたとえ明日や明後日の撮影で映画の中の物語や人物たちがどうなっているのかを監督ホン・サンス自身もわかっていないのだとしても、彼としては正しいと信じられたルートを選んでいった結果が前回同様になるということだ。これはどういうことなのか。私が提出出来る答えは二つある。だがその前に、もう一点だけ、述べておくべきことがある。

『正しい日　間違えた日』に似たリピート形式は、すでに触れたように過去のホン・サンス映画では何度も試みられており、映像設計におけるズーミングと共に、ナラティヴの次元での作家的な指標となっている。だが、或る設定や物語や状況が反復されるが、そこに差異が持ち込まれる、という手口にも色々ある。『正しい日　間違えた日』のように構成が明確に示されている作品としては、イザベル・ユペール演じる同じ「アンヌ」という名前で同じ境遇にある、だが職業などは別々の三人の女性をヒロインとする三通りの物語が連続して描かれる『3人のアンヌ』や、時間的に前後する四つの独立した章で語られる物語が少しずつズレている『教授とわたし、そして映画』（二〇一〇年）、翌日になると物語の展開が巻き戻っている『次の朝は他人』（二〇一一年）などがある。『ハハハ』（二〇一〇年）では二人の男が呑みながら自分の身に起きた話を交互に語り、そのたび回想シーンになるのだが、実は互いの話に登場する人物が共通していることに二人は気づかない。こうしたトリッキーな構成が極まったのが『自由が丘で』で、加瀬亮演じる男が韓国人の女性に長い手紙を書くのだが、彼女は手紙の便箋を階段で落として順番がバラバラになってしまう。その結果、映画の場面も前後関係がバラバラになり、観客は頭の中で時系列を整理しながら観ることを求められる。そもそもそういう傾向を持っていたホン・サンスの映画が、いわゆる「パズル映画」に最も近接した作品である。

　だが、右のような比較的わかりやすい手口ばかりではない。構造やルールをはっきりとは見極めがたいのに、何かが仕掛けられているとしか思えないという面倒な作品もある。それはホン・サンスが右のようなことをやってのける映画作家であるという事実を踏まえると、尚更一層疑わしくなってくる。例によって映画監督の主人公が、次々と過去の自分にかかわる不可解な出来事に見舞われる『よく知りもしないくせに』（二〇〇九年）や、一見まともな時間軸で語られているかに見える『夜の浜辺でひとり』でも、おかしなことが幾つもある。

　混乱や錯綜のエンジンになっているのは、記憶と夢である。サンスの映画の回想シーンは往々にして、ここからは過去であるということを全く告げないまま、いきなり始まる。というよりいつの間にか始まっている。観客は暫く時間が逆行したことに気づかないこともあるし、最後まで前後関係の判断が付けられないこともあり得る。もっと厄介なのが夢である。ホン・サンスの登場人物たちは非常によく夢を視る。それも現実そっくりの夢を。そしてそれらも回想と同様、それまでとは何も変わらない、現実と地続きであるかのように描かれる。夢だったことがわかるのは、夢を視ていた者が目覚めることによってのみである。それさえもはっきりとは描かれないこともある。夢でなくても『3人のアンヌ』の三通りのストーリーはシナリオ修行中の女の子が戯れに書いているものであることが冒頭から示されるし、『自由が丘で』では手紙、『ヘウォンの恋愛日記』では日記が映画内の叙述のベースとされることで、いわゆる「信用できない語り手」という問題が起動するように企まれている（『ヘウォン』に至ってはもっとすごい併せ技が駆使されているのだが、ここではむろん触れない）。

こうしてホン・サンスの映画は、物語は毎回ほとんどワンパターンなのに、ナラティヴの趣向によってヴァラエティを獲得している。だが、この認識は逆転する必要がある。すなわち、ホン・サンスは何故、多様な話法の実験を駆使してまで同じような話を語ろうとするのか。そして誰の目にも明らかなように、彼が過去に何度も何度も繰り返し語ってきたことは、今や現実世界へと裏返り、まるでこちら側もホン・サンスの映画に変容してしまったかのような異様な事態が訪れているのである。このことをどう考えればいいのだろうか？

やはり鍵となるのは「世界＝ユニバース」である。たとえば構造がもっともわかりやすい『正しい日　間違えた日』は、第二部を第一部の「やり直し」と捉えることが出来る。また、より複雑な他の作品群を踏まえれば、二個の「ユニバース」が連結しているとも考えられる。この考えをホン・サンスの映画全てに敷衍してみると、二つのことが導き出される。第一に、サンスの一本の映画には複数の「ユニバース」が含まれている。それは明確なブロックを成していることもあるし、シークエンス単位、シーン単位、ショット（＝カット）単位で考えることも出来る。つまり、もっとも細かく分割した場合、その映画のショットの数だけ「ユニバース」が存在する。と同時に、第二に、それぞれの映画は、それ自体として一個の「ユニバース」でもある。つまり私がこれまでに観たことのある十七本のホン・サンスの映画は、十七個の「ユニバース」である。こうなると、もはや「ユニバース」という語は不適当かもしれない。それらはむしろ「マルチバース」と呼ばれるべきだろう。そして、すでに述べておいたように、これらの「マルチバース」は、カメラによって撮影されることによって創造されており、そのカメラの視線の主は「ホン・サンス」である。

　ようやくここで、ホン・サンスの映画が、なぜかくも互いに似かよっているのか、という問いにかんする私の二つの答えを述べることが可能になる。最初の答えは、或る意味では答えではない。ホン・サンスは、自分の映画がどれもこれも似ているとは、同じことを繰り返しているとは思っていない、というのがひとつ目の推測である。なぜなら、それは異なる「ユニバース」なのだから。「マルチバース」とは、似ても似つかない「ユニバース」が沢山あるということではない。ほとんど同じだが完全に同じではない「ユニバース」もまた無数にあるということである。そこで重要なのは、あからさまに似ているところではなく、それでも似ていないところ、似ないところである。ホン・サンスはむしろ、僅かな差異をこそ、自分自身も視たいと願い、観客にも視せたいと考えているのだ。

　第二の答えは、第一と逆接的にかかわっている。ホン・サンスは、似たようなことを、同じようなことをやろうなどとは微塵も考えていない。そうではなく、むしろ彼自身が強く、毎回それ以前とは変えたい、変わりたい、変えようと思っているし、そのように努めている。だが、それにもかかわらず、そうはならないのだ、というのが、私の二つ目の推測である。つまり『正しい日　間違えた日』の冒頭における主人公の映画監督と同じ轍を、ホン・サンスも踏んでいるのである。また今回もやってしまった、次こそ頑張ろう、今度こそ、たとえ同じスタートから始めたとしても、しまいには全然違った「ユニバース」になっているよう奇策を練りに練ってトライしよう、リトライしよう……これが映画作家ホン・サンスの歩みなのであり、彼の作家性の本質であり、彼のウィークポイントでもあり、そして彼の最大の魅力であり武器なのだ。

このようなホン・サンスの試み／挑みは、カメラを通してワンショットごとに行なわれている。ワンショットはそれぞれが一個の「ユニバース」である。彼はそれを、視ることによって生み出していく。そこでは同一性と多様性が、反復と差異が、どちらが表でどちらが裏ということではなく、ぴったりと重なり合っている。そしてこのことこそ、彼が驚くべきスピードとエネルギーで映画を量産している理由でもある。

クレアのカメラのシャッターを押したら別人になるという信憑は、妄想でもオカルトでもない。次の朝は他人というのは、文字通りの意味である。それは「The Day After」、その翌日、それから、それから、それから、という意味なのだ。

FOR YOUR EYES ONLY　映画作家としてのアラン・ロブ＝グリエ

まず最初に見えるのは赤い斑紋《しみ》、鮮烈な、きらきら光っている、しかしくすんだ赤の、ほとんどくろい影をたたえている斑紋である。

――「秘密の部屋」平岡篤頼訳

小説家アラン・ロブ＝グリエは一九六一年、映画作家アラン・レネから依頼されて『去年マリエンバートで』のシナリオを執筆する。同作はヴェネツィア国際映画祭で金獅子賞を受賞した。レネはこの前に、やはり小説家のマルグリット・デュラスがシナリオを書いた『ヒロシマ・モナムール（二十四時間の情事）』を監督していた。デュラスはこれをきっかけにアンリ・コルピ監督『かくも長き不在』（一九六〇年）、ピーター・ブルック監督『雨のしのび逢い』（一九六一年）と立て続けに映画脚本を担当し（もっともこれら二作は彼女自身の長編小説を基にしている）、一九六七年に『ラ・ミュジカ』

（TV放映時タイトル「冬の旅・別れの詩」）で監督デビューを果たす（ポール・セバンと共同監督）。以来、デュラスは長短併せて二十作近い監督作品を発表した。代表作は言うまでもなく『インディア・ソング』（一九七五年）である。ロブ＝グリエは一九六二年に長編映画『不滅の女』で初監督を果たし、ルイ・デリュック賞を受賞する。以来、遺作となった『グラディーヴァ　マラケシュの裸婦』（二〇〇六年）まで十本の長編映画を発表した。

このたび（二〇一八年十一月）、映画作家ロブ＝グリエの本格的なレトロスペクティヴが開催されることになった。すぐ後で述べるように国内ソフト化されている作品もあるし、何作かはこれまでも特別な機会に上映されていたが、ロブ＝グリエの監督作をこれほど纏まった形で観られる機会は日本ではおそらくはじめてのことである。ロブ＝グリエは二〇〇八年に亡くなっているので没後十年ということか。それはわからないが、如何なる事情によるものかはともかくとして、思いがけない僥倖と呼ぶべき出来事であることは間違いない。今回上映されるのは年代順に『不滅の女』、『ヨーロッパ横断特急』（一九六六年）、『嘘をつく男』（一九六八年）、『エデン、その後』（一九七一年）、『快楽の漸進的横滑り』（一九七四年）、『囚われの美女』（一九八三年）の六本。また『危険な戯れ』（一九七五年）と『グラディーヴァ』はどちらも日本未公開だがDVDが発売されている（『囚われの美女』は唯一日本で劇場公開されており、ソフト化もされている）。残るは“N. a pris les dés …（Nは骰子を手にとった）”（一九七一年）と、“Un bruit qui rend fou（狂気を呼ぶ雑音）”（一九九五年）だが、前者は『エデン、その後』と同じ撮影素材を使って編集で別の映画に仕立て直したものであり（タイトルもアナグラムになっている）、海外版のブルーレイＢＯＸ『Alain Robbe-Grillet: Six Films 1963–1974』に収録されている。残念ながら『狂気を呼ぶ雑音』だけは観られなかったが、それ以外の作品はこの機会にあらためて纏めて観ることが出来た。以下に私なりの「映画作家ロブ゠グリエ論」を書いてみたいと思う。私は以前、ロブ゠グリエの評論集と同じ題名を敢えて冠した『新しい小説のために』（二〇一七年）において、ヌーヴォーロマンの騎手にして特異な映画作家でもあったロブ゠グリエについてやや詳しく論及したことがある。そこでは彼の小説観が「映画」から如何なる影響を受けたのかを主に論じたのだが、ここでは反対にロブ゠グリエの映画が「小説」と如何なる関係を持っていたのかを考えてみることになるだろう。

小説家ロブ゠グリエは一九五三年に『消しゴム』でデビューした（一九四九年に『弑逆者』を脱稿済みだったが一九七八年まで刊行されなかった）。『消しゴム』はロラン・バルトに絶賛され、続く『覗くひと』（一九五五年）も評判になった。意欲作だった『嫉妬』（一九五七年）に対する批判への応答として理論的文章を発表するようになり、それらは追って『新しい小説のために』（一九六三年）に纏められる。『マリエンバート』の前に『迷路のなかで』（一九五九年）を発表している。『不滅の女』で映画監督に進出後、最初の長編小説は『快楽の館』（一九六五年）である。そしてこの作品では『消しゴム』から『迷路のなかで』までの作風とは明らかに小説としてのアプローチが変わっている。簡潔に述べるならば、映画を撮るまでのロブ゠グリエの小説は、「視覚」と「記憶」を重視しながらも描写／叙述の中で「視覚」と「記憶」がそれぞれにおいて、また互いに短絡と混線を来していくように設計されていた。「視覚」にウェイトを置けば『嫉妬』になり、「記憶」に偏れば『迷路のなかで』になる。「視覚」にも「記憶」にも遠近法が介在する、すなわちそこでは手前と奥といった距離や深度の操作が要請され可能となる。

しかし『快楽の館』になると、確かにまだ「視覚」も「記憶」も取り沙汰されてはいるものの、その扱いは戯画的（コミック的？）と呼んでもいいような、あからさまに表層的な様相になっており、その感覚は、続く『ニューヨーク革命計画』（一九七〇年）や『幻影都市のトポロジー』（一九七六年）では更に強まっていくことになる。まるで小説世界を構成する要素の全てがべったりと平べったい画面に貼り付けられているような感じとでも言えばいいだろうか。これはロブ＝グリエの映画の変遷とも共通している。ならば、これは「映画」からの影響なのだろうか。いや違う。精確に言えば、ロブ＝グリエが「小説」との一種の競合関係において「映画」に見出したものが彼の小説に作用し、翻ってそれが彼の映画に作用しているのだ。

ロブ＝グリエ『新しい小説のために』に「写実主義から現実へ」という文章が収録されている。これはまず一九五五年に発表され、一九六三年に加筆改訂されたものらしい。この中でロブ＝グリエは次のように書いている。

> 誰にでもあることだが、私もやはり、束の間写実主義的幻影にあざむかれるということがあった。たとえば『覗く人』を書いていた当時、かもめの飛び方や波がしらの動きを精確に描写し

ようと懸命になっていたが、たまたま、ブルターニュ海岸に短い冬の旅行をする機会があった。道中、私は自分にいい聞かせたものであった。これこそ《原物に則して》事物を観察し、《記憶をふたたび新たにする》いいチャンスだ、と…… ところが最初の一羽のかもめを見るやいなや、私は誤りを悟った。一方では、私がそのとき目にしていたかもめたちは、私があの作品のなかで描写しつつあったかもめたちと、漠然とした関係しかなかったし、他方ではまた、私にとって、それはどうでもよいことだったのである。そのとき私にとって大切なかもめとは、私の頭のなかに存在したかもめだけだったのである。おそらくはそのかもめたちも、なんらかのかたちで、やはり外的世界から、そして多分ブルターニュから由来したのであったろう。だがそれも形を変え、それと同時にいっそう現実的となっていた。なぜならそれらのかもめは、いまは想像上のかもめとなっていたのだから。

（「写実主義から現実へ」平岡篤頼訳）

この部分が一九五五年から一九六三年までのどの時点で書かれたのかは判然としないが、ロブ＝グリエという小説家と、いわゆる「リアリズム」の関係にかんして、極めて示唆的な箇所と言えるだろう。もちろん重要なポイントは「私にとって大切なかもめとは、私の頭のなかに存在したかもめだけ」だったということであり、しかしそれこそが「いっそう現実的」だったのだということである。「想像上のかもめ」の方が目の前で現に飛んでいるかもめよりも「現実的」であるということ。この発言が、ロブ＝グリエの「現実」観が他の人間たちのそれとはかなり異なった特殊なものであるということを必ずしも意味しないとすればどうなるだろうか。ここでの「写実」から「想像」への重点の移行は、ロブ＝グリエの小説のありさまにおいても確かめることが出来る。たとえば『消しゴム』の始まりは次のようなものである。

カフェの店内の暗がりで、主人がテーブルと椅子、灰皿、ソーダ水のサイフォンを並べている。午前六時。

主人はまわりがよく見えなくてもかまわない、自分が何をしているのかも分かっていない。まだ眠っているのだ。大昔からの法則が主人の細かい動作を支配して、幸いにも人間の意思の不安定から守っている。ゆえに毎秒ごとに正確な動きが刻まれる。一歩横へ、椅子から三〇センチ、布巾で三度拭いて、右へ半回転、二歩前へ進み、完全無欠、非の打ちどころのない毎秒が進む。三一。三二。三三。三四。三五。三六。三七。毎秒が正確な場所に収まる。

（『消しゴム』中条省平訳）

カフェの主人の「大昔からの法則」によってなかば機械化（オートメーション化）された動作が、まさに機械の駆動を描写するような簡潔な文体で書かれている。「毎秒が正確な場所に収まる」とは文字通り一秒が一秒として言葉によって刻まれていく、ということである。ところが『消しゴム』という作品の真の目論みは、実はこのような機械的客観性を超えたところにある。訳者の中条省平は解説で、原著の裏表紙に附されたロブ＝グリエ自身によるものと思われる文章を訳出している。そこにはこうある。「ここに記されるのは、簡潔で、正確で、重大な事件だ。すなわち、ひとりの男の死である。この事件は推理小説的な性格をもっている。（中略）殺人者が被害者を銃で撃ち、探偵が問題を解決し、被害者が死亡する。しかし、彼らを結びつける関係は、いったん最終章が終った時そう見えるほど単純なものではない。というのは、この書物はまさに、ピストルが発射されてから被害者が死ぬまでに経過した二四時間の物語だからである。この小説が語るのは、銃弾が三、四メートルの距離を通過するのに必要とした時間——すなわち〈余分の〉二四時間なのだ」。「毎秒が正確な場所に収まる」ことと「〈余分の〉二四時間」は明らかに矛盾している。つまりここには、客観的な時間への過分な配慮と、時間の自在な引き延ばし（伸縮）への欲望とが同時に宿っている。だが、ここで重要なのは、言葉による時間の描写／叙述が、すでに「映画」のようなメカニズムによって支えられているということである。敢えて強引に言い換えてみるならば、「小説」「描写」は「映画」の「撮影」、「小説」の「叙述」は「映画」の「編集」である。ロブ＝グリエはここで、まるで「映画」が毎秒一秒の現実を機械的に「撮影」し、その上で「編集」によって映画内時間の進み行きを操作するようにし、『消しゴム』という小説を書いている。ところで、その六年後（あらためて注意を促しておくが、これは『去年マリエンバートで』のシナリオ執筆の前年である）に発表された『迷路のなかで』では、冒頭に作者からの但し書きとして次のような文言がある。

この物語は虚構であって、証言ではない。この物語の描いている現実は、かならずしも読者が、身をもって体験した現実ではないのである。(中略)にもかかわらずここに描かれているのは、厳密に物質的な現実、つまりいかなる寓意的な価値をも意図していない現実なのだ。だから読者は、彼にむかって報告される事物・動作・ことば・事件だけを見、そのなかに、自分自身の生、ないしは死にたいする以上にも以下にも、意味を与えようなどとしないでいただきたい。

(『迷路のなかで』平岡篤頼訳)

『迷路のなかで』は一人称で書かれている。『消しゴム』と同じく、小説の始まりを引用してみよう。

いまは私は、ここに、ひとりで、まったく安全なところにいる。外では雨が降っている。外では雨のなかを、頭を前に傾け、片手を目の上にかざしながら、それでも自分の前を、自分の前数メートルのところ、濡れたアスファルトの数メートル先を見つめて歩いている。外は寒く、はだかになった黒い枝の間を風が吹きぬけている。葉むらのなかを、枝ごとゆらりゆらりと、ゆらりゆらりと、ゆらりゆらりと揺すぶりながら風が吹きぬけ、それが壁の白い漆喰の上に影をおとしている。外では日が照っている。影を落とす木もなく、灌木もなく、太陽がまっこうから照りつけるなかを、目の上に片手をかざしながら、それでも自分の前を、自分の前わずか数メートルのところ、ほこりっぽいアスファルトの数メートル先を見つめて歩いていて、風がそのアスファルト上に、平行線や分岐線や螺旋を描いている。

（同）

ここには明らかにサミュエル・ベケットの『モロイ』からの影響が窺えるが、それはともかくとして、このように錯綜した、あからさまに矛盾した描写と叙述を駆使することでようやく現れることになるのが、この時点でロブ゠グリエが理想とした「小説」のありさまだったということである。それは「虚構」であり、且つ「厳密に物質的な現実」なのだった。これは離れ業と呼んでいいものである。ロブ゠グリエは「映画」と本格的にかかわる以前に、ここまでに至っていた。

さて、では彼はこの後、どのような変節を遂げたのか（或いは変節などしなかったのか?）。先の「写実主義から現実へ」の擱筆が一九六三年ということに立ち戻ると、ロブ゠グリエの「リアリズム」が、（彼自身が当初はどう考えていたにせよ）そもそも現実をそのまま写し取るということではなく、そして時を追うにつれてますますそうではなくなっていったということは疑いないが、だとすればそれは彼が映画を継続的に撮るようになっていたことと、どのように関係しているのだろうか?

アラン・レネ監督の『去年マリエンバートで』は、或る男女がマリエンバートで会ったのかどうかをめぐる物語だった。つまりそれは「記憶」の不確かさにかんする物語である。ロブ゠グリエは

『嫉妬』で、ヒロインに名前を与えず（他の登場人物はフランクやクリスチアーヌといった名で呼ばれる）、ただ「A」とのみ記した。『マリエンバート』のヒロインも同じく「A」であり、彼女とマリエンバートで会ったと主張する男は「X」である。ロブ＝グリエは映画シナリオを「シネロマン」と称して出版しており（『マリエンバート』『不滅の女』のシネロマンは合本として邦訳されている）、『マリエンバート』のシネロマンでも「A」「X」と表記されている。しかし『嫉妬』と『マリエンバート』には「小説＝ロマン」と「シネロマン＝映画小説（?）」という違いとは別に狙いとするものが異なっている。拙著のほうの『新しい小説のために』所収の「『新しい小説のために』のために」でも取り上げたことがあるが、小説『嫉妬』は次のように始まる。

屋根の南西部の角を支えている柱の影が、いま、露台の同位角を二つの等しい部分にわけている。この露台は屋根のある広い廻廊で、家を三方からとり囲んでいる。中央の部分も両翼も広さは変らないので、柱によってつくられる影の線は、正確に、家の角に達している。だが影は、それ以上に伸びない。太陽はまだ空高く、露台の敷石だけを照しているからだ。家の木の壁、つまり正面及び西翼の切妻は、まだ屋根によって光線がさえぎられている。（この屋根は、いわゆる母屋と露台とに共通のものなのだ。）それでいま、屋根の末端の縁の影は、母屋の角の鉛直の二面と露台とがつくりだしている直角の線に、正確に一致している。

いま、Aは、中央の廊下に面した内扉から寝室にはいった。彼女はいっぱいに開かれた窓の方を見ない。その窓を通して、扉を開けたときから、露台のあの隅を見ることができるだろう。彼女はいま、扉の方をふりむいてそれを閉める。彼女は、相変らず明るい色のドレスを着ている。昼食のときに着ていた、とても身体にぴったりしている立襟のドレスだ。クリスチアーヌは一度ならずＡに、身体にぴったりあわない服の方が暑さをしのぎ易いことを思いださせた。だがＡは、笑ってとりあわなかった。暑さに苦労したことがないのだ。たとえばアフリカなどで、もっとずっと暑い気候を体験したけれども、たいへん元気にやってゆけたのである。暑さもそうだが寒さにも平気で、どこに行っても気楽に暮せるのだ。彼女がふりむくと、黒い髪の巻毛がしなやかに、両肩や背にふりかかる。

（『嫉妬』白井浩司訳）

ここまで読む限り、この小説はいわゆる三人称で書かれているように思えるが、実はそうではなく、これらはＡの夫によって視られ／語られているのである。現実にはそんなことはほぼあり得ないが、この小説は全編、けっして一人称で自らを晒すことのない夫の目を通して描写され叙述されている。いや、目ではない。それは限りなく映画のカメラに似ている。ただ視ているだけではなく、それはリアルタイムで眼前の光景を記録／記憶しているのだから。つまり『嫉妬』は、あたかも主観カメラのみで撮られた存在しない一本の映画のシネロマンのように書かれているのである。

ところが『マリエンバート』では、ロブ＝グリエの主たる狙いは『嫉妬』とは別のところにある。

それが「記憶の解体」である。これは無論、あくまでも映画監督レネに提供するシナリオであるということから来ているわけだが、それはつまり、わざわざ映画に映し出される光景を言語で表象せずとも本物のカメラがやってくれる、ということである。ロブ＝グリエがシナリオを書くに当たって「描写＝撮影」よりも「叙述＝編集」に重きを置いたのは当然だった。「撮影＝描写」という要素が追って撮られることになる映画によって先取りされてしまっているので、それをしても意味がなかった、ということである。『迷路のなかで』で「描写」と「叙述」の意図的な混乱、その掛け算の不具合によって成されていた実験の半分は、映画のために提供するテクストでは不要になってしまう。

ところが（なのか「それゆえに」なのかわからないが）、ロブ＝グリエはそこから、自分自身で映画を監督することへと向かった。『不滅の女』は『マリエンバート』の変奏と呼んでいい作品である。フランス人の男が臨時教師を務めるために（といっても彼がその仕事をする場面は一切ない）トルコのイスタンブールにやってくる。彼はその白い街でひとりの女性に出会う。女は彼を誘惑する。或いは彼は彼女に誘惑されたと思う。或いは彼は彼女を誘惑しようとする。女は彼に曖昧なことしか言わない。或いは嘘しか言わない。だが彼には嘘と真実の区別がつかない。男は女に翻弄される。そして二人が乗った車が事故を起こし、女は死ぬ。或いは女は死んでいない。そのようなことは何も起こらなかった。或いは……この映画では『マリエンバート』以上に時間軸と虚実が、ほぼショット単位で交錯し、観客には一体何がほんとうの出来事だったのか、最初から最後まで判別することが出来ない。映画批評家としても著名だったジャック・ドニオル゠ヴァルクローズが男を演じており、ドニオル゠ヴァルクローズが一九五九年に監督した『唇によだれ』に出演していたフランソワーズ・ブリオンがヒロインに扮している。

全編がフラッシュバック／フォワードで構成されていると言っても過言ではない、魅惑的な混乱に満ちた『不滅の女』は、現時点で観直すと如何にもクラシックな前衛映画に思えるが、発表当時は相当に過激なものであったことは間違いない。また、これも当時は今よりもはるかにレアであっただろうイスタンブールロケの異国情緒も効果を上げている。この映画の持っている雰囲気は、直截的ではないとしても、六〇年代末の日本映画の前衛、たとえば松本俊夫や吉田喜重の諸作に受け継がれていると思える。松本の『薔薇の葬列』や吉田の『エロス＋虐殺』（共に一九六九年）においても、時間軸と虚実は観客の物語理解の限界に至るまで激しくシャッフルされていた。

だが、歴史的な意義を擱くと、このような実験は今ではやはりいささか「古典的」に映る。これは映画に限らず小説における同種の試みにも言えることだと思うが、起こったことと起こらなかったことを並列させたり、出来事の時系列を入れ子にしたりする手法は、結局のところ真正の事実とその正しい順序がどこかに存在するという信憑を前提にしており（或いはそれを強化し）、ややこしくすればするほど、本当はそもそも存在していないのかもしれない「正解」に一種の権力を帯びさせることになる。そしてこのような手法は原理上、どれだけでもやることが出来る。

この種の試みの問題は、しかし「正解はない」と断言してしまうわけにはいかない、という点にある。作り手も受け手も正解などないことをうすうす知っていながら、そのことだけは括弧に入れて遊戯的／演戯的にパズルを享受するのは、それはそれで多少知的な暇つぶしとしては悪くないのかもしれないが、一度か二度やれば充分なのではあるまいか。とはいえ、このデビュー作のモノクロームの映像の異様なまでの美しさは特筆に値する。

少々意地悪なことを述べてしまったが、監督第二作『ヨーロッパ横断特急』ではロブ＝グリエ自身が、前作で行なった「語り＝騙り」の舞台裏をあっけらかんと開示してみせる。題名の通り、映画の舞台はパリからアントワープへと向かう特急列車である。人気俳優ジャン＝ルイ・トランティニャン扮する主人公は麻薬の密輸のために列車に乗り込むが、途中次々と思いも寄らぬ事件が起こる。同じ列車には映画監督と助手とプロデューサーの三人が乗っており、彼らは車中で来るべき新作のプロットを練り始めるのだが、それがそのままトランティニャンが演じるストーリーになっていくのである。先が続かなくなったり面白くなりそうにないとわかると監督はすぐさま物語を中断し、あっさりと変更する。そのたびに主人公の行動や境遇も変わっていく。露骨なメタ構造だが、前作とは打って変わって全体としてスピーディーで軽やかな好作である。その後、急激に浮上していくことになる奇妙なＳＭ趣味も、この作品から現れている。

続く『嘘をつく男』も「語り＝騙り」の映画である。引き続き主演はジャン＝ルイ・トランティニャン。彼が扮するのは「ボリス」と名乗る男。舞台は第二次世界大戦中、ナチス占領下のスロバキアの小村。映画はボリスが森の中で兵士たちから逃げている場面から始まる。やがて彼は村に辿り着き、出会う人々に自分はその村出身のレジスタンスの闘士ジャンの親友だと名乗る。だが題名に端的に示されているように、ボリスの言うことはまったく当てにならない。彼は話に矛盾を来したり都合が悪くなるとすぐに別の告白を始める。次第に彼の言うことは収拾不能になっていき、ジャンとの関係も、そもそもジャンという人物が実在したのかどうかさえ怪しくなっていく。この映画はホルヘ・ルイス・ボルヘスの短編「裏切り者と英雄のテーマ」の翻案だが、周知のように同作はベルナルド・ベルトルッチ監督の傑作『暗殺のオペラ』（一九七〇年）の原作でもある。製作は『嘘をつく男』の方が前であるが、この二作は似ても似つかない。また、この映画はルイジ・ピランデルロへのオマージュともされている。メタ演劇の嚆矢とされる『作者を探す六人の登場人物』（一九二一年）や『今宵は即興で演じます』（一九三〇年）のことを指しているのだと思われる。

『不滅の女』『ヨーロッパ横断特急』『嘘をつく男』はモノクロだったが、はじめてのカラー映画となった『エデン、その後』（と別ヴァージョンの『Nは骰子を手にとった』）は、色彩が付いただけでなく、大学生たちのグループを主役に据えて、かなり若返った雰囲気の作品である。大学近くにあるエデンというカフェに集う若者たち。彼ら彼女らは退屈しのぎにエデンを舞台に「自分たちで話を作り、演じる」ことを繰り返している。一九六八年五月からさほど時間が経っていないが、若者たちの言動に（たとえばゴダールの『中国女』のような）政治性は表面的には皆無に近い。或る時、ひとりの年長の男が現れて、アフリカで覚えたという手品を披露する。ジャン・ピエール・メルヴィル監督『サムライ』（一九六七年）で知られるカトリーヌ・ジュールダン演じるヴィオレットは、それ以後、現実と幻想の狭間に迷い込んでいき、ふと気づくとチュニジアにいて、自分の分身と出会う……モンドリアンの絵画のような色とりどりのボックスで仕切られたカフェ、エデンといい、後半の北アフリカの白と青ばかりの鮮烈な風景といい、ＳＭや殺人といったアンモラルな場面をあくまでもスタイリッシュに描いている点といい、とにかく画面の美麗さが印象的な作品である。相変わらずの複雑怪奇な語りも、ここまで来ると自由闊達に感じられてくる（もはや「正解」など完全にどうでもよくなっている）。

このアナーキーでポップなテイストは次の『快楽の漸進的横滑り』にも引き継がれる。少女のような声と異様に整った顔立ちがアンバランスな魅力を放つアニセー・アルヴィナがルームメイトを殺した容疑で逮捕されたヒロインを演じている。彼女の言うことは二転三転し、刑事や弁護士やシスターは翻弄され、誘惑されて、破滅へと誘われてゆく。この作品のシネロマン（小説版）は日本語で読むことが出来るが、『マリエンバート』『不滅の女』のシネロマンの記述の濃密さと比して、明らかに意識的にすかすかな描写／叙述で書かれている。

同じくＡ・アルヴィナが主演したのが『危険な戯れ』。これにはジャン＝ルイ・トランティニャンも出演している。富裕な銀行家の屋敷に彼が溺愛（それは明確に近親相姦的な欲望である）するひとり娘を誘拐したと連絡がある。だが娘は普通に帰宅しており、どういうことなのかわからない。だが銀行家は敢えて犯人の手に乗ってみようと思い立つ。そこから虚々実々の不条理な事件が次々と巻き起こり、もはや例によって、と言ってよかろうが、物語は急速に枝分かれし絡み合い織り重なって無数の綻びと結び目を作り、しかしやがて意外なほど鮮やかで爽やかなエンディングを迎える。この痛快さは『ヨーロッパ横断特急』とも共通している。私見では『危険な戯れ』はロブ゠グリエ監督作品の中でも屈指の傑作である。

そしてその次が『囚われの美女』である。地下組織の一員であるらしい男が、オートバイにまたがって夜の街を疾駆する女ボスの密命を帯びて、怪しげなナイトクラブで媚態を披露する女の監視に当たる。もちろん男はあっという間に迷宮へと入り込んでゆき、死と暴力とセックスの匂いを孕んだまま物語は徹底的な決定不能性へとどこまでも落ち込んでゆく。ルネ・マグリットの同名の絵画（“La Belle Captive”）と、それを模した浜辺の風景が幾度も現れるのだが、よく知られているようにマグリットの絵には題名に反して女の姿は描かれておらず、浜辺に置かれているのはカンバスである。マグリットは同じ題名の作品を何枚も描いており、また『人間の条件（La condition humaine）』など同様の作品も多数ある。ロブ゠グリエは『囚われの美女』だけでなく『人間の条件』も映画に「引用」している。枠組だけのカンバスの向こう側に女が佇む場面、黒いボディスーツに身を固めた男たちが彼女を摑まえようとする場面などが意味ありげに反復される。映画のほとんどが夜の場面であることもあって、ゴシック・スリラーのような黒光りする雰囲気が全編を覆っている。

そして映画監督ロブ゠グリエの最後の作品となったのが、彼が没する一年前に完成した『グラディーヴァ　マラケシュの裸婦』である。「グラディーヴァ」とはドイツの作家ヴィルヘルム・イェンゼンが一九〇三年に著した小説で、ジークムント・フロイトが論文「妄想と夢」で分析したことで有名である。イェンゼンの小説では、考古学者の主人公は彫刻に刻まれた女性に魅せられ、彼女＝グラディーヴァの幻を追ってポンペイに赴き、夢と妄想と現実が混濁した状況に陥っていく。ロブ＝グリエはこれをそのまま映画にしたのではなく、或る意味でまったく正反対とも言える内容に仕立て直している。まず舞台はポンペイからモロッコのマラケシュに変更されている。主人公はドラクロワを専門とするフランス人美術史家。彼は研究（ドラクロワの代表作『アルジェの女たち』はモロッコ旅行を機に描かれている）のためにマラケシュの街メディナに滞在している。彼はそこで見たことのないドラクロワのデッサンと出会う。そこに描かれていた女性にそっくりの女を街で見かけ、その姿を探し求める内に、いつしか彼は少女たちを軟禁して淫猥な絵画を制作している館へと迷い込み、幻想と妄想の虜になっていく……。

設定は違えどいつもの展開と言えるが、しかしこれまでになかった重要な要素が付け加えられている。主人公は現地人の女――まだかなり若そうに見える――を雇っているのだが、彼女は性的奉仕もしている（映画が始まってまもなく二人が裸でベッドに横たわっている場面がある）。女は無感情に「ウイムッシュー、ノンムッシュー」と繰り返すのだが、映画の最後で彼女が内に秘めていた激情と言ってよい想いが明らかになるのである。このようなエモーショナルで哀切な結末は過去のロブ＝グリエの映画にはまったく見られなかったものである。結果的にこの映画が遺作になったことを思うといささか感慨深いものがある。最後の最後で、戯れに拡散するばかりであった幻想は現実の一点へと集約したのである。もちろんこれも監督ロブ＝グリエ最後の謀りごとに過ぎなかったのかもしれないが。

駆け足でロブ＝グリエのフィルモグラフィを辿ってきたが、これら概略だけでも驚くべき一貫性があることはおわかりだろう。彼は手を替え品を替え、しかしほぼ同じ物語を何度も何度も語って／騙ってきたかのように見える。そして、それはそうなのだ。だが、だとしたら問うべきは、オブセッシヴと呼んでよい彼の異常な幾つかのこだわりが、何に起因していたのかということである。

まず始めに確認しておくべきは、妄想を描き出す者は必ずしも妄想の主体ではない、ということである。確かにロブ＝グリエの映画はどれを取っても現実と夢／妄想／幻想の区別がつかなくなる話だが、当然ながらそれは彼自身がそのような病い（？）に囚われていたからではない。彼がそのような状態を欲望していたということはあるかもしれないが、だとすれば尚更、彼はそうではなかったということになる。これは夥しく登場するＳＭやネクロフィリア（屍体愛好）も同じで、あくまでもロブ＝グリエはポルノグラフィの作り手なのであって、享受者ではない。映画作家ロブ＝グリエがその全フィルモグラフィを通して実践していたのは、自分が視たいものを視（せ）ること、ではなかったのだ。しかし、ならば余計にその過剰な拘泥が何によるものなのかが謎となる。

鍵となるのは、やはり「映画」が基本的に「視（られ）るもの」である、ということだろう。対して「小説」は視えない。だからこそ「描写」という技術が要請されるのである。すでに見たように、ロブ＝グリエはそもそも言語による視覚性の表象という要件に極めて自覚的な小説家だった。だがそれは「現実」をそのまま写し取ること、すなわち写実という次元を追究することではなかった。彼は目の前に飛んでいるかもめと、頭の中のかもめなら、後の方がリアルなのだと、ほとんど最初からわかっていたのである。しかし、むしろそのことが新たな問題を惹き起こす。何故ならば、現実のかもめは、やはり目の前に存在してしまっているからだ。そしてそれにカメラを向ければ、それは、その現実は、あっけなく撮れてしまう、写し取れてしまう、記録／記憶出来てしまう。だから或る意味で、小説家ロブ＝グリエは「映画」にかかわるべきではなかったのだ。

だがしかし、アラン・レネの誘惑によって、彼はそこにカメラを向ければ「現実」が写せてしまう「映画」という名の「快楽の館」に迷い込むことになったのだ。だが「映画」作家ロブ＝グリエは「映画が映画であること」に耽溺することは出来なかった。「小説」家としてのロブ＝グリエが「映画」が何の努力も必要なく先験的に有している視覚性に対して絶対的な否を唱え続けたからである。そこで彼は、自分の映画から特権的な視覚性を剝ぎ取っていくことになったのだ。

『覗くひと』や『嫉妬』では、誰かが誰かを覗き視ていた、窃視していた、監視していた。『不滅の女』の女は、映画が始まってまもなく「ここは想像の世界よ」と言う。「映画」の世界とは、一方では全てが「幻想」であり、だがもう一方では全てが「現実」である。視れば視えてしまうということと、撮れば撮れてしまうということは、ただ「映画」においてのみ一致する。小説家にして映画作家でもある（結局のところ、彼は二人ではなかった）ロブ＝グリエは、映画を撮る者のほとんど全員が何の躊躇もなくごく自然に受け入れているそのことを、こう言ってよければ、嫌悪していた、いや、憎悪していたのだ。

彼の映画の「叙述＝編集」のあまりにもあからさまな混沌は、ただそこで「描写＝撮影」されたイメージ群を、脱＝意味化し、空疎化し、嘲弄するために召喚されていたのである。その結果、ロブ＝グリエの映画はどれもこれもおそろしく表層的な迷路となった。『エデン、その後』のヒロインは「探してなかったものを見つけたの」と言う。そこでは、幽閉されている筈の女はいつの間にか外に出ているし、ひどく迷っていたと思えばすぐさま目的地に着いていて、探求という行為はあらかじめ反故にされている。「不滅＝L'Immortelle」も「快楽＝plaisir」も「戯れ＝Jeu」も「幽閉＝Captive」も、本来その言葉が持っていた深度や神秘性を根こそぎ損なわれてナンセンスな記号と化せられる。彼の映画に頻出する「赤」は、血であり、赤ワインであり、絵具であり、そのどれでもあり、どれでもない。

そして何よりも重要なことは、そのようにしてロブ＝グリエが映画を撮り続けたという事実である。『不滅の女』から『グラディーヴァ』までの四十五年近く、彼は小説家であると同時に映画作家だった。十本の長編は職業監督としては多いとは言えないかもしれないが、それでもそれは「小説家が映画も監督している」という程度のものではない。彼は紛れもなく「小説家＝映画作家」だった。そして実際のところ、映画を撮るようになってからのロブ＝グリエの小説は、後期の自伝三部作を除けば、『快楽の館』も『ニューヨーク革命計画』も、『幻影都市のトポロジー』も『ジン』（一九八一年）も『反復』（二〇〇一年）も、私が読んだ限りでは、彼が敢えて選び取った「映画」の貧しさが「小説」に反射されたかのような作品になっていたのだった。

つまり、ロブ＝グリエの小説は、或る時期以後、たとえ映画とは無関係に書かれたものであったとしても、どれも一種のシネロマンだったのである。それらは、撮られることのなかった、存在しない映画のシネロマンなのだ。逆に言えば、ロブ＝グリエの映画は、書かれることのなかった、存在しない彼の小説の映画化なのである。それらはどれも、貧しく、空っぽで、わざとらしく、陳腐で、だがしかし、妖艶で、毅然として、切実で、そして美しい。

彼女は（彼は）何を見ているのか　濱口竜介論

まぶただけ開いてまだ眠ったままの目が、一瞬、見えた。それからすぐに、目は暗闇を見て、わたしを見た。良介は筋肉の反射反応のように素早く強く目をぎゅっと閉じて、それからまた開けて、わたしの両手に包まれたその顔からわたしを見た。

――柴崎友香「寝ても覚めても」

したがって、見つめ合う二つの瞳に対して、映画はいつも敗北しつづけるほかはない。

――蓮實重彦『監督　小津安二郎』

Ⅰ

濱口竜介監督の映画『寝ても覚めても』（二〇一八年）には原作がある。そんなことはもちろん知っている、とあなたは言うだろう。ならばすぐさまこう続けよう。この映画の原作は、実は二つあるのだ。より精確に言えば、ひとつはごく真っ当な意味でのいわゆる「原作」だが（しかしその原作と映画との関係は通常のそれとはかなり異なっている）、もうひとつの方は、いわば「反＝原作」とでも呼べるようなものになっている。いったいどういうことか、とあなたは訝しむだろう。本論では、まずはこのことを明らかにしたうえで、それが何を意味しているのかを考えてみたいと思う。

ひとつ目の原作は、言うまでもなく柴崎友香が二〇一〇年に発表した長編小説である。濱口監督の映画の物語は、この小説の設定と展開をかなりの部分まで維持しており、その意味で「原作」と言ってよく、映画の基本情報にもそう記されている。だが、小説『寝ても覚めても』を事前に読み、そこに描かれ／語られた「恋愛」の異常さに震撼させられていた私のような者ならば、あれを映画にしようとする者が必ず直面せざるを得ない極めて厄介な問題をよくわかっていた筈であり、それゆえにこそ、国内外で高い評価を得た五時間十七分の大作『ハッピーアワー』（二〇一五年）以来の濱口監督の長編映画であり、彼にとって初の劇場公開を前提とした商業作品でもある映画『寝ても覚めても』への期待をより一層膨らませることになったのだ。

小説『寝ても覚めても』は、次のような物語である（以下、『寝ても覚めても』の小説と映画のストーリーに触れますのでご了承ください）。一九九九年四月、ＯＬになったばかりの朝子は、偶然に麦《ばく》という青年と出会い、一目惚れして恋に落ち、付き合い始める。麦は優しいが少し変わっていて、どこかふわふわしており、ふらっといなくなって暫く帰ってこなかったりする。そして遂に彼はある日、とつぜん消息を絶つ。朝子はもちろんショックを受けるが、どうすることも出来ない。それから六年が経った二〇〇五年の夏、二年ほど前から朝子は東京に移り住んでいる。ようやく麦の失踪の傷から癒えた彼女は、亮平という男性と知り合う。朝子はひどく驚く。亮平が麦にそっくりだったからだ。やがて朝子と亮平は付き合うことになるが、彼女は麦とのことを亮平には言えない。亮平は麦とは違ってごく普通の青年であり、朝子は彼との恋愛に平凡な、だが確かな幸福を感じるようになってゆく。ところが、それからまた時間が流れた二〇〇九年、麦が注目の新進俳優としてテレビの画面に登場し始める。それどころか麦は朝子の前に再び現れる。そして、なんと朝子は麦のもとに戻ってしまうのだ。だが、もちろんそこで物語は終わらない。亮平も友人たちも捨てて麦と二人で新幹線で移動中、朝子は携帯電話のメールに送られてきた、十年前に撮られた自分と麦の写真を見る。以下、引用する。

わたしは、見た。懐かしい麦の顔と、それを隣でじっと見つめている自分の顔と。十年前のわたしと今のわたしが、同時に麦を見ていた。うしろの黄色の銀杏は、葉を散らせている途中だった。黄色い葉が、空中で静止していた。

新幹線の中じゃなくて、他に誰もいなければ、わたしは声を上げていたと思う。

違う。似ていない。この人、亮平じゃない。

隣の座席で眠っている麦を見た。

亮平じゃないやん！　この人。

（『寝ても覚めても』）

衝撃的な場面である。私もここを読んだ時、思わず声を上げそうになった。朝子は、次の駅で麦を残して新幹線を降りる。そして亮平のもとに帰ろうと決意する。そのあとに、この小説のラストシーンが訪れる。

「異常」というのは、まずこの小説がヒロインである朝子の「わたし」という一人称で書かれていることによる。一人称の性質上、読者は「わたし」を通してしかこの小説の世界を知ることが出来ない。そしてこの「わたし」は、幾つかの、幾つもの意味で明らかに普通ではない。私は前に、この「わたし」の特異性についてやや詳しく述べたことがある（『新しい小説のために』、二〇一七年）。なのでここでは肝心の点だけを述べよう。この小説でもっとも驚くべきは、もちろん右の引用におけるあまりにも唐突な「似ていない」である。朝子は亮平と麦がそっくりだと思っていた。それゆえに苦悩もした。だが、まったくとつぜんに、それは勘違いだったと「わたし」は思うのである。ぜんぜん「似ていない」と。では、ここで問わねばならない。結局のところ、二人の男は、似ていたのか、似ていなかったのか。

わからない、としか答えようがない。何故ならば、これは小説だからである。小説は見えない。だから読者に与えられるのは、「わたし」が最初は二人をそっくりだと思い、後になって似ていないと思うということだけである。朝子以外にも麦と亮平の両方を知る登場人物はいるのだが、柴崎友香は巧妙にも、その人物には「なんとなーくおんなじ系統」としか言わせていない。つまり、わからないのだ。そして私が思うに、このことこそが、この小説の核心であり、もっとも野心的な試みなのである。或る意味で、二人の男が似ていたのか否か、どの程度似ていたのかは、どうでもいいことなのだ。問題は、そのとき「わたし」の目に、どう見えていたのか、なのだから。小説は見えない、ということを最大限に利用した、究極の恋愛小説、異形の、異常なラブストーリーを、柴崎友香は書いたのだ。

先に記した「あれを映画にしようとする者が必ず直面せざるを得ない極めて厄介な問題」とはどういうことなのかはすでにおわかりだろう。小説とは違って、映画は見える、見えてしまう。二人の男が似ているのかどうかは、あまりにも一目瞭然なのだ。一人称の小説を映画に変換する際に、「わたし」の持っている特異性は後退せざるを得ない。その異常さは修正されざるを得ない。いや、やろうと思えば「わたし」性を残すことも或る程度までなら可能かもしれないが、映画化のニュースが流れた時、最初から「東出昌大が一人二役」と報じられており、その時点で映画が「原作」の小説とは決定的に違ったものになるしかないということは、すでにして明らかだったのだ。

しかしそれでも、何しろ監督は濱口竜介であり、脚本も彼が書いているからには、「わたし」の特異性とはまた異なる次元に、間違いなく戦略と勝算があるのだろうと、私は確信していた。しかし同時に、ならばしかし、それはいったいどうやってやるつもりなのだろうと、期待と不安が綯い交ぜになった気分で試写を観たのだった。

では、映画と原作の違いについて述べよう。まず大きな変更点として、物語の時間の移動がある。小説は一九九九年から二〇〇九年までの十年が描かれ／語られていたが、映画では約十年ずらされて、二〇〇八年から二〇一八年までの十年になっている。その結果、後でも触れるように映画の中では「二〇一一年三月十一日」が描かれるし、朝子と亮平が仙台の被災地にボランティアに通うエピソードも語られる。濱口竜介が『なみのおと』(二〇一一年)を始めとする「東北記録映画三部作」の監督であることを思うと、この変更には重要な意味があると言っていい。だが、ひとまずは先に進むことにする。

すでに述べたように、映画では麦と亮平を東出昌大が一人二役で演じている。従って観客には二人の人物がそっくりであることは歴然としており、「似ていない」はもはや使えない。原作の新幹線のシーンは、映画にはないのだ。では、濱口監督はどうしたか。物語の展開は原作をなぞっている。映画においても朝子(唐田えりか)は麦に去られ、大阪から東京に移って亮平と出会い、彼が麦にそっくりであることに驚き、亮平と付き合うようになり、麦と再会し、亮平を捨てて麦と行動を共にするが、途中で麦に別れを告げて亮平のところに戻ろうとする。同じである。だが「似ていない」だけがない。似ているのだから当然である。小説でも麦と亮平の両方を知っていた登場人物は、映画でははっきりと二人が似ていると口にする。つまり濱口竜介は柴崎友香の小説の最重要要素を捨てたのだ。この潔さは勇気あるものだと思う。

では濱口監督は、その上で何をしたのか。それは、この映画が一人称ではない、ということにかかわっている。POV（Point of view）映画でない限り、映画が厳密な意味での具体的な「視点」を持つことはない。言い換えれば、映画は基本的に三人称である。原作では朝子＝「わたし」によって語られ／描かれていた物語は、映画ではカメラによって撮られた映像の連鎖と連接によって描かれ／語られることになる。その結果、映画はしかし、もっと曖昧な、それゆえに自由でもある「視点」を獲得する。それはカメラアイに同定される誰かの視点ということではないが、ショットごとの構図や編集などによって観客に与えられる、いわば話法上の「視点人物」である。

そして映画『寝ても覚めても』では、この意味での視点人物が二人いるのだ。朝子と亮平。もう少し詳しく言うと、麦との出会いから彼の失踪までは朝子が視点人物であり、舞台が東京に移ってからは亮平の視点になり、麦が再登場してからはまた朝子に戻り、二人の視点が自在に交替しつつ映画は物語られていくのである。

ここでの「視点人物」とは、要するに（カメラではなく）観客の視点に同定される、映画の物語の進みゆきにおいて、観客に感情移入を促す機能を帯びた人物ということである。濱口監督は一本の映画の中で、それを朝子と亮平の間で巧妙に往復させている。原作の「似ていない」は使えなくなったが、その代わりに、この方針によって、映画『寝ても覚めても』は新たな魅力を纏うことになったのだ。そしてそれは、柴崎友香が小説が小説であることを最大限に利用していたように、映画が映画であるということの特別さを、そしてそのことを濱口竜介がどのように考えているのかを、鮮やかに示している。しかし、このことを詳らかにするためには、次に「視点」ならぬ「視線」について考えてみる必要がある。

＝

ここでようやく、映画『寝ても覚めても』の第二の原作、いや「反＝原作」の名を記すことが出来る。それは蓮實重彥の『監督　小津安二郎』である。あらかじめ述べてしまえば、濱口竜介は同書における小津映画にかんする蓮實の主張に幾つかの更新を施すことで、『寝ても覚めても』という映画を撮ったのだ。

蓮實は『監督　小津安二郎』の「立ちどまること」という章で、おもむろに「映画には、可能なことと不可能なことがある」と書きつける。たとえば映画は「風」自体を撮ることは出来ない。また「時間」そのものを画面に定着させることも不可能だ。なぜなら「風」も「時間」も見えないもの、不可視であるからである。だが「あといくらも存在するだろうそうした不可視の対象のなかで、映画そのものにもっとも深いかかわりを持つものは視線である。瞳ならたやすくフィルムにおさめうる映画も、視線に対してはまったくの無力を告白するしかないのだ」。蓮實はこれを「映画がかかえこんだ最大の逆説」と呼び、小津安二郎こそ「ひたすらその逆説にのみこだわり続けた作家である」と述べる。むろん、その論述の詳細には立ち入らない。ここで重要なのは、小津安二郎という特権的な固有名詞を離れた意味での、映画の原理としての「視線」の問題である。

瞳は可視的な対象だが、見ること、つまり視線というものは絶対にフィルムには写らないのである。そこで、あたかも何かを見ているような視線というものは、画面から消滅せざるを得ない。見ることとは、映画にあっては、納得すべきことがらであり、視覚的な対象ではないのだ。それ故、キャメラは凝視しあう二つの存在に対してはどこまでも無力であり、この現実を物語に置きかえるほかなくなる。つまり、まず、相手を見ている者が示され、それに続いて、その視線の対象でもあり、同時に見返してもいるいま一人の人間の画面を示さざるをえない。もちろん、人物たちの配置を工夫すれば、彼らが見つめあっているという状態を示すことも可能だが、小津は、もっぱら構図＝逆構図の切り返しショットによってこの関係を描くことに固執した。そのとき、瞳に対しては瞳だけが対置されるという奇妙な空間が出現するのだ。しかも、その空間では、視線はどうも交わりあっているように見えないのだ。

（『監督　小津安二郎』）

名高い一節である。続いて蓮實は、小津映画にかんするフランソワ・トリュフォーの発言を引き、右の最後に記された指摘を敷衍してゆく。「瞳は凝視しあっているかにみえて、視線のほうは交わることなく平行に行き違ってしまう」のは、小津がいわゆるイマジナリー・ラインのルールを無視して、切り返しショットのカメラの位置を人物の同軸に置かなかったことによって生じた不具合なのだと蓮實は言う。では、なぜ小津はそんな初歩的なミスとも思われかねないようなことを何度となくやってのけたのか。蓮實は、それは「凝視しあう二つの瞳を同じ一つの固定画面におさめることができないという映画の限界」に根ざす虚構にかかわっていると述べる。

見つめあう二人の人間を示すには、（中略）視線の中心に置かれたキャメラを一八〇度パンさせるか、あるいは切り返しショットによって二つの画面を連続させるかするしかない。だが、そのいずれにあっても、交錯する視線の空間的な同時性は、時間的な継起性に置きかえられざるをえないのだ。（同）

小津が頻繁に用いたあの切り返しとは、つまり「二人の人間が視線を交錯させあっているような印象を安易に助長させる表現手段としての、あの編集という技法の虚構をあばきたてているのだ」というのが、ここでの蓮實の結論である。

だが、更に重要なのはこの後だ。小津は、そんな「虚構」の暴露の一方で、他ならぬ「見ること」を介して映画的な叙情をも表現し得ている。蓮實によれば、それは「たがいに見つめあうことでもなく、また視線の対象となったものがまというる心理的象徴性によってでもなく、ただ、同じ一つのものを二人の存在が同時に視界におさめるという身ぶりそのものによってかたちづくられる」。やはり仔細は省くが、この指摘は、いま読んでいる章のひとつ前、その名も「見ること」と題された章で詳細に分析されていた、視線の方向性の問題と繋がっている。

だが、段階を踏もう。濱口竜介に戻る。濱口監督が「見ること」と「見られること」、そして映画の場合、そこに半ば必然的に潜在する「撮ること」と「撮られること」の問題に極めて意識的な映画作家であることは、カメラマンとその友人と男娼の少年という男性三人の奇妙な三角関係に物語が収斂してゆく『THE DEPTHS』（二〇一〇年）や、十八年前に殺された姉のドキュメンタリーを撮ろうとしている妹が霊感体質の男を通して姉との再会を果たす短編『天国はまだ遠い』（二〇一六年）などを思い出してみればすぐさま首肯出来ることだろうが、もちろんここでまず第一に挙げなくてはならないのは「東北記録映画三部作」、とりわけその第一作『なみのおと』である。この映画は、濱口竜介と酒井耕の共同監督作品（以後の「東北記録映画三部作」も同じ）であり、二〇一一年七月から何度かにわたり、東日本大震災で甚大な被害を受けた三陸沿岸部のひとびとにインタビューした「オーラル・ヒストリー」の作品である。

しかし、この映画の「インタビュー」は非常に変わっている（少なくとも変わって見える）。たとえば津波で家が流されたが命だけは助かった夫婦や、相馬市で働く若い姉妹が出てくるのだが、彼らの語りはひとりずつ固定ショットで撮られており、インタビュアーの姿も声もない。というよりも二人はごく普通に「あの日あの時」のことを思い出しながら語り合っているようにしか見えない。つまり、あたかも小津映画のように、互いに見つめ合う二人の人物の切り返しの場面にそれは見えるのである。だが、フィクションならばともかく、ドキュメンタリー映画でそんなことがあり得るだろうか。いったいどうやって撮ったのか?

私は前に、このカメラワークの特異性について、やや詳しく述べたことがある(『シチュエーションズ』、二〇一三年)。なのでここではすぐ種明かしをしよう。二人の人物は、真正面から向かい合うのではなく、左右に一メートルほどずれて相対している。それぞれの前にはカメラが置かれ、撮影が開始されると二人はカメラを見つつ、視界の端に入っている相手と対話をする。その結果、あたかも「切り返し」のようなインタビュー場面が出来上がることになったのだ。

ほとんどひとつの発明とさえ言ってもいいだろうこの手法の発想には、間違いなく『監督 小津安二郎』における蓮實重彥の先の分析が踏まえられている。確かにそもそも「見つめ合う二つの瞳に対して、映画はいつも敗北しつづけるほかはない」のだし、ドキュメンタリー映画であれば、あの便利な「虚構」も使用不可なのだから尚更のことである筈だ。だが、だからこそ濱口と酒井は敢えてこの手法を考案し実行したのだ。そこにはドキュメンタリーをフィクションのように撮るという方法的野心もあったかもしれないが、それ以上にインタビューイたちの自然な語り＝オーラル・ヒストリーを引き出すためのものであったのだろう。そしてその選択は成功している。『なみのおと』は、東日本大震災にかんする多数のドキュメンタリー映画の中でも、比類無く独創的で重要な作品に仕上がっている。『なみのこえ　気仙沼/なみのこえ　新地町』『うたうひと』(いずれも二〇一三年)と続いた「東北記録映画三部作」も同様の手法で撮影されている。

「切り返し」で撮られたドキュメンタリー映画「東北記録映画三部作」を経て、舞台の準備とその上演という二部構成から成る四時間十五分の群像劇『親密さ』（二〇一二年）を更に一時間上回る長尺で、四人のヒロインの人生の複雑な交錯を描いた『ハッピーアワー』から三年、はじめての本格的な「原作」ものとして製作された『寝ても覚めても』には、濱口竜介が常に敏感であり続けてきた映画における「視線」という問題系と、柴崎友香の原作小説を雛形とする、異常な「恋愛」のドラマツルギーとが、驚くべき大胆さと緊密さで絡み合っている。

端的に述べる。『寝ても覚めても』は「視点劇」であり「視線劇」である。正直に言うと、私は最初に観た試写の段階では、このことに気づけなかった。それゆえに「これじゃあ原作とは違う意味でヤバい面食いで恋愛体質の女の話じゃないか」と思ってしまいそうになったのである。だが、それは完全に間違っていた。視点と視線の劇としての『寝ても覚めても』は、小説とは別のことをしているのだ。しかしそれは、第一の「原作」である「小説」に充填されていた感情＝エモーションを「映画」へと変換するためには、どうしても必要なことだったのだ。そしてそのために第二の「反＝原作」が要請される。濱口竜介は『なみのおと』における『監督　小津安二郎』への応答を、より豊かで複雑な形に編み上げるようにして『寝ても覚めても』を撮ったのだ。

III

映画『寝ても覚めても』は、朝子が写真展を観に行く場面から始まる。それは牛腸茂雄の個展なのだが、この設定は原作とは違っている。展示が開催されているビルへと向かう道すがら、カメラは歩く朝子の後ろ姿しか捉えていない。展示会場に入って、牛腸の写真が横移動で映し出される。それらはいずれも人物写真であり、被写体は皆カメラを見つめている。そこではじめて朝子の顔が真正面から撮られる。つまり牛腸茂雄の写真の人物と彼女が切り返される。いつかどこかで撮られた誰かと、朝子は見つめ合っていたのだ。

そこに鼻歌が聞こえてきて、背後に気配を感じた朝子は一瞬身構えるが、鼻歌の主は写真を眺めながら離れていく。この時、顔は写らないが、それは麦である。朝子が写真展を出て歩いていると、前を先ほどの男が歩いている。二人は少し離れて同じ方向に歩く。朝子は男の背中を見ている。行きにもいた少年たちが道端で花火をして遊んでいる。気づくと、大きな音のせいか先を歩いていた男が振り返っている。朝子と麦に挟まれていた少年たちが走り去ると、見ず知らずの二人は立ち止まって互いに見つめ合う。名前を告げた途端にキスをしている。この特異な恋愛劇は、こうして始まる。

以上の場面は、すでに付き合うようになってからの麦と朝子が居酒屋で友人に馴れ初めを話していた回想場面であったことが、すぐに明かされる。つまりそれは事実だったのかどうかわからない。友人も「そんなんあるかーい」と叫ぶのだが、もちろん重要なのは二人の出会いが視線のやりとりとして描かれていたことだ。そして、そう思ってみると、この映画は全編が視線と視線の複雑で精妙なすれ違いと重なり合いの劇として構築されている。そのことは映画の始まりからほとんどあからさまに予告されている。

牛腸茂雄の写真を見つめている朝子に麦が背後から近寄るショットは、舞台が東京に移ってから、相手を亮平に変えて反復されることになる。小さなギャラリーで催されている牛腸展を見に来た朝子は、女友だちの遅刻のせいで入場時間に間に合わなかった。たまたまそこに居合わせた亮平が機転を利かせてひと芝居打ち、なんとか滑り込みで三人は入れてもらえる。そこで朝子は冒頭と同じ写真に見入り、麦の時とほぼ同じ構図で亮平が後ろから近づく。だが今度は彼の顔ははっきりと写っている。朝子と亮平は暫し同じ写真を見つめる。

ここでふたたび『監督　小津安二郎』に戻ろう。先に述べておいた「見つめ合う二つの瞳に対して、映画はいつも敗北しつづけるほかはない」という主張が成される「立ちどまること」という章の前章「見ること」には、おおよそ以下のようなことが書かれている。多くの論者から小津は形式にこだわる映画作家だとされているが、その「形式」はしばしば極端なまでに不自然なものである。たとえば『早春』（一九五六年）の冒頭に置かれた出勤シーンは「もっぱら同じ方向へと進む男女の列によって示され」る。

彼らは一貫して同じ歩調で駅へと急ぐ。そしてプラットホームに立ってからも、一貫して同じ方向に視線を向けている。そのありさまはいささか不気味でさえある。なるほど、朝の出勤時間とはそういうものかと納得する以前に、なによりもまず、不自然さの誇張が見るものを捉えずにはいられない場面だ。

（『監督　小津安二郎』）

視線の等方向性。このような小津の形式的な誇張の（おそらくは無意識的な？）理由のひとつとして、蓮實は「一列に並んで同じ方向に視線を注ぐことなしに映画館という場は成立しえない」という当時の「映画」の一般的な条件を挙げている。それはそもそもいたって不自然な行為なのであり、だから「映画作家とは、誰だって不自然な存在なのである」と。この「不自然」な「視線の等方向性」を蓮實は小津映画の幾つもの部分に見取ってゆく。

そうして導き出されるのは、次のようなことである。「小津には、しばしば多くの登場人物が同じ一つの対象を凝視する場合がある。並んで何ものかに視線を投げること、その動作が、見られている対象そのものが持ちうる視覚的象徴性にもまして、濃密な説話論的な機能を演じてしまうのだ」。そして蓮實は、こう述べる。

小津にあって、生きているものたちは、言葉をかわし合うことよりも、さらには正面から見つめあうことよりも、二人並んで同じ方向に視線を向け、同じ一つの対象を瞳でまさぐることが、より直接的な交感の瞬間をかたちづくるのである。

（同）

私が『監督　小津安二郎』を映画『寝ても覚めても』の「反゠原作」だと考えるのは、以上のような蓮實重彥が小津映画から抽出した卓見を、濱口竜介がさまざまな仕方で「更新」していると思われるからである。たとえば、前にも述べておいたように、この映画は小説から約十年、時間がずらされている。二〇一一年三月十一日、亮平は牛腸茂雄がきっかけで知り合った朝子の友人の女優が出演するイプセンの『野鴨』を観に来ている。暗転するや否や、地震が起こり、客席はパニックとなり、舞台にはシャンデリアが落下してくる。亮平（この時点で映画の「視点」は彼に移動している）は朝子に会えると思って劇場に来たのだが、この時点の彼女は亮平を避けており、チケットを変更してその回には来なかったのだ。劇場を出た亮平は、あの日の多くの人々と同様に「同じ方向へと進む男女の列」の一員となる。そう、小津の『早春』の出勤シーンと同じなのである。だが彼らが同じ方向に歩んでいる理由はまったく違っている。小津映画には存在しなかった場面が、小津映画によく似た画面によって描かれる。これは明らかに意図的な演出である。

それだけでは終わらない。これもまた冒頭の麦とのシーンの反復なのだが、たくさんの男女と共に歩いていた亮平がふと見ると、ひとびとの等方向の流れに抗うようにして、朝子がこちらを見て立っている。亮平と朝子は見つめ合い、どちらからともなく駆け寄り、抱擁する。こうして二人は付き合うことになるのだ。映画の冒頭の麦との出会いと同じく、ここでは「正面から見つめあうこと」よりも、二人並んで同じ方向に視線を向け、同じ一つの対象を瞳でまさぐることが、より直接的な交感の瞬間をかたちづくる」という蓮實による小津的人物の交感の原理はあっさりと覆されている。むしろこの映画では「正面から見つめあうこと」こそが唐突な劇的転換を促すのである。しかしそれは、何も知らない映画監督が何も考えずにやってしまうのとは全然違う。「見ること」と「見られること」を映画を通して考え抜いてきた濱口竜介が、蓮實の小津論を十分に理解したうえで、それでも選び取った「凝視しあう二つの瞳」の場面なのである。

映画でも麦は注目の若手俳優になるのだが、たまたま朝子が友人（女優とは別の、麦とも会ったことのある大阪時代からの女友だち）と居た時、近くで彼がロケをしていることを知る。二人はそこに行ってみるのだが、撮影は終わっており、麦を乗せた車は走り去るところだ。遠ざかっていく車の後ろから、朝子は手を振りながら「麦！」と呼びかける。車のリアウィンドウはスモークドグラスになっていて、朝子からは何も見えない。朝子から見た車とリアウィンドウからの朝子の姿が切り返される。そして後になって、車から麦も彼女を見ていたことがわかる。つまりリアウィンドウ越しの画面は麦の視点ショットだったのだ。これもまた『なみのおと』とは別の意味で蓮實的な小津の「視線」の条件を「更新」した場面だと考えることが出来るだろう。だが、ここでは二人の瞳は交わってはいない。蓮實の説を逆転した、この映画の原理、すなわち「瞳が交わると劇的転換が起こる」に従うならば、ここではいわば半分しか瞳の交差は達成されておらず、だからこそ車は止まることなく走り去るのである。

麦と亮平が出会う場面が一箇所だけあるのだが（従って合成画面が含まれる）、そこで同じ顔をした二人の男は――麦はどこか面白がっているように、亮平は憮然として――見つめ合う。だが濱口監督は賢明にもそれを正面からの切り返しで撮ることはしていない。そうすると映画の「虚構」に更なる「虚構」を上乗せすることになってしまうからだ。朝子と亮平と友人カップルの食事の席にとつぜんやってきた麦は、朝子よりも前に亮平を見る。亮平も見返す。ここもまた「視線」の劇となっている。この直後に朝子はとつぜん麦の手を引いて亮平たちの前から立ち去るのだが、しかし結局、彼女がその後、またしてもあまりにも唐突に麦と別れ、亮平の許に戻ろうとするのは、あの時に麦が、朝子ではなく亮平と見つめ合ったからなのだ、と言ったら、あまりに出来過ぎだと思われるだろうか？

では『寝ても覚めても』において、蓮實の言う「二人並んで同じ方向に視線を向け、同じ一つの対象を瞳でまさぐること」、すなわち「視線の等方向性」は、どのように描かれているのか。牛腸茂雄の写真にかんしては述べたが、他にもたとえば、麦と朝子がバイクに二人乗りして事故る場面、被災地ボランティアに向かうために亮平が運転する自動車に朝子が同乗する場面など、この映画における「視線の等方向性」は、乗り物によって生起してもいる。だが、もっと印象的なのは、麦が再登場する前、大阪に戻ることが決まった亮平と一緒に朝子がいったん帰阪して家探しをする場面だろう。土手に面したこぢんまりとした家屋の二階の窓から、二人はのんびりと外を眺める。その画面は、蓮實が「二人並んで同じ方向に視線を向け、同じ一つの対象を瞳でまさぐること」の例として挙げている小津映画の幾つかのショットによく似ている。しかしこの後、朝子は麦と逃亡し、失意と絶望と怒りにうち震える亮平は、その家でひとり暮らしを始めることになるのだ。

ここでもうひとつ、濱口監督がこの映画に導入した極めて重要な要素について述べておかなくてはならない。この映画は「見ること」と「見られること」をめぐる「視線」の劇として構成されている。それは確かだ。だがそこには実は「視線」を即物的に踏み越える行為が何度となく描かれてもいる。それは触ること、触れること、である。濱口竜介は「見ること」の映画作家であると同時に「触れること」の映画作家でもあるのだ。麦と最初に出会った時、彼は朝子の頰に触れ、そのままキスをした。亮平と出会い、彼が麦ではないことがわかってから、朝子はとつぜん彼の頰に触れる。いきなりのことに亮平は驚くが、朝子にしてみれば、目の前に見えているだけでは足りない、時には見つめ合うだけでは不十分なのだ。このひとが実在していることを確かめるには触ってみなくてはならない。「見ること」によってではなく「触れること」ではじめて確認出来ることがある。そして実のところ両者は深く連関している。

濱口竜介が「触れること」の映画作家でもあるということは、撮影という行為が接触への誘惑に転換してゆく『THE DEPTH』や、ギリギリで触れ合わないダンス（?）の練習や、兄と弟の格闘めいた小競りあい、少年と少女が互いを噛み千切り合うショッキングな場面を含む、タイトルからして示唆的な『不気味なものの肌に触れる』(二〇一三年)、無関係な他人の男の体を介して妹が幽霊の姉と抱擁する『天国はまだ遠い』を思い出してみればすぐさま首肯出来ることだろう。『PASSION』(二〇〇八年)や『親密さ』や『ハッピーアワー』も皆、視線劇であると同時に接触劇でもある。より精確に言えば、「見ること」が或る種の限界に突き当たった時に「触れること」の主題が俄に立ち上がってくるのだ。『寝ても覚めても』において、この「視線」から「接触」への移項は何度となく成される。そしてこのことは、濱口竜介という映画作家の特徴であると共に、実は『寝ても覚めても』という小説にもともと刻印されていたものでもある。「原作」のラストシーンから引用しよう。

近寄ってみた。亮平は動かなかった。すぐ前まで近づいた。だいじょうぶそうだったので、手を触った。しっかりした硬い筋肉の付いた腕。日に焼けていた。どこかに遊びに行ったのかもしれない。八月だから。もう片方の手も触った。触った手を、亮平はじっと見ていた。

(『寝ても覚めても』)

だが、亮平は「おれは、お前のこと信じてない」と言う。今も、またすぐいなくなると思っていると。「わたしは亮平から離れて、顔を見た。とてもよく知っている顔だった」。この時の朝子には、はっきりと二人の男が別に見えている。小説は、このあとたった一頁で終わる。

この論考もまもなく終わる。映画に限らず現実世界でもいいのだが、二人の人物の「視線」のありようには、どのようなパターンがあるだろうか。見つめ合う、同じ方向を見る、別々の方向を見る、それから、ひとりが何かを見ていて、もうひとりがそのひとを見ている、ということがある。映画の途中で、朝子の女優の友人は、こんなことを言う。「朝子があさっての方向を向いている時に朝子を見る亮平さんの顔を見るのがすごいキュンとするの」。これもまた「更新」だ。このために濱口竜介は、朝子と亮平の間で「視点」を幾度も移動させたのだ。小説『寝ても覚めても』は、朝子が何を見ているのか、という物語だった。だが映画『寝ても覚めても』は、朝子と亮平が何を見ているのか、を物語っているのだ。

小説と似ているが、やはり少し違っている映画のラスト、とつぜん帰ってきた朝子を亮平はいったんは追い返す。雨で増水した川べりで、朝子は亮平に捨てたと言われた飼い猫を探している。亮平の姿が土手の上に見える。朝子は土手に駆け上がり、すると亮平はいきなり走り出す。亮平が前、朝子が後になって、二人は同じ方向に疾走する。二人は等方向を見ている。

そのあと、朝子は自分も一緒に住む筈だった家の二階の窓から、外を見ている。亮平が隣にいる。二人は並んで立っている。このとき、二人の「視線」の向きがどうなっているのかは、もはや書くまでもないだろう。

向こう側への旅　鈴木卓爾論

"Somewhere over the rainbow, way up high.
And the dreams that you dream of, once in a lullaby.
Somewhere over the rainbow, blue birds fly.
And the dreams that you dream of, dreams really do come true."

—Israel Ka'ano'i Kamakawiwo'ole

ね、キティ、鏡の国のおうちに行けたら、なんてすてきでしょう！　向こうには、そりゃあ、きれいなものがあるにちがいないわ！　ごっこ遊びをしましょ、向こう側に入って行けるふりをするの、キティ。鏡はガーゼみたいに、どこもやわらかくて、通れるってことにするの。ほら、なんだかもやみたいになってきたわよ、ほんと！　通るのなんてかんたん――」アリスはこう言いながらいつの間にか、だんろのかざり《マントルピース》だなの上にのぼっていましたが、どうやってそこにあがったのかわかりませんでした。そして確かに鏡は、まるできらきら光る銀のもやのようにだんだんと溶けてきていたのです。

次の瞬間、アリスは鏡をくぐりぬけて、鏡の国の部屋にかろやかに跳びおりていました。

――ルイス・キャロル『鏡の国のアリス』河合祥一郎訳

1　幕＝壁＝

映画は平面でなければならない。３Ｄとか４Ｄとかそれ以上とか、或いはＶＲ（Virtual Reality）とか、映画を平面でなくしようとする蛮行はいまや山程存在しているわけだが、平面性を失った瞬間に、映画は映画ではなくなる。それは映画とは別の何かに変化してしまうのだ。それでも尚、それらが映画と呼ばれているのだとしたら、そのような決定的な過ちを躊躇なく行なえる者は、映画がほんとうは何であるのかを、まったく理解していないのだ。映画は平面でなければならない。本論は、以上の命題をめぐって書かれることになる。

『ゾンからのメッセージ』は、二〇一四年に撮影が行なわれ、四年以上の歳月を経て、二〇一八年に劇場公開版として完成した、鈴木卓爾監督の長編映画である。鈴木監督と、脚本とプロデュースを担当した古澤健が共に講師を務める映画美学校アクターズコースの第二期生からメイン・キャストが選ばれ、スタッフもほぼ同校の関係者によって構成された、実質的に自主制作と言ってよい作品である。

私はこの作品を、二〇一六年秋に行なわれた映画関係者向けの内覧試写ではじめて観た。その時点での上映時間は百三十一分であり、正式公開版は約百十七分なので、十四分ほど短くなったことになる。だが今回あらためて観ても、違いはわからなかった。おそらく単純に尺を縮めただけではない再編集が施されたのではないか。一旦完成しながら正式な公開までにおよそ二年が経過した理由も定かではない。作品の内容とは別次元の事情だったのかもしれない。だが間違いないのは、初見の際も、今回も、私がしたたかに感動したということだ。『ゾンからのメッセージ』は、私が思うに、映画が現実に対して出来ることと、現実が映画に対して出来ること、その両面において、類い稀な達成を示している。いちおう断わっておくが、この「映画」と「現実」という二語は、いささかも観念的なものではない。

とはいえ、すぐに『ゾンからのメッセージ』に向かうことは出来ない。この映画は、設定も物語も完全に独立した内容を備えた一個の作品ではあるのだが、幾つかの点において、鈴木監督の過去作品と深い関係を有している。そこでまずはそれら先行する映画について述べていきたい。具体的に言うと、『ゾンからのメッセージ』は、二〇一二年公開の『ポッポー町の人々』と二〇一五年公開の『ジョギング渡り鳥』という二本の鈴木卓爾監督作品と、極めて太い線で結ばれている。結果として、ちょうど三年ごとに公開されることになった三本の長編映画は、たとえば「東日本大震災後三部作」或いは「コミュニティ三部作」とでも呼べるような、一種の連作になっていると私は思う。また、鈴木監督はこの間に長編以外にも映画を発表している。適宜、短編についても触れることにする。

「震災後、或いはコミュニティ三部作」の一作目である『ポッポー町の人々』は、映画監督の山本政志が主宰する映画塾「シネマ☆インパクト」の第一期修了作品として製作されたもので、鈴木卓爾にとっては『ゲゲゲの女房』（二〇一〇年）以来の長編監督作だった。この作品は「三部作」の中ではもっともストレートな意味での「震災（後）映画」だと言っていい。

映画の始まりは「二〇一一年三月十一日」である。題名に冠された「ポッポー町」は、もちろん架空の名称だが、主なロケ地は都電荒川線の雑司が谷近辺だと思われる。地震によって帰宅困難となった人々が一時避難所に指定された飲食店にいる。といっても本物の帰宅困難者は女子高生四人など数名に過ぎず、あとは近所から集まってきた連中のようだ。外では雨が降っている。女子高生たちは吹奏楽部で、その内の三名は卒業生。部活の顧問でもあるらしい男性教師（映画監督の諏訪敦彦が演じている）も店にやってくる。三年生のひとりが先生と只ならぬ関係にあるらしいことが二人の会話から知れる。やがて女子高生たちは皆の前で拙い合奏を披露する。指揮をする先生の肩にはインコ（本物）が乗っている。吹奏楽部という設定は『ポッポー町の人々』の翌年に発表された中沢けい原作の鈴木卓爾監督作品『楽隊のうさぎ』（二〇一三年）を思い出させる。

以上はプロローグであり、映画の大半は、それから一年後の「二〇一二年三月十日」から「三月十一日」までの出来事を描いている。高校生ではなくなった三人の女の子を中心に、巨大地震の日にたまたま同じ場所に居合わせた人々が、その後の一年間で、如何なる変化を遂げたのか、彼女ら彼らにどんなことがあったのかが軽快に物語られてゆく。

吹奏楽部の先生は、あれから間もなく病気で亡くなったという。高校を卒業した三人の内、ひとりは一年前にあの店で知り合ったアーティストの子供を妊娠しているが、責任を取りたくない男は逃げている。彼女の高齢のおばがポッポー町にやってきて、偶然にもうひとりの女の子に助けられたことで、卒業以来疎遠だったらしい二人は再会する。もうひとりは死んだ先生と親密だった女の子だが、今は同年輩のボーイフレンドがいる。彼女はなぜかビルの屋上に炬燵やテレビを持ち込んで生活している。彼女の兄は一年後の明日に原発反対のデモをやるからと町の人々に次々と声を掛け、うざがられている。三人目の女の子はお姫様ファッションに身を包み、やはり一年前に出会った妻子持ちの男から求婚されているが、それとは別に付き合っている若い男がいる。ところがその男は屋上に住む元同級生と二股を掛けていたのだった。他にも一年前にはどんな人物なのかわからなかった男たちの、いずれも微苦笑を禁じ得ないキャラクターと現在の姿が次々と描かれる。

これだけを取ったら、この映画は近年の低予算日本映画にありがちな、いわゆるひとつのオフビートなヒューマン・コメディ、少しだけ変わった人々（しかしそれは変わっていない人などいない、という意味でもある）が織り成す群像劇ということになるだろう。そして、それは間違ってはいない。だが、この物語が「あの日」から始まっていたことを忘れてはならない。しかも、この映画は二〇一二年の九月一日に公開されている。つまり映画内の時間と映画の外の現実は限りなく近接していたということである。映画の最初に字幕が出る。「2011年3月11日に大地震がありました」「東京の鉄道は、全て停止し、帰宅難民が都内に溢れました」「その町の電車は、デンシャムシになっていました」。一年後の一日前になると、ふたたび次のような字幕が出る。「2012年3月10日」

「あれから人々は、町に入ることは出来るのに、外には出られなくなりました」「ポッポー町は、デンシャムシのだすデンシャムシ電波にあやつられていました」。字面だけ見るとかなり奇抜とも思えるこの設定は、実際のところはストーリーの中心に据えられることはなく、時々流れる電子ノイズのような音楽を除いて、さほど強調されることもない。だが先回りして述べておくならば、この「入ることは出来るのに、外には出られなく」なった町という設定は、のちに『ゾンからのメッセージ』で反復されることになる。

デンシャムシにかんしては、都電の線路脇で電車が通るたびに突然、電車ごっこのポーズを取って奇声を発しながら走り回る青年の存在が、設定とかかわっている。しかし彼は実は製薬会社の営業マンでもあり、親の薬局を継いだ先輩と会うと急にまともな口を聞いたりもする。また、映画の終わりがけ、それまでは線路の脇を走るだけだった青年は遂に都電に乗り込むのだが（この映画で電車の中が映されるのはこの場面のみである）、すると彼はそれ以前の奇矯さがすべて演技であったかのように、ごく普通に振る舞うのである。

『ポッポー町の人々』に先んじて撮られた短編映画『駄洒落が目に沁みる』にも触れておくべきだろう。毎年秋に開催されている仙台短篇映画祭が二〇一一年の特別企画として上映した全四十二本の「3分11秒」の短編映画によるアンソロジー「３１１　明日」（拙著『シチュエーションズ』に、この貴重な試みに対する詳しい言及がある）の一本として発表された作品で、現在は七分三十九秒のロングヴァージョンとなっている。この作品もまた「あの日」を境に変わってしまった世界が舞台である。

広々とした田園地帯に巨大な高圧電線が架かっている。それはデンシャムシならぬデンキムシと呼ばれており、そこから発される電波を浴びると「忘れ病」に罹ってしまう。デンキムシが電波を出すと地面（画面）が激しく揺れる。若い男女が暮らすあばら屋にやってきた二人の男が、そこに来る途中でモヒカン頭の変な男（鈴木卓爾自身が演じている）から奪ったVHSテープを一緒に見ようと言う。何故かデッキとテレビはあるのだが、肝心の電気がない。仕方なく若い男（アニメーション研究家の土居伸彰が好演している）が自転車を漕いで人力発電をすることになる。そこに映っていたのは、彼ら自身だった……。題名の通り、台詞のほとんどが駄洒落、それも映画ネタの下手な駄洒落になっており、「アンドレイ・思い出しタルコフスキー」とか妙に可笑しい。物語は他愛のないものだが、鈴木卓爾はけっして巫山戯ているのではない。やはり駄洒落として三人のジャン、ジャン・ルノワール、ジャン・ヴィゴ、ジャン＝リュック・ゴダールの名前が口にされ、最後に次の字幕が出る。「多くのJeanのように、私は明日も映画を信じます。どこでも、かしこでも」。いまだまったく先の見えない、誰もが不安を隠せなかった時期に撮られた映画讃歌は、すこぶる感動的である。

ポッポー町に戻ろう。この映画のクライマックスは、一夜明けて二〇一二年三月十一日、デモの場面である。しつこく誘われている時は誰もが乗り気ではなかったようなのに、登場人物全員が思い思いの楽器を携えて合奏しながらデモ行進をするさまは、はからずも一年前の夜の再現となっている。元吹奏楽部員の三人のヒロインも、一年前も一緒だった後輩と共に列の先頭にいる。彼女たちの肩にはインコ（本物）が乗っている。デモ隊は日比谷公園の方に向かっているようだ。いつのまにか、それまで一度も画面に姿を現してなどいなかった監督の鈴木卓爾が、カチンコ片手に列の中にいる。彼は踊るように歩きながら皆の方を振り返って、タイミングを見計らい、カチンコを鮮やかに打ち鳴らす。そこで場面はいきなり途切れる。その数分後に、この映画は終わる。

この唐突なメタ趣向が意味するものは何だろうか。映画の中に物語とは無関係にカチンコを打つ場面が出て来たとしたら、それは「これは映画である」という誰もが最初からよくわかっている筈の事実を殊更に強調してみせる、いわゆるひとつのゴダール的な異化効果ということになるわけだが、私たちは、そのような児戯を二十一世紀にもなってから衒いもなくやってのける『ポッポー町の人々』の監督を嗤うべきなのだろうか。

だが、ちょっと待って欲しい。確かに映画撮影の象徴的小道具であるカチンコが映画内で打たれるのは「これは映画である」の前面化ではある。だが、そもそもの最初から、そこには同時に「これは現実である」という意味も含まれていたのだ。これは、この映画が撮られている現実である。そもそもカチンコはショットの頭に（編集点として）打たれるものである。だが、ここで鈴木卓爾は、いわば「カット！」の声を掛けるかわりにカチンコを打っている。つまり、逆に考えてみなくてはならないのだ。

この映画はもちろんフィクションである。俳優たちはいずれも、登場人物を演じているのであって、彼女たち彼たち自身として画面に映っているわけではない。「二〇一一年三月十一日」も「二〇一二年三月十日」も、ほんとうにその日に撮影されたという証拠はどこにもない（おそらく違うだろう）。『ポッポー町の人々』はドキュメンタリー映画ではない。これは虚構の物語が語られる映画、劇映画なのである。だが、だからこそ鈴木卓爾は、この映画の結末近くに至って、デモの中に突如現れてカチンコを打ってみせたのだ。

デモの場面は物語＝虚構の一部だが、この映画の登場人物たちが練り歩いているのは本物の道路である。横には本物の警官の姿も見える。つまり、このデモの場面は実際のデモの中で撮影されている。「二〇一一年三月十一日」も「二〇一一年三月十日」も事実ではなかったかもしれないが、このデモはおそらく本当の「二〇一二年三月十一日」の出来事なのである。その只中でカチンコを打つことは、ここまではカメラが廻っている現実＝映画＝虚構だったが、ここからはカメラが廻っていない正真正銘の現実だ、という宣言なのだ。このようにして鈴木卓爾は、一編の劇映画でしかない『ポッポー町の人々』の中に「現実」を取り込んでみせたのである。私は、そう思う。

ところで、映画は通常、スクリーンに映写される。そうでなければ、ディスプレイ上に描画される。両者には大きな違いがあると言う者もいるが、それらが平面の映像の連鎖／連続であるという点では同じである。スクリーンは「映写幕」だが、この「幕」は一種の「壁」でもある。映画を観る観客は、いま視ている「幕」の向こう側に行くことは出来ない。同じく「幕」に映し出されている世界の住人たちも、こちら側に来ることは出来ない。なぜなら「幕」は「壁」であるからだ。「向こう側」の世界は、もともとは「こちら側」の世界の現実から切り取られた断片から成っている。しかし、ひとたび映像へと変換されてしまったが最後、「向こう側」と「こちら側」の間には歴然とした「壁」が生じ、互いに踏み越えることは不可能になってしまう。

当たり前だと思われるかもしれないが、それが不可能だからこそ、たとえば古くはバスター・キートンが『キートンの探偵学入門』（一九二四年）で、或いはその半世紀ほど後に寺山修司が『ローラ』（一九七四年）で、スクリーンを破って「こちら側」に抜け出てくる映画内人物を描こうとしたのである。だが、もちろんそんなことをしたって「向こう側」と「こちら側」を厳然と隔てている「幕＝壁」は揺るぎもしない。

「向こう側」との通路を開くには、キートンや寺山がしたのとは全く別のやり方が必要なのだ。いや、それは、やり方というよりも考え方といった方が正しいかもしれない。もちろんそれは、あの「VR」とも全然違う。まず、すべきことは、とにかく一旦「幕＝壁」を認めることである。スクリーンが、ディスプレイが、すなわち映画という名の平面の映像が、それ自体として「壁」として機能してしまうのだということを、潔く認めること。私たちはけっして「向こう側」には行けないし、そして「向こう側」の人々も「こちら側」には来られないのだということを、よくよく理解すること。そうすることによってこそ、たいへん不思議なことに、道が開けるのだ。

私は鈴木卓爾は、そういうことをしているのだと思う。彼にとって「映画」とは端的に「壁」の「向こう側」なのであり、それを彼はよくわかっている。だが、その上で、どうにかして「向こう側」に旅立つことを、彼は夢見ている。いや、強く希求している。ならば、それはどのようにしたら可能なのだろうか。このことを考えるためには、「三部作」の二作目に当たる『ジョギング渡り鳥』を観てみなくてはならない。

2 ＝鏡＝

『ジョギング渡り鳥』は、二〇一一年の五月に第一期が始まった（このタイミングに注意して欲しい）映画美学校アクターズコースの実習の一環として二〇一三年に撮影が行なわれ、二〇一五年に完成した、上映時間百五十七分の大作である。従ってキャスト、スタッフは同校の学生たちであり（しかも両者はかなりの部分が兼任されている。これは『ゾンからのメッセージ』も基本的に同じ）、実質的に自主制作と言ってよい作品である。しかし結果として、この映画は専門学校の実習制作という前提を大きく逸脱した、と同時にこの条件でなければ絶対に不可能でもあっただろう、幾つもの意味で奇形的な、例外的な、奇跡的な作品となった。

この映画のホームページは現在も閲覧することが出来るが、その中で映画美学校アクターズコース第一期のＴＡ（ティーチング・アシスタント）で助監督の佐野真規がプロダクション・ノートを記している。それによると、「「実習で、何かやりたい事はある?」と尋ねた鈴木卓爾に、小田篤が、「合宿して撮影がしたい」と囁いたことが始まりとなった」のだという。小田は『ジョギング渡り鳥』の個性的な登場人物の中でもひときわ印象に残る役のひとりを演じているアクターズコース生で俳優である。こうして撮影が開始された。「現場に入る前に鈴木卓爾はエチュードを繰り返し、人物の関係と物語の構成を作っていった。ただし、ゆるりとした荒い形で。もちろん構成する上での世界観やキーとなるセリフ、展開などはある程度練られているが、それを固定化したシナリオの形や、絵コンテの形には一切しなかった」。合宿して映画を撮るからには、徹底して集団制作を貫く、というのが暗黙の方針であったわけである。佐野は鈴木の「面倒くさいことをやろう。面倒くさいことがやりたいんです」という言葉を引いている。そして鈴木は「俳優もスタッフも区別をせずに、みんな一緒くたに映画の現場に呼び込んでいった」。

佐野は鈴木の発言をもうひとつ記している。「映画って決まった作り方以外でも、作れると思うんですよ」。一本の映画が出来上がるまでのプロセスのほとんど全部を、ヒエラルキーも専門性も脇に置いて皆で分担し助け合いながら行なうこと。それは「映画はまだ見ぬ作り方でも作れるのではないか。類人猿が一から石器を見出していくように、俳優たちと一緒に新しい映画も見いだされて行くのではないか」という直感に基づくものだった。佐野は書いている。「無論、そのせいで現場が混乱することも数え切れず、俳優は通常の映画撮影であればしなくてよい苦労もすることになり、体力的にも技術的にも厳しかったはずである。それでも、画面に映る彼ら、彼女たちの姿は、ほんとうに生き生きとして見える」。

撮影終了後も、すぐに完成には至らなかった。鈴木監督がポスト・プロダクションにかんしても同じやり方を選んだからだ。「通常の映画作品であれば、撮影後仕上げに向けて編集部が素材を受け取り、制作スタッフとスケジュールの確認をしてラッシュ、荒編、監督修正と進んでいく。だが、

『ジョギング渡り鳥』では、そうした決まり事も一度ご破算にした。撮った素材の編集も俳優たちが自ら考えて試し、チームに分かれて複数のヴァージョンを提示して、試写を繰り返して意見交換を行い、選択していった」。このような途方もない数々の面倒くささを経て、ようやく『ジョギング渡り鳥』は完成したのだった。

では、『ジョギング渡り鳥』とは、どのような映画なのか。「合宿」先、すなわちロケ地は埼玉県の深谷市（また先回りするが『ゾンからのメッセージ』も同じである）。だが名前は「入鳥野町」に変えられている。「入鳥野」は「ニュートリノ」と読む。毎朝のジョギング時に知り合った町の人々。郵便局に勤めながら出会い系サイトにハマっている純子（彼女は男と待ち合わせする際に青い鳥のマスコットを目印にしているが、これは無論『ポッポー町の人々』の少女たちのインコと繋がっている）、彼女に想いを寄せる既婚者の山田、オリンピックのマラソン元女子金メダリストの羽位菜（うくらいな）、そのコーチで夫の聳得斗（そびえと）、新人マラソン選手の蘭、古本屋を営みながら小説を書いている部暮路（べくれる）、自主映画を撮っている瀬士産（せしうむ）、彼の映画に出ている真美貴、土建屋で働く海部路戸（しーべると）、素性不明で片腕のないどん兵衛、何かと彼の世話を焼く居酒屋の店員ルルなどなど、『ポッポー町の人々』同様、次々とユニークな人物が登場する。

だが、この映画にはそこに奇抜なSF的設定が重ねられている。映画の冒頭から如何にも手作りの宇宙船が出てくるのだが、「神」を探して宇宙を旅していたモコモコ星人が、母船が壊れたせいで地球に不時着し、入鳥野町の人間たちに興味を持ってカメラとマイクで記録を始める。だが地球人からモコモコ星人の姿は視えない（らしい）。極めて興味深いのは、服装も言語も異なったモコモコ星人を、入鳥野町の面々の俳優が、一人二役で演じているということだ。そして宇宙人によって記録された（という設定の）映像／音響は、この映画の中で使用されている。つまり実際の撮影／録音も兼ねているのである。

ポッポー町に続くニュートリノ町の人々の物語は、それだけを取ってもすこぶる豊かで趣き深いものである。だが登場人物とその関係性の数だけストーリーが存在すると言っても過言ではない、この映画の筋書きについて詳しく述べるよりも（それは映画を観てもらいたい）、なぜこの映画はこのような、いささか無理があると思えなくもない、ＳＦ的、かつメタな趣向を有しているのか、について考えてみたい。それは前作のあの唐突なカチンコの場面ともかかわってくる。私が思うに、ポイントは二つある。順番に述べよう。

この映画には設定上、同一ショット内に地球人とモコモコ星人が混在していることがしばしばある。すでに言ったように地球人から宇宙人は視えていない（ことになっている）。地球人はあれこれしており、宇宙人はカメラやマイクを構えている。そして地球人と宇宙人は一人二役である。となると、如何なる事態が生じるか。俳優Ａが地球人として画面内にいる場合、彼女もしくは彼は宇宙人として画面内にいることは出来ない、ということである。そもそもなぜモコモコ星人が入鳥野町の人たちにそっくりなのかということへの説明は特にないのだが、それを呑み込んだとしても、この一種の引き算の結果として、いささか奇妙なことになっている点は否めない。いや、それは当然の結果なのだが、このことはつまり、裏返してみれば、地球人も宇宙人も同じひとりの俳優Aなのだということ、ひとりしかいないのだということを証立てている。違う言い方をするならば、たとえばあるショットに十名が映っているとしたら、地球人を演じている俳優の数＋宇宙人を演じている俳優の数＝十名なのであり、つまり十名の俳優がそこにいた、ということなのだ。

ポスト・プロダクションで合成すれば、同じ俳優を二人にして同一画面内に配することは、もちろん可能である（ハリウッド映画では今やお馴染みの手法だ）。だがしかし、この映画においては、この至極当然の「同一画面の一人二役は不可能」問題は、極めて重要な意味を持っていると私には思える。或る意味で、この「不可能」をあからさまに示すためにこそ、このアイデアが導入されたのだと言ってもいいくらいだ。それは他でもない、基本的に「映画」は「現実」の断片から成るしかないという端的な事実を露わにする。現実ではひとりの人間はひとりなのだから、一人二役は虚構の約束事に過ぎない。わたしはわたしでしかなく、あなたではない。そして／だが、映画が進むと共に、モコモコ星人たちはそれぞれに地球人の誰某に惹かれてゆく。まるで入鳥野町の人々の関係性が伝染、転写されるかのように、女優Aが演じている地球人に恋している地球人を演じている男優Aが演じる宇宙人も彼女に恋してしまったりするのである。つまり、この「一人二役」は、一種の鏡像関係でもある。

やがて地球語（日本語）を少しずつ覚え始めたモコモコ星人は「あなた」「わたし」という言葉を口にする。「あなたはわたし、ではない」。はじめて切なさという感情を知ったかのように、彼（宇宙人なので「彼」なのかもわからないが）は「わたしはここにいます／わたしはここにいません、あなたとここにいません」と、その声がけっして聞こえない（ことになっている）地球人に語りかける。実際には、その撮影現場にいる全員に、その声は聞こえている。だからそれは映画の嘘なのだが、それ以上に、映画の中にいる誰かに声を掛けたとしても、それが届くことはない、という、やはりあまりにも当然の、だが明らかに哀しむべき事実が、そこでは露わにされているのだと私には思える。

そう、ここにも「向こう側」と「こちら側」を確然と隔てる「壁」という問題が表れている。映画の後半で題名でもある「ジョギング」と「渡り鳥」をめぐって、次のような会話が交わされる。毎朝同じルートを走るジョガーは「留鳥」だが、本物の渡り鳥は海を越えて何千キロも飛行する。ならば渡り鳥にとって「こっちとあっち　どっちが家」なのだろうか。「どっちも家、あるいはどっちも家じゃない」。これもまた「こちら側＝現実」と「向こう側＝映画」の隠喩として受け取ることが出来るだろう。

ふたつ目のポイントは、鏡についてである。モコモコ星人たちは傍目には映画撮影スタッフとしか見えない行動を取っているわけだが、彼ら彼女らは、カメラとマイクに加えて、なぜか大きめの鏡を携えている。レフ板代わりということなのだろうが、それならばなぜレフ板そのものでないのか、という疑問が生じる。しかしその結果、画面内の鏡に映り込んでいる像を、観客は何度か目にすることになる。先ほど「一人二役」は鏡像関係でもあると述べておいたが、実際のところ、鏡とは一人をごく簡単に二人（以上）にする装置でもある。そしてまた鏡とは、映画とは別の仕方で「向こう側」を産出する装置でもある。鏡の向こうには、左右が反転している他は、こちら側にそっくりの世界が視えている。だが、私たちは鏡の世界に行くことは出来ないし、向こうからこちらにやってくる者もいない。そして肝心な点は、映画の「向こう側」も、鏡の「向こう側」も、映画や鏡がなかったら、どこにも存在してはいなかったのだ、ということである。これは何よりも重要なことだ。

映画の終盤に、思いも寄らない裏設定（？）が明らかになる。モコモコ星人が探し求めていた「神」とは、なんとどん兵衛だったのだ。そこからいきなりこの映画は、暫しの間だが、思い出したかのようにSFぽくなる。宇宙には物質と反物質が存在するというが、それ以外は無いのだろうか。ビッグバンとかダークマターといった言葉が持ち出されるのだが、これもまた「こちら側」と「向こう側」の話だと受け取っておけばよい。つまり「こちら側」と「向こう側」の「それ以外」はどこにあるのだろうか。そんなものあるのか。あるとしたら、それはどういう世界なのか。映画に突然登場してSF的な蘊蓄を語る盲人のハンター（？）を演じているのは古澤健である。そしてすでに述べておいたように、古澤が脚本を執筆し、プロデュースを手掛けたのが、「三部作」の三本目に当たる『ゾンからのメッセージ』なのである。

『ゾンからのメッセージ』は、『クローバー』（二〇一四年）、『恋と嘘』『一礼して、キス』（共に二〇一七年）など売れっ子監督として活躍している古澤健によるオリジナル脚本だが、完成までのプロセスも世界観も『ポッポー町の人々』『ジョギング渡り鳥』と完全に繋がっている。特に前作『ジョギング渡り鳥』とは製作母体が映画美学校アクターズコースの第一期と第二期という連続性を持っており、或る意味で『ゾン』は古澤が『ジョギング』の続編として、鈴木卓爾監督とアクターズの次の期の学生たちのためにシナリオを書き、自らプロデュースした作品と言うことが出来る（古澤は製作資金もかなりの部分を私費で賄ったらしい）。先にも触れたように、ロケ地も前作と同じ埼玉県深谷市である。

だが、設定としては、むしろ『ゾン』は『ポッポー』と類似している。ポッポー町と同じく『ゾン』の舞台である夢問町もまた、「入ることは出来るのに、外には出られ」ない町なのだ。二十年前にとつぜん、この町は「ゾン」と呼ばれる謎の現象に覆われた。それ以後、ゾンを通って町の外(?)に出ていった者は二度と戻ってこず、また外から町にやってくる者もいなくなった。特に説明はされないが、「ゾン」とは「存」であり「ゾーン」の意味でもあるのだろう。同様の設定ではあるが物語の上ではあまり顧みられることのなかった『ポッポー』と較べると、この映画における

「ゾン」は重大な意味と役割を担っている。外界から隔絶された町と、そこで生きる人々。この映画もやはり、多数の登場人物が奏でる群像劇である。

ところで、この「入ることは出来るのに、外には出られない町」というアイデアは、やはり東日本大震災後に発表された或るマンガ作品と共通している。ヤマシタトモコの『花井沢町公民館便り』である。全三巻から成るこの作品は、同じ世界を舞台とする連作短編の形式を取っている。刑務所などの隔離のために開発された新技術の実験中の事故によって、生命を通過させない透明な膜＝シェルターに覆われてしまった花井沢町の人々の物語を、数百年という長いスパンで描いたものである。当然、影響関係が気になるところだが、『花井沢町公民館便り』の連載開始は『月刊アフタヌーン』二〇一四年十月号（八月二十五日発売）であり、単行本最終巻の発売は二〇一六年九月、『ゾン』の撮影は二〇一四年の夏には行なわれていたと思われるので、シナリオ執筆や準備期間を鑑みると、また同じ設定が『ポッポー』にもあったことを考え合わせると、これはおそらく偶然だろう（古澤や鈴木はヤマシタ作品を追って読んだかもしれないが）。そもそもこのようなアイデアはＳＦではお馴染みのものだし、東日本大震災と福島第一原発の事故以後、この二作以外にも似た設定の作品は探せば複数存在していると思われる。それに何よりも『ゾン』は「映画」であることが重要なのだ。

『ゾン』の主要登場人物は六名で、全員が映画美学校アクターズコース第二期生によって演じられている。バイト先の倉庫から出て来たビデオカメラで町の人々を撮っている羽佐間一歩と幼馴染の安藤麗実、二人は十九歳で、町がゾンに覆われてから生まれた世代である。或る日、一歩と麗実は廃工場に入り込み、そこに住んでいる永礼貫太郎という世捨て人と出会う。彼はかつて、今では自己啓発セミナーめいた怪しいビジネスをしている二宮賢治、ゾンの向こうに行ったきり帰ってこない田村と共にバンドを組んだり自主映画を撮ったりしていた。貫太郎はそこで田村が戻ってくるのを待っているのだ。廃工場の奥にはゾンとの境界があり、時々向こうから色々なものが飛んでくるのだが、その時は一本のＶＨＳテープが飛んでくる（『駄洒落が目に沁みる』と同じである）。ＶＨＳを知らない一歩と麗実はテープを「ＢＡＲ　湯」に持ってゆく。ママの常本道子と手伝いの狩野晶がやっている、町の皆が集う居心地の良い店だ。道子と晶の住居も兼ねた「ＢＡＲ　湯」にビデオデッキがあったので、テープを再生してみるが、ツメは折れているのに、映っているのは砂の嵐だけだった。だが、これ以降、ゾンに囲まれている以外は長い間、何事もなく平和だった町に少しずつ変化が訪れ、やがて決定的な出来事が起こる……。

『ジョギング』の映画内映像の代わりに、この映画では一歩がデジカメで撮っている町の人々の映像が随所に挿入される。そこにはフィクションの登場人物たちの他に、現実の深谷市の住人たちのインタビューも入っている。二〇一四年の二月に深谷市は記録的な豪雪に見舞われ、甚大な被害が出た。仮設住宅の前で木を育てている韓国人らしい女性や、一歩と麗実を本物の恋人同士だと勘違いしたまま話す、畑を元通りにしようと働いている老人など、この映画の一部はドキュメンタリーでもある。また、一歩のデジカメの映像内にカメラマンやスタッフ、鈴木卓爾監督の姿が映り込んだり、『ポッポー』のようにカチンコが打たれて撮影行為自体があからさまに晒されたり、映画美学校のスタジオでの台本の読み合わせやリハーサルの光景が紛れ込んできたりもする。特に後半、この映画はそれまで語られていた筈の物語から急激にあっけなく離脱してゆくかに見える。だがそれ自体が、実はこの映画の物語とかかわっているのである。

廃工場のゾンとの境界は、大きなスクリーンのようなものであり、そこにはなぜか砂の嵐、ホワイトノイズが映っている。それは映像だけでなく、ザーッという音も発している。実は晶は同じ現象が生じている秘密の場所を知っていた。それは人のあまり通らない林の中で、地面に置かれた覆いをずらすと、そこに円形の「砂の嵐」がある。ザーッという音もしている。彼女がそこに物を落としてみると、一瞬の間を置き、なんと空から降ってくる。ゾンのトポロジー？

もうひとつ触れておかなくてはならないことがある。この映画では、ラスト直前まで、屋外で撮られたほぼ全ショットに驚くべき加工が成されている。空に悉く手描きでペインティングやシネカリグラフィーが施されているのだ。それはまるで或る種の実験映画、たとえばスタン・ブラッケージやノーマン・マクラレンの作品のようである。この作業もポスト・プロダクション時に主に出演者たちによって行なわれた（その様子も映画の中に入ってくる）。おそらく膨大な時間が必要だったのではないか。だが、その効果はめざましく、ごく普通にロケーションされたこの映画を奇妙にファンタジックな異世界に変容せしめることに成功している。だが一歩のデジカメで撮られた映像には加工は施されていない。このことにはおそらく意味があるだろう。

秘密の林で、晶は貫太郎と偶然会う。貫太郎はゾン（？）のことを知っていた。とつぜん彼は晶にこれまでの礼を述べて、地面の砂の嵐の中に入ってしまう。晶は上を見上げるが、貫太郎が降ってくることはない。このことがきっかけとなったのかどうかはわからないが、晶は「ＢＡＲ　湯」を出てひとり暮らしをすると道子に言う。道子は止めないが、本当は寂しいようだ。晶は廃工場に行き、一歩と麗実、二宮の目の前で、ゾンに向かって駆け込んでゆき、向こう側へと去る。するとどういうわけか、砂の嵐が消えて向こう側が視えるようになる。ゾンが消えたのだ。町の空を覆っていた色や傷も全部なくなる。晶に続いて二宮が、そして一歩と麗実も、ゾンの向こう側に行ってみる。そこは普通に電車が走っており、そして海があった。はじめて海を見た二人はそれが何かに似ていると思う。すぐに彼と彼女は口々に言う。「ゾンだ！」　麗実は瓶を海に投げ落としてみる。ここから映画は深く複雑な感動を誘うエンディングへと急速に向かっていく。

さて、ゾンとはいったい何だったのだろうか？　映画の中では、明確な説明は結局最後まで為されない。ゾンが現れた理由も、消え去った理由も、よくわからないままだ。むろん『ポッポー』を踏まえれば、それは明らかに東日本大震災の被災地、原発事故による帰宅困難地域の隠喩である。しかしそれは同時に、間違いなく「映画」の隠喩でもある。だがこの隠喩はいささか込み入っている。「砂の嵐」にそっくりな「ゾン」は、当然ながらテレビ（ビデオ）を想起させる。それは現在のＤＣＰ（デジタル・シネマ・パッケージ）までに至る、誕生時にはフィルムだった「映画」の物質からの撤退の歴史の端緒だと考えることが出来る。フィルムがビデオになり、デジタル・ビデオになり、デジタル・データになり、という、物質から情報への変容の歴史。あの日を境に、日常が日常ではなく、現実が現実ではなくなってしまったように、ふと気づけば、いつのまにか映画は映画ではなくなってしまっていた。だからこそ、『ゾン』の映像には色や傷が付けられているのだ。だからこそ、一歩のビデオの映像には色も傷も付いていていないのだ。だからこそ、晶はゾンの向こう側へと走り出ていったのだし、だからこそ、そうすることによってゾンはあっけなく消え去るのだ。

つまりこの時、「幕」であり「壁」であった「こちら側」と「向こう側」の閾は、「鏡」であることを経て、「窓」になったのだ。窓ならば、くぐり抜けることが出来る。もちろん、それは映画の中の嘘、そう、ごっこ遊びに過ぎない。ふりをしているだけだ。だが、この「ふり」の切実さを軽んじてはならない。

「向こう側」への旅は、何らかの具体的な技術や方便によって可能になるものではない。映画の中の真実は、映画の中で真剣に信じられるからこそ、映画の外の現実に対して、或る力を及ぼすのだ。ゾンは「窓」になったが、それは同時に依然として「鏡」であり「壁」であり「幕」でもある。私たちはけっして、映画の向こう側には行けない。私たちに出来るのは、ただそれを視ることだけである。しかしならばこそ、視ることがすなわち向こう側への旅になるような映画が必要なのだ。『ゾンからのメッセージ』は、そんな映画なのだと私は思う。「向こう側」は、かつては「こちら側」だった。通路も何も、二つはもともと同じ世界なのだ。このことを絶対に忘れないこと、何度でも思い出すこと。

映画は平面でなければならない。なぜならそれは「幕＝壁＝鏡＝窓」であり、そして「窓＝鏡＝壁＝幕」であるのだからだ。この要件を失ったが最後、映画は映画ではなくなる。窓は風景を切り抜く。鏡は風景を写す。壁は風景を分割する。幕は風景を映し出す。それらは全部、平面の上で為される。風景とはこの世界、この現実の一部であり、だがこの現実、この世界は、おそらく平面ではない。つまりは、三次元だかそれ以上だかの世界と現実を、二次元に無理矢理に収めたものが、映画である。この意味で、映画は現実／世界に対して、明らかに引けを取っている。

しかし、だからこそ映画は、現実／世界に対して、現実が現実に対して、世界が世界に対して出来るのとは、まったく異なる貢献を果たすことが出来るのだ。それは「幕」と「壁」と「鏡」と「窓」が、実は同じものであるのだということを、同じものになり得るのだということを、何度でも示し続けることである。だから映画は平面でなければならない。鈴木卓爾の、いや、鈴木卓爾たちの映画は、そのことを教えてくれる。

付記：鈴木卓爾は『ゾンからのメッセージ』に続く監督作として『嵐電』（二〇一九年）を発表した。京都の京福電気鉄道嵐山線＝嵐電の沿線を舞台に、電車への愛、映画作りへの愛、そして世代の異なる三組の男女の恋愛を描いたこの作品は、「東日本大震災後三部作」の集団的ラディカリズムを継承しつつ、プロの俳優も出演した作品となっている。鈴木が准教授として教鞭を執る京都造形芸術大学の学生と出身者が多数、キャストとスタッフに参加しており、「シネマ☆インパクト」（『ポッポー町の人々』）、映画美学校アクターズコース（『ジョギング渡り鳥』『ゾンからのメッセージ』）に引き続き、教育組織を母体とする新しい映画制作が試みられている。この監督ならではのおおらかなメタフィクション性も健在である。何よりも「三部作」では重要な要素でありつつも顕在化されることのなかった「慕情」が物語の中心に置かれているところが麗しい。

シネマの倒錯的（再）創造　七里圭論

七里圭は、いったい何をやっているのか、それが問題だ。

「音から作る映画」と総称されているプロジェクトは、二〇一四年四月の『映画としての音楽』から開始されて以来、すでに錯綜した履歴を持っている。何しろそもそもの始まりは映画ではなかったのだ。それは複数の声と演奏による一種の演劇公演であり、その一部始終が撮影＝録音されていた。その後に映画『映画としての音楽』が完成されたのだ。しかも実は舞台版に先行して（その時点では映像は一切存在していない）サウンドトラックの録音が長い時間を費やして行なわれており、ひとつ目の『映画としての音楽』はそのライヴによる再現、二つ目の『映画としての音楽』には予め録音されていたサウンドトラックが使用された。つまり「音から作る映画」というのは文字通りの意味なのである。このことはおそらく何よりも重要な点のひとつである。

一生の不覚というべきだが、私はこのいちばん最初の公演を観ていない。私が体験出来たのは、それから約一年後、二〇一五年三月に行なわれた『サロメの娘』アクースモニウム上映が最初である。しかしその後は、京都で行なわれた『入院患者たち』――松井茂と山本一彰のテクストを使用した、アクースモニウム奏者／作曲家の檜垣智也による同名の音楽／音響作品を核とする「詩、音、映像によるインスタレーション」であり、後に『サロメの娘』に組み込まれる映像＝場面を含む――や、二〇一七年二月の三日間にわたる「音から作る映画のパフォーマンス上映」にも立ち会ってきた。『サロメの娘』『サロメの娘　アナザサイド（in progress）』『アナザサイド　サロメの娘　remix』と、ややこしく題名を変化させてきた一連の映画ももちろん観ている。

足掛け三年に及ぶ一連の「音から作る映画」をほぼ継続的に体験してきたわけであり、その中で幾度かは七里本人と公開で話す機会もあったのだが、それでも尚、いまあらためて問うべきは、七里圭は、いったい何をやっているのか、という根本的な問題だと強く感じている。何故ならば、考えてみればみるほど、このプロジェクトはおそろしく倒錯的なものだと思えてくるからだ。しかも、その倒錯性は一通りではない。さしあたり三点に、ここでは整理してみよう。

（1）「無声映画」への非志向

「音から作る映画」なのだから当然と思われるかもしれないが、しかし周知の通り、映画は最初、サウンドを有していなかった。七里圭が問い直そうとしているのが「映画＝シネマ」の本質、その原理、その基盤なのだとして、なぜそれはいきなり「音」から始まるのか。言い換えれば、なぜ

「サイレント」という歴史的段階への言及が、そこには存在していないのか？

（2）「フィルム」への非志向

このプロジェクトで「上映」されるのは全てデジタル・ビデオである。しかし周知の通り、映画は最初、フィルムと呼ばれる物質から出発した。つまり（1）と同様、七里は少なくともここでは「映画の考古学」を一顧だにしていないように見える。「少なくとも」というのは無論、七里はこれとは別に『DUBHOUSE: 物質試行52』（二〇一二年）を35ミリフィルムで（しかも二種類のフィルムで！）上映しているからである。だが、ならばこう問うてもよい。なぜ七里圭は『DUBHOUSE』で示した「シネマ」の物質的な側面の問題系をこちらには持ち込まないのか？

（3）「ライヴ」への志向

これまでの作品歴を繙くと、このプロジェクトにおいては明らかに「パフォーマンス上映」の方が通常の映画館におけるロードショー上映よりも重要視されていることがわかる。この「パフォーマンス上映」という言い方は多義的であり、生身の出演者によるパフォーマンスを伴う上映もあれば、上映それ自体をパフォーマンス化する場合もある（これは音楽で檜垣智也のアクースモニウムが担っている生演奏的な機能を「プロジェクター（＋スクリーン）」にも適用することを意味する）。これもまた最初期の「シネマ」を彷彿とさせる。だとすればこの試みが意味するものとは何か？

こう纏めてみることで見えてくるのは、どうやら七里圭が「現在」そして「未来」の映画環境および技術的条件に立脚しつつ、しかしベクトルとしては「シネマ」の誕生期へと遡ろうとしているらしい、ということである。七里が驚くべき胆力と持続力で試みているのが一種の「シネマの再発明」なのだとして、その試行においては従来の映画の発展段階、その系統発生のプロセスが、ほぼ全面的に書き換えられ（ようとし）ている。

彼が新たに創始しようとしている「映画史」では映画は最初からサウンドを持っており、その代わりにフィルムではなくビデオ、アナログではなくデジタルであり、尚且つそれは「再生＝反復」よりも一回ごとの「パフォーマンス＝出来事」に重心が置かれている。より精確に言えば、その始まりが端的に示していたように、むしろ或る具体的現実的な時空間（その時その場）に紐づけられた何らかの「出来事」が「シネマ」に先行していた、いや、その「出来事の時空間」も「シネマ」と呼んでよい、そこにはすでに「シネマ」が潜在していたのだと言っているかにさえ思えてくる。これを倒錯と呼ばずして何と呼ぶというのか。

だが、或る意味ではこれは端的に事実に即していると言えなくもない。もとより映画とは過去の断片の集積である。かつて、どこかで生起した出来事が、カメラと録音機器によって記録され、しかるべき作業を経てひと続きのオーディオヴィジュアル＝ソニマージュに変成されたのが「シネマ」と呼ばれるものである。ということはそこには常に過去の「出来事」が映っているということであり、それは何か特別なアクションなどではなくても、撮る能動的行為と撮られる受動的状態の重ね合わせだけで十分に「シネマ」の要件を満たしているのだ、とする考えもあり得る。だが、それでもそこでは最終的に上映へと至る事後的なプロセスは必須とされており、たとえば陽の目を見ることもなければ完成することさえなかった映画の撮影状況、その「出来事」自体、ただそれだけを「シネマ」だと言い張ることは強弁というものだろう。だが「音から作る映画」には、そのような側面があるのだ。

ここで特筆すべきは、やはり「音から作る映画のパフォーマンス上映」だろう。第一日目、二〇一七年二月十七日の『サロメの娘／パフォーマンス』では「進行中の作品」である『サロメの娘』に途中から姿を現した（最初のヴァージョンには人の姿は一人も映っていなかった）娘と母＝長宗我部陽子と黒田育世が半透明のスクリーンの向こう側に実際に登場し、われわれ観客は映写されている像と現にそこに実在する二人の姿を同時に目撃した。二日目の『サロメの娘／アクースモニウム』は私は未体験だが、この形での過去何度かの上映と同じく、檜垣智也によるアクースモニウムの「生演奏」が映写と「共演」したものと思われる。そして三日目の『Music as film』は、私が見逃したいちばん最初の『映画としての音楽』の改訂版であり、新たに英語話者数名がパフォーマーに加わり、映写される字幕もバイリンガルになっていた。約三年前に上演され録音された、その場にはいない者たちの声と、その場に集められた八名のパフォーマーの声が混交し、観客にはどれが今、その場で発されている声なのか判然としなくなるほどだった。

つまり『サロメの娘／パフォーマンス』と『Music as film』では、前者は映像、後者は音声で同様の試みが為されていたわけである。それは「その時その場」と「今ここ」の交錯、つまり「シネマ」と「リアル」の合成である。『Music as film』が『映画としての音楽』の文字通りの英訳であるのみならず、この長いプロジェクト全体をその開始時点と現在時点の両端から挟み撃ちするように対照形を成しているように思えたことも興味深い。いわば「音から作る映画」は、およそ三年を掛けて出発点へと帰り着いたのである（もちろん、それは今後も継続されていくのだが）。

では、再び問おう。七里圭は、いったい何をやっているのか、彼は果たして何をしようとしているのか。

私の仮説は、先にも述べたように、七里が試みているのは「シネマの再発明」、しかも一種の「偽史」としての、あからさまに時間的に倒錯した「シネマ」の再創造なのだ、というものである。そしてそれは結局のところ常に必ず「今ここ」において為されるからには、二〇一四年なり二〇一七年なり二〇一八年なりの「出来事」として行なわれる他はない。つまりそれは「映画の考古学」ではあり得ず「映画のアナクロニズム」にもならない。それはむしろいわば最先端の試みでさえある。

しかしそのようにして七里が掘り当てようとしているのは「最先端」ではない。つまり未来の映画がこうなる（べきだ）と彼は言っているわけではない、そこで見出されようとしているのは、むしろ「考古学」以前の「原＝映画」、映画の誕生以前の「アルシ・シネマ」である。リュミエール兄弟／メリエスから「今ここ」まで映画史が流れてきたのだとして、七里はその時間を逆行し、リュミエール／メリエスも突破して、原初のシネマを発見しようとしているのではないか。

繰り返すが、それは倒錯的な、あまりにも倒錯的な試行である。その先に、この果てに、何があるのかも、今の時点では定かではない。だが微かにほの見えている光景がある。それはもちろん、私たちが生きて死ぬこの世界、「今ここ」の連続としてある、「かつてそこで」の堆積としてある、この「世界」そのものが「シネマ」なのだという最も倒錯的な倒錯である。「世界」が「シネマ」化する、ではなく、「世界」とはそもそも「シネマ」なのだ、という倒錯。七里圭のサロメの娘たちは、このおそるべき真理（！）を告げるべく、今も妖しく蠢き続けている。

付記：二〇一八年、七里圭は『サロメの娘』の更なる新作『あなたはわたしじゃない　サロメの娘―ディコンストラクション』を発表した。この連作は人物の姿が一切映されない最初のヴァージョンから一作ごとに登場人物を増やしてきたが、ここでは更に数人の新たなキャストが加わり（つまり追加撮影がされている）、にもかかわらずサウンドトラックは基本的にこれまでと同一の録音が使用されている。しかしその一方で、ここではかなり明確に、いわゆる「普通の劇映画」に近接してきていることも確かであって、一体この前代未聞の試行がどこまで行くのか、興味は尽きない。

なぜ私は『わたしたちの家』を自ら配給しようと思ったか？

清原惟論

最初に観たのは、ある日の講義後におずおずと教卓にやってきて手渡されたＤＶＤに入っていた、彼女が高校の卒業記念（？）に友だちと一緒に撮ったという『白と三角』（二〇〇九年）で、内容は大方忘れてしまったが、途中から女の子が地下鉄だか電車だかでどこかに行こうとするのだが、その車内自体がいつのまにか異世界にずれ込んでしまっている、というような描写があったような。

その時点ではそこまで強く印象づけられたわけではなかったが、学校の課題でもサークル活動でもないのに自主的に一本の映画を拵えてしまったということだけでも、かなり変わっていると思ったものだ。武蔵野美術大学の非常勤講師時代、私の周りにはややマニアックな音楽好きの学生たちが集まっていて、彼女もそのひとりだったが、映画へのひたむきな情熱を知ることになるのはその後のことである。

次に観たのは『ムーンドーン』（二〇一三年）で、これは次作のぴあフィルムフェスティバル初入選作『暁の石』(二〇一四年)と同じく、同級生と組んでいたユニット「飯田春子」(架空の名前)による作品。タイトルはクラウス・シュルツェ(!)から採られている。これは一種のSFで、彼女はこの頃、自分で服も生地から造っていて、独特な色使いのコスチュームが目を引いた。何を生産しているのかよくわからない不条理な工場労働に従事する若者たちが革命を夢見る、といった内容だったような、違うかもしれない。長らく再見出来ていないので記憶が曖昧である。そして続くのが『暁の石』である。これも「飯田春子」名義。ユニットと言っても脚本監督撮影編集は全て彼女がしていて、もうひとりはプロデュースと現場の段取りなどを担当していた。

『暁の石』は三十分の短編だが、私はこれを観た時、彼女の映画には何か独特なものがあると感じた。『ムーンドーン』のファンタジックなタッチから一転して、死んだ魚が流れ着く荒涼とした沼(?)の傍を二人の少女が彷徨《うろつ》く場面といい、母親の謎の失踪といい、森の中の偽の葬儀といい、唐突としか言い様のない結末といい、淡々とした描写と展開の中に、ミステリアスなムードとそこはかとないポエジーが流れている。映画作家清原惟は、この作品で誕生したと言ってよい秀作だと思う。

そしてムサビの卒業制作作品として『ひとつのバガテル』(二〇一五年)が撮られる。迷宮のような巨大な団地を舞台とする「探求の映画」であるが、私としては中心となるストーリーよりもむしろ、何度観ても全体の筋とどうかかわっているのかよくわからない幾つもの不可思議な細部に惹かれた。ヒロインがアルバイトでBGM担当(?)をする、むやみと時代がかった建物内での写真撮影の場面の、真面目なのか巫山戯ているのかどうにも見当のつかない疑似宗教的な荘厳さと、そこで突然起こる愁嘆場。ヒロインが行きつけにしていて、どういう理由かそこに預けられた謎めいたメッセージを受け取ることになる八百屋の到底現代とは思えない店構え。そして何と言っても、先の二つの要素が伏線（?）として踏まえられた、この映画においてもっとも意味不明、かつ魅力的な、あのバッティングのシーン！　とにかく私はあの場面が大好きだ。ほとんど多幸感にまで高められた純然たるナンセンス、因果性を徹底して欠いたリリシズム。

『ひとつのバガテル』と近い時期に撮影されていたが、やや時間を経てから編集、完成した短編『火星の日』（二〇一七年）では、火星に行くことになったヒロイン（『バガテル』と同じく青木悠里が演じている）のアパートに、何人かの友人たちがお別れを言いにやってくる。冒頭でターンテーブルにレコードが載せられて音楽が流れ出し、一曲丸々が終わるまでが映画の長さとほぼ一致しているのだが、その間に、少しずつ部屋の中の様子が変化していき（植物が増殖してゆく）、どうやら時間の進行が失調しているらしいことに注意深い観客は気づくことになる。だが、それがなにゆえなのかは一切説明されないまま、この映画は終わってしまうのだ。ラストでヒロインが母親と電話で交わす会話も妙に意味ありげだが、その答えが与えられることはない。

このような回収されざる無数の伏線、解決不在の謎また謎は、『わたしたちの家』（二〇一八年）において、ほとんど限界ギリギリにまで達している。冒頭の少女たちの踊りは何を意味するのか。セリが海岸で友だちと交わす会話に出てくる「１２０９」という数字は何なのか。彼女の父親はどうして消えたのか。クリスマスツリーの飾りはどこに消えたのか。壊れたツリーは、なぜあのようなことで点灯するのか。さなはなぜ記憶を失ったのか。彼女はどこから来たのか。彼女は何者なのか。透子は何者なのか。なぜ透子はさなを自分の家に住まわせるのか。さなが持っていたプレゼントの中身は何なのか。夏樹は何者なのか、彼は何を企んでいるのか。彼は何かを企んでいるのか。そして何よりも、あの一軒の家に流れる二つの時間は一体どうなっているのか、等々。きっとまだまだある。これらのあからさまな謎を継ぎ接ぎして解釈や納得に至ろうとする観客は、常に或る程度までそれに成功することだろう。だがしかしけっして、真に整合性のある完璧な正答が導き出されることはない。この映画は、そのようになってはいないのだ。

けれども、だからといって『わたしたちの家』が、単なる出鱈目な謎めかしと仄めかしの寄せ集めであるのかといえば、答えはもちろん否である。それぞれの場面は、そしてそれらの場面を繋ぐ編集は、どれもこれも他ではあり得ず、こうでなければならない、という強い必然性を帯びている。ここには明らかに一種の論理のようなものがある。しかし、にもかかわらず、その論理はたとえばパズルのようなものではない。パズルには解法と正解がある。しかしこの映画の論理は、辻褄を合わせようとすればするほど思いがけない様相が新たに立ち上がってきて、ふと気づくと映画全体のありさまが一変してしまうかのようなものなのだ。

あらすじを説明しようとしても、ジャンルを特定しようとしても、そのような試みをスルリとすり抜けていってしまうような軽やかな曖昧さ、麗しき晦渋さが、この映画には宿っている。それはつまり、清原惟が、映画と呼ばれる営みと試みを、このようなものだと考えているということである。そしてそれは彼女が、世界をこのようなものだと考えているのと、ほとんど同じことだと私には思える。

私は最初にこの映画を観た時、彼女が完全に次のステージに立ったことを確信した。本人がしばしば述べているように、映画作家清原惟の現時点での最大の影響元はジャック・リヴェットである。その片鱗は『暁の石』にすでに刻印されていたが、『ひとつのバガテル』で開花し、『わたしたちの家』で独創的な境地に達した。実際、『セリーヌとジュリーは舟でゆく』や『北の橋』や『彼女たちの舞台』を、あのような形で継承してみせた映画が、他にあるだろうか？

ところで、こんな書き方をすると、彼女もまたいわゆる「シネフィル」型の映画作家に位置付けられてしまうのかもしれない。確かに彼女は、おおよそそのように呼ばれて差し支えない映画観客としての経験と研鑽を積んできている。リヴェット以外に私の知っている限りでの彼女の好む映画監督を挙げてみるならば、ダグラス・サーク、ロベルト・ロッセリーニ、清水宏、アンドレイ・タルコフスキー、エリック・ロメール、シャンタル・アケルマン、アッバス・キアロスタミ、ペドロ・コスタ、アピチャッポン・ウィーラセタクン、ミゲル・ゴメス、等々といった名前が並ぶ。文句のつけようのない趣味と言っていいだろう。

しかしながら、彼女の映画には、自らの内に形成されてゆくシネフィリーへの絶えざる差異化のベクトルもまた存在しているように私には思われる。これは彼女が映画を大量に観るようになる以前から相当な音楽リスナーであったことも関係しているかもしれない。やや意地の悪い言い方をするならば、シネフィルを以て任じている者であればあるほど、彼女の映画にどこか違和感を覚えるかもしれない。だがそれは実のところ、そのひと自身がシネフィリーのドグマ（のようなもの）に囚われている証拠なのだ。それは或る意味で、とりわけこの国のシネフィル的価値観が、或る一定の角度に方向付けられてきたことを示していると私には思える。視線と記憶と認識を解放してみさえすれば、『わたしたちの家』のそこかしこに、先に挙げた偉大なシネアストたちからの豊かな反響を聴き取ることが出来る筈である。

そしてこのことこそが、私が『わたしたちの家』を自分で配給しようと思い立った理由のひとつなのである。私はこの映画をひとめ見て、極めて独創的な、他の誰にも撮り得ない傑作だと確信した。しかし同時に、こう思うのはひょっとしたら自分だけなのではないか、という不安も感じたのである。自分の見る目に自信がない、といったようなことではない。私が『わたしたちの家』に見出す数多の魅力や価値を、私と同じように触知する観客がどのくらい居るのか、正直言ってわからなかったのである。

ことによると、映画を観る際に出来るだけ何も考えたくないような人間には単なる頭でっかちに、逆に映画を理論と技術でのみ解そうとする者には考え足らずに思えてしまうかもしれない。シネフィルからは「映画的引用」の身振りが稚拙だと、反シネフィルからは如何にもマニア向けだと思われてしまうかもしれない。これら全部が私からしたらまったくの誤解なのだが、しかし作品とはひとたび世に出てしまえば常に他者の勝手な反応に晒されるものである。何をどう言われても仕方がないし、間違っているのは私かもしれない。

だからこそ、私は『わたしたちの家』を配給することにしたのだ。この作品がどのように受け止められるか、どう受け入れられていくのかは、私の映画批評家としての、批評家としての、ちょっと気張った言い方になってしまうが、存在理由にかかわっている。もしも『わたしたちの家』が私が望むように評価されていかなかったなら、私は間違っているのだ。だからこれは、私が過去にやってきた幾つかの重要な事どもと同じく、一種の実験である。だが今回の場合は、私は実験結果に或る予測を持っている。それは期待とも、希望とも呼べるものかもしれない。

そしてもちろん、この実験は現在も継続中である。

不可視の怪物《リヴァイアサン》／二つの「コクピット」／第三の眼

不可視の怪物《リヴァイアサン》

『リヴァイアサン』（二〇一二年）は、何よりもまず第一に「視ること」をめぐる映画である。むろん映画とはそもそもが視るものであるわけだが、この驚異的な作品の二人の監督、ルーシァン・キャステーヌ＝テイラーとヴェレナ・パラヴェルが析出してみせる「視ること」は、単に映画が視覚芸術であるという常識的な前提の確認とはまったく違う、本質的かつ原理的な、すなわちラディカルなものである。『リヴァイアサン』において「視ること」は、二つの次元で追究されている。視るものと視られるものという関係性、それから、カメラが視たものを私たち観客が視る、という関係性。どういうことか。以下、ごく簡単にではあるが述べてみたいと思う。

まず、視るものと視られるもの。視るものとは、言うまでもなくムービーカメラであり、視られるものとは、カメラの向こう側に在る／居る何もかも、ということになる。だが、この映画が始まってすぐに了解されることは、カメラと対象の間で生じている「視ること」の大半が、明らかに非＝人間的なものであるということだ。それは海と空、海中と海面、それ自体が生き物であるかのように蠢く水、海と空の境目、昼と夜に広がる宙空と大空であり、泳ぐ魚たち、死にかけの魚たち、死んだ魚たち、飛びすさぶ鳥たち、はぐれた鳥、彷徨う鳥、等々である。そもそも全編の舞台である底引網漁船アテーナ号が、異様な存在感を放つ巨大な物体として画面に屹立している。

そして、それらを捉えるカメラもまた、字義通りの撮影装置としての、つまりマシンとしての自らを殊更に強調してみせる。というのは見られる通り、多くの画面はカメラのこちら側にカメラマンの存在を措定しておらず、むしろ絶対に人間の視線ではあり得ないポジションに構えられ据えられているからだ。とりわけ印象的な二つのシーン、底引網にかかった大量の魚や海洋生物たちに波が打ち寄せる場面と、疾駆するアテーナ号に随伴（？）する鳥たちを海と空をランダムに往還しながら映し出す場面は、この映画の非＝人間性を鮮やかに示している。

超小型高性能カメラ GoPro の導入によって可能になった、これらの撮影にかんしては、監督たちのインタビューなどで詳しく触れられているが、屠殺場面の機械的な作業への機械的な凝視も含めて、まずもって『リヴァイアサン』の画期性は、複数の意味での「人間性」を鋭くカッコに括ってみせる、その透徹した姿勢によると言っていいだろう。だが、付け加えておかねばならないこともある。それについては最後に述べよう。

さて、そのようにして記録された専ら非=人間的な映像群を、観客である私たち人間（！）が、この目で視るという段階をもって、この作品はそのプロジェクトを完遂することになる。人間ならざるカメラに視線が同定するとは、それこそあらゆる映画がそうであるしかない予めの条件であるわけだが、ここでの体験は、まったくもって異様なものである。私たちはまさに、視たことのないものを、視ることが出来ない筈のものを、視る、視せつけられる。それは徹底的にメカニック／マシニックな体験であると同時に、歴史上さまざまな思想や哲学や宗教などなどが、崇高、の一語で呼んできた経験でもある。『リヴァイアサン』の中で、われわれはカメラになる。否応無しに機械に変身させられてしまう。科学的であることと写実的であることと美学的であることの、極限的な三位一体。この映画における「視ること」は、おおよそこのようなものである。

ところで、実は私がもっとも気になったシーンは、あからさまに非=人間的な映像ではなく、上映開始後六十七分頃に登場する、ひとりの船員がキッチンらしき部屋でぼんやりと佇んでいる場面だった。いや、彼はただぼんやりとしているのではない。何かを視ているようだ。このシーンは音声がカットされているので俄には判然としないが（遠くの音は聴こえる）、どうやら彼は部屋に据え付けられたテレビを視ているらしい。彼の瞳は私たち=カメラとはぶつからず、画面やや上方を凝視しているように思えるが、しかしやがて眠そうに顔を歪ませ身じろぎしたりする。どこかワン・ビン（王兵）の作品を思い起こさせるこのシーンが『リヴァイアサン』に組み入れられている理由は何か。こう問うてみた時、先に非=人間性としておいたものが、違った様相を帯びてくるように思う。

つまり、結局のところ、私たちは人間であり、人間であるしかない。ぼんやりと虚空を視つめているように見える男の姿は、いわば私たち観客の鏡像なのではないか。彼は何かを視ているのだが、それを私たちは視ることが出来ない。何故ならば、映っているのは彼であって、彼の視ているものではないからだ。

私たちは、何かを視ている時、視ている自分を視ることは出来ない。それこそ鏡を視るか、自分を撮らない限りは。別に詭弁めいた話をしたいのではない。ただ、この映画が問題にしていることは、「視ること」のみならず、視えないこと、視えないということ、視えないもの、なのではないか、と思えてきたからなのだ。

考えてみれば、この映画には、何が映っているのかよくわからない映像、何も映ってなどいないかに思える映像が、相当数含まれている（これは、同じハーバード大学感覚民族誌学研究所の他の映画作品『モンタナ　最後のカウボーイ』『ニューヨーク　ジャンクヤード』『マナカマナ　雲上の巡礼』と『リヴァイアサン』の違いだと思われる）。オープニングからして、ブラックアウトかと錯覚する画面から始まっていた。漆黒の海も、曇天も、夜の闇も、あまりにもクローズアップ過ぎるフレーミングも、人間の瞳とは異なる性能を持つカメラによって記録されていながら、むしろそのことによってこそ、私たちにはそれを精確に視ることが出来ない。この不可能性、この不可視性こそが、この映画の真のテーマなのではあるまいか？

リヴァイアサンとは何か？　それは底引網漁船アテーナ号のことであり、海魚たち、まるで全体で一匹であるかのような無数の魚たちのことであり、海そのもののことであり、そして、この映画自体のことでもある。監督たちは、「「リヴァイアサン、それは我々だ」と観客に思ってもらえる映画になっていることを願う」とインタビューで述べている。だが、ほんとうの怪物は、私たちには視えないのではないか。未だに、いつまでも、リヴァイアサンは私たちの視線の果ての、不可視の領域に在る／居るのだ。

二つの「コクピット」

三宅唱監督作品『THE COCKPIT』（二〇一四年）をわたしは、そこ自体コクピットのようになってしまっていた大学の研究室（当時）で、送ってもらったＤＶＤで観た。シンプルな佇まいを装ってはいるが、これは実に一筋縄でいかないところのある映画だ、そう思いながら最初は淡々と、だが次第に興奮しながら観続けた。だが観終わった時には、最初の方で抱いた感覚は逆さまになっていた。すなわち、とても複雑で大胆なことをやっているのだが、しかしこれは実にシンプルで強い映画だ。

映画は主な被写体であるところのＯＭＳＢ（SIMI LAB）が、マンションというかむしろアパートと呼んだ方がいいかもしれない六畳くらいの小さな部屋に、何人かを迎え入れているところから始まる。彼らは画面奥の突き当たり正面、部屋のサッシの窓からぞろぞろと入ってくる。部屋には一見したところほとんどモノがない。画面のいちばん手前にMPCのサンプラーが据えられており、ターンテーブルとキーボードが両脇にある。OMSBがその前に座ると、彼の顔はカメラと向い合う形になる。カメラは部屋の窓の対面の壁際に置かれているものと思われる。この映画の大部分は、やや広角で部屋全体を見渡すこのポジションから撮られたフィックスのショット群から構成されている。そして言うまでもなかろうが、このささやかな作業デスクのことを、コクピットと称しているわけである。

広くはないが居心地の良いこの操縦席で、OMSBが年若い友人にしてレーベルメイト（同じSUMMIT所属）でもあるTHE OTOGIBANASHI'SのBimと、レコードをとっかえひっかえしてのサンプリングネタ選びから始まり、試行錯誤しつつループを拵え、ビートを織り上げ、リリックを捻り出し、ラップを乗っけて、最終的に「Curve Death Match」という一曲が完成されるまでを、この映画は追ってゆく。というか、ただそれだけの作品である。ちなみにこの曲はこの映画でしか聴くことの出来ない、今のところ完全にエクスクルーシヴな楽曲だ。

すでに述べたように、この映画のほとんどは、OMSBが乗り込んだコクピットを無造作に捉えた同一フレームの固定画面で占められている。監督が三宅唱であるからこそ、ということはあるかもしれないが、わたしはすぐさま、ワン・ビンを思い出した。とりわけ『鉄西区』（二〇〇三年）と『鳳鳴　中国の記憶』（二〇〇七年）、そして『原油』（二〇〇八年）の、あの異様な据え置きカメラの画面を、コクピットのショットは、否応無しに彷彿とさせる。三宅唱、ワン・ビン両者に共通して言える態度として、画面から美学的な配慮が前提としてほぼ排除されている点が挙げられる。ただ単純に、そこで起こること、起こるであろう出来事を、もっとも確実に写し取ることが可能なフレーミングが選ばれた結果、カメラがそこにある、という感じなのである。

だがしかし、もっぱら機能的な理由によって選択されたと思しきコクピット画面は、ワン・ビンの諸作と同様に、結果として逆説的に、或る紛れもない美学を体現することになる。それはいわば「ゼロ度の美学」とでも呼ぶべきものである。これはあくまでも個人的な意見だが、ワン・ビンにあってペドロ・コスタにはないもの、それが「ゼロ度の美学」である。逆にいえばコスタの映画の魅力の要件であると共に、おそらく弱点でもあるのは、彼がどうしても（ゼロではない）美学を手放すことが出来ないということだとわたしは思っている。こんにち、ペドロ・コスタになるためには無論、才能が要る。だがワン・ビンになるためには、才能のみならず、一種の勇気というか、いうなれば覚悟のようなものが必要なのだ。三宅唱には、それがある（もちろん彼には同時に、まちがいなくペドロ・コスタから負ったものもあるのだが、今はその話ではない）。

話を戻すと、重要なポイントは、コクピット画面は、そのカメラの位置から考えて、おそらく三宅監督であれ誰であれファインダーを覗いてはおらず（覗けず）、ただ延々とRECされているだけではないかと思われることである。要するにカメラは廻しっぱなしになっていて、レンズの向こうで起きていることを、逐一、リアルタイムで、この映画の作者は視てはいない。視てはいなかった。

言うまでもないが、これもワン・ビンと共通している。特にトータルの上映時間が十四時間にも及ぶ『原油』では、明らかにデジカメを置きっぱなしにしてあるだけで、カメラマンが不在であるのみならず、撮られている空間から人間がひとりも居なくなってしまう状況さえ生じていた。つまり、ワン・ビンも、三宅唱も、必ずしもカメラが捉えたその時その場に居合わせ、事の次第の何もかもを目撃していたわけではない。ここに、ドキュメンタリーと呼ばれている映画形式における、彼らの特異性がほの見えている。彼らがしているのは、自分の目で視ること（の延長としてカメラを廻すこと）ではない。彼らはただRECボタンを押して（或いはそれさえも自分ではせず）、後はその場に居たり居なかったり、そのいずれであるかは何ら本質的なことではないのだ。

ところでしかし、ワン・ビンと、ここでの三宅唱には決定的な違いもある。おわかりのように、ワン・ビンの作品は総じて長い。なぜなら彼の映画ではほぼワンシーンワンショットが貫かれているからだ。だが、『THE COCKPIT』は編集されており、ひとつの曲が完全に無の状態からこの世界に生を受けるまでの時間が、一時間ほどに圧縮されている。コクピット画面は、常に同じフレームであるがゆえに、いわゆるジャンプカットが繰り返されることになる。

だが、ここからわたしは、この作品に潜在する、もうひとつのコクピットを幻視する。さて、撮るべきものの一部始終が撮られた後、間違いなく完成された映画の何倍もあったであろう映像／音響の素材を前にして、いざこれから編集作業を始めようと、しかるべきマシンとソフトウェアを立ち上げて、画面の向こうから、この映画のＯＭＳＢさながらに、こちら側を見据えている、他ならぬ三宅唱の姿を。ひとつのコクピットで音楽が生み出された後に、もうひとつのコクピットで映画が生み出される。その作業プロセスは、映画の中で起こっていたことを、別の形で、綺麗にトレースするものだっただろう。かくして「Curve Death Match」という曲が誕生し、『THE COCKPIT』という映画が誕生した。

第三の眼

ワン・ビンは、一九六七年、中国陝西省西安市生まれ、北京在住の映画監督である。現在までのところ、長短併せてちょうど十本の映画を発表している。デビュー作にして、上映時間がトータル九時間を超える超大作ドキュメンタリー『鉄西区』（二〇〇三年）で一躍有名になった彼は、その後も現代中国の歴史と社会に潜む諸問題を独自の視点から活写した作品を撮り続けている。最新作『苦い銭』（二〇一六年）は二〇一八年日本でも公開された。

『鉄西区』は全三部（第一部「工場」、第二部「街」、第三部「鉄路」）から成り、中国北部瀋陽の巨大工業地帯、鉄西区の姿を描いている。重工業の衰退によって、かつては百万人もの労働者を抱えていたという栄華は現在では見る影も無く、ほとんどの施設は廃墟と化しつつあり、僅かに操業を続ける工場も破産の危機に瀕している。ワン・ビンは、今もそこで生きる人々の過酷な日常を、あたかもその場に居合わせた無言の第三者のような冷徹な客観性を帯びたカメラワークによって、精確に写し取ってゆく。

これ以後のほとんどの作品と同じく、ワン・ビンはほぼ全部の映像を自ら撮影している。この類い稀な映画作家の登場は、デジタルカメラの普及と切り離して考えることは出来ない。軽量で安価で高性能のデジカメによってこそ、彼の「シネマ」は創造される。『鉄西区』は発表されるやいなや、ドキュメンタリーという枠組を超えた極めて高い評価を獲得した。そこには「記録」や「証言」といった要素とは別に、だがそれらと深い部分で繋がった、紛れもない美学的姿勢のようなものが存在していた。つまり『鉄西区』を構成するショット群とその編制が、たとえ同じ題材を取り上げたとしてもワン・ビン以外ではこうはならない、という強度のユニークネスを帯びていたのである。

しかし私が『鉄西区』よりも衝撃を受けたのは、二作目に当たる『鳳鳴　中国の記憶』(二〇〇七年)だった。この作品はのちに撮られるワン・ビンの現時点で唯一の物語映画『無言歌』(二〇一〇年)と同じく、中国の反右派闘争を題材としている。反右派闘争とは、文化大革命に先行すること約十年、一九五七年に始まった、毛沢東の指導する中国共産党による人民弾圧の最初の蛮行というべき出来事だが、文化大革命に比して(特に国外では)言及されることが少なかった。『鳳鳴　中国の記憶』のヒロインにしてたったひとりの登場人物である和鳳鳴(ホー・フォンミン)は、同じ雑誌社に勤務していた夫ともども「右派」のレッテルを貼られ、夫は収容所に送られて死亡した。彼女は半世紀の時を経て、中国現代史の暗部というべき「反右派闘争」に人生を蹂躙された自身の過去を綴った告発的な書物『経歴　我的１９５７』を執筆、出版した。この映画は、ほぼ全編が『経歴　我的１９５７』に書かれた内容について鳳鳴がカメラに向かって語るモノローグで構成されている。私は以前、自著の中で、この映画について幾らかの分析を試みた（『批評時空間』）。次に、そこでの記述を引用・編集しつつ、私がこの作品の決定的な特異性と考える部分を示すことにする。

独り暮らしの家のリビングにカメラ＝ワン・ビンを向かい入れた彼女は、ソファに腰掛け、レンズを見据えながら、驚くほど饒舌に話し続ける。この映画には「反右派闘争」にかんする資料的な映像や、鳳鳴以外の関係者への取材などといった要素は一切入っていない。フィックスの長廻しの画面の中で、ひとりの年老いた中国人女性が、時には淡々と、時には高ぶる感情を露わにしながら、自らの半生を物語る、その姿だけが捉えられていく。その「歴史＝物語」は、こう言ってよければ、この上なくドラマチックである。カメラの向こうで、鳳鳴は「語り」に夢中になるあまり時が経つのを忘れ、いつの間にか陽は落ちかかり、日光だけの部屋は刻々と暗くなってくる。それでも彼女は話しやめようとはしない。気づくと画面は、もうほとんど真っ暗になっている。まるで今、気づいたかのように、不意に彼女は「明かりを」と言って、やっとリビングの照明が灯される。被写体が影になってしまう前に、他の監督ならば間違いなく照明を点けていただろう。それは美学的な配慮としても、ある意味では被写体に対する礼儀としても、むしろ当然と言える対応である。しかしワン・ビンは鳳鳴の「語り」を中断しないことを選んだ。つまり、この映画の長廻しは、手法としてあるのではない。あくまでも「語り」が優先されており、こうしてワンカットはどこまでも延びてゆき、その結果、『鳳鳴　中国の記憶』は上映時間三時間でたったの十八ショットという異形の映画になったのである。

ここからは現在時の考察となる。重要な設問は、この時、ワン・ビンは一体何をしていたのか、ということである。彼のデジタルカメラは、鳳鳴が延々と語り続ける間、微動だにしない。それは三脚に据えられているか、そうでなくともどこかに置かれているのだ。ワン・ビンは、彼女の語りにじっと耳を傾けていたことだろう。それに没入するあまり、彼は部屋の明るさのことに思い至らなかったのだ。あるいは思い至っていたのだとしても、鳳鳴の語りを一旦止めることをしなかった。結果として、長い長いワンショットが生まれた。これはデジカメだからこそ可能だったことである。

しかしその間、ワン・ビンはずっとカメラのファインダー越しに鳳鳴と対峙していたのだろうか。そうではあるまいと私は思うし、たとえそうであったとしても、そうでなくても全く構わなかったのだと私は思う。おそらくワン・ビンは、鳳鳴が語り続ける長い長い時間、そのほとんどの瞬間において、ただ自分の目で彼女を視ていた筈だ。何故ならば、彼のカメラは彼女を捉えたまま、ちゃんと問題なく駆動していたのだから。つまり私の言いたいことは、ここでのワン・ビンのカメラアイは、彼自身の視線とイコールではなかったということなのである。

それの何が問題なのか、と言われそうではある。そんなことは、一般の映画では常に起こっていることではないか、と。もちろんそうだ。しかし、ここでもう一つの例を挙げよう。ゴビ砂漠の油田で働く労働者たちを描いた『原油』（二〇〇八年）は、上映時間が『鉄西区』を超えるトータル十四時間というおそるべき作品だが（もっともこちらはもともと映像インスタレーションとして製作されたものなので、単純な比較は出来ない）、その中に次のようなシーンがある。油田の休憩室で、疲れ切った作業員たちが体を休めている。何人かが出入りし、雑談を交わしたりもするが、やがて室内に居るのはひとりだけになり、そうなると当然、声が発されることはなくなり、そして終いには、その男も部屋から出て行ってしまう。後には無人の空間だけが残される。この間、カメラは部屋の奥に固定されており、ショットが途切れることはない。

もちろん、ここで問うべきは、このカメラをワン・ビンの視線と見做し得るのだろうか、ということである。その答えは、それは画面を視ただけでは確定出来ないし、どちらでも構わない、というものだ。そして、もっと重要なのは、このカメラの視線を（比喩的な言い方をすると）その背後に存在する「ワン・ビン」の視線と完全に同定することは不可能だが、しかし観客であるわれわれの視線は、言うまでもなくカメラに同定されている、それ以外はあり得ない、ということなのだ。

だからそれの何が問題なのか、と言われそうではある。そんなことは、映画では常に起こっていることではないか、と。だが、やはりそうではない。このことは、監督とカメラマンが別々に存在する、という映画における職能の分担とはまったく違う事態を示しているのだし、映画とはカメラが視たものを観客が視ているのだというあまりにも当然のことを言っているのでもない。デジタルカメラは、単にカメラアイを人間の眼の延長から切り離しただけではない。むしろそのような理解は誤っている。そうではなく、カメラアイは人間の眼から一旦切断されつつ、その上で再び「第三の眼」として、人間の眼、すなわち身体性へと回収されたのである。幾分強い言い方をすれば、デジカメによって人類は新たな視覚を獲得したのだ。

『鳳鳴　中国の記憶』や『原油』にかんして言えることのひとつは、ただ異常な長廻しが続くということのみではない。確かに観客はカメラが視たものを視るわけだが、人によって違いはあれど、たとえばその間じゅう一度も瞬きをしないでいられる者はまずいないだろう。もちろんどんな映画／映像を視る際にも、この「瞬き問題」は生じているわけだが、この一点を取ってみても、デジカメの視線は人間の視覚の限定性・有限性を逆接的に炙り出してみせる。そこに生起するのはクールな凝視とでも呼ぶべき「新しい視線」である。そして人間は、それをも外化された自らの視線として扱うようになる。

ワン・ビン以後、全編をデジカメの「第三の視線」によって構成された映画としては、ハーバード大学感覚民族誌学研究所（Sensory Ethnography Lab）のルーシァン・キャステーヌ＝テイラーとヴェレナ・パラヴェルの共同監督による、巨大底引き網漁船に無人設置された十一台のGoProで主に撮られた『リヴァイアサン』（二〇一二年）や、キャスト全員が手持ちのデジカメをノーファインダーで受け渡しつつ三十分ノーカットで撮影してゆく×四季という手法で作られた只石博紀監督の『季節の記憶（仮）』（二〇一四年）などが挙げられるだろう。これらの作品に映っているイメージは、ただ単に「カメラが視た光景」なのではない。精確には「カメラしか視ていなかった光景」であり「カメラしか視れなかった光景」なのだ。それを、われわれは、視る。

おそらくワン・ビンは、かなり早い段階で、このことに気づいていた。あるいは気づいていなかったとしても、彼は鳳鳴の語りを止める気になれなかったことで、結果として「第三の眼」の可能性を切り拓いたのだ。

付記：キャステーヌ＝テイラー&パラヴェルの新作にはおおいに驚かされた。『カニバ／パリ人肉事件38年目の真実』（二〇一七年）は、副題にあるように、あの佐川一政と、二〇一三年に脳梗塞で倒れて以後、歩行困難となった彼を介護する実弟の佐川純の現在の生活を追ったドキュメンタリーである。スキャンダラスな題材にばかり目が向けられがちだが、『リヴァイアサン』と同様、ここでは「視ること」の徹底がはかられている。終始、カメラは佐川兄弟の身体の断片に極端にフォーカスしており、他の部分は完全にボケてしまっている。その結果、ほとんどの場面が、そこがどこであるのか、何をしているのか、さえもが最初の内は判然としない。この撮影方針が特異な被写体へのアプローチとして熟考の上で選び取られたものであることが、最後まで観るとわかる。傑作である。

三宅唱は『THE COCKPIT』以降、ますます多面的な活動を行なっている。長編劇映画としては一風変わった時代劇『密使と番人』（二〇一七年）と、佐藤泰志原作による『きみの鳥はうたえる』（二〇一八年）、山口情報芸術センターの映画制作プロジェクト「YCAM Film Factory」の一本として製作された『ワイルドツアー』（二〇一八年）があり、また iPhone で撮影された「風景映画」のシリーズ『無言日記』（二〇一四年〜）や、『ワイルドツアー』の姉妹作の映像インスタレーション『ワールドツアー』（二〇一九年）もある。三宅は「カメラの機動力」を「映画の機動力」に読み替えつつ、果敢な挑戦を続けている。

ワン・ビンは、『三姉妹　雲南の子』（二〇一二年）、『収容病棟』（二〇一三年）、『苦い銭』（二〇一六年）と次々と長編を発表し（二〇一七年の『ファンさん』は映画祭のみの上映のため未見）、現代映画の頂点に位置する映画作家のひとりとなった。と同時に、それら近作では『鉄西区』や『鳳鳴　中国の記憶』のような驚異的な長回しが減少し、ショット数が増え、カメラワークもより奔放になり、結果として表面上は普通の映画に近づいていっているように見える。実際、特に『苦い銭』などはほとんど劇映画なのではないかと思ってしまうような部分もある。しかしこれは題材に起因する変化かもしれない。匿名的で集団的な、いわば無人称的な『鉄西区』、ひとりの老女の語り＝一人称にひたすらカメラを向けた『鳳鳴』に対して、『三姉妹』以後の作品は明らかに複数の人物を捉えた三人称の映画になっているからだ（『ファンさん』についてはわからないが）。ワン・ビン的な「第三の眼」は後進の映画作家たちの何人かに引き継がれた。その中でも際立った実験を行なったのが本文でも触れた『季節の記憶（仮）』である。同作については二〇二〇年刊行予定の『これは小説ではない』で詳しく論じている。

孤絶の風景　沖島勲論

沖島勲という映画作家の底なしともいうべき凄みを思い知らされたのは、何と言っても『一万年、後‥‥。』（二〇〇七年）によってだった。それ以前の四本の長篇監督作を収めたＢＯＸセットはすでに持っていたし、『出張』（一九八九年）は劇場公開時に観ていたが、したたかに衝撃を受けたのは、やはり『一万年、後‥‥。』の、とりわけ或るシーンだった。

この映画の時代設定はタイトル通り一万年後の遠未来の筈なのだが、しかし舞台はどう見ても昭和感漂うボロ家である。少年とその妹が倹しい生活を送っているその家に、二人の叔父と名乗る（そんなわけはないのだが）阿藤快が一万年前の世界から電送（？）されてくる。叔父は出現した時に何故か宇宙人みたいなコスチュームを着ているので、むしろ彼の方が未来からやってきたかに思えてしまうのだが、実際には逆であり、叔父は少年に笑われて恥ずかしげにそそくさとコスチュームを脱ぎ捨てる。この映画はあたかも舞台劇でもあるかのように大半が室内で展開するが、その外側に存在する一万年後の世界はどうやら色んな意味で現在とは大きく変貌してしまっているらしいことが次第に知れてくる。だが、しかしそれと同時にやっぱりこれって全然今の話なのではないかと訝しむことにもなり、観客は終始この「一万年」という異様にマクロなタイムフレームに翻弄されることになる。

だが、或る意味では、映画のほとんど最初に、この二重性の種明かし（？）は為されているのだ。タイトルクレジットは、まず画面左上角に「一」が、次に右上角に「万」が、継いで左真ん中の端に「年」が、そして左下角に「後」が出て、「後」の右に「・」「・」「・」「・」「。」と表示される。つまり、左の文字を縦にすると「一年後」とも読めるのである。「一万年後」にして「一年後」でもあるということが、この映画の不可思議な時間性の基盤になっている。

私が衝撃を受けたシーンは、映画の後半に登場する。この作品は段々、少年と叔父による哲学的ディスカッション映画の様相を帯びてゆく。妹を買物に送り出した後、叔父は少年に「ちょっと大きな声じゃ言えないんだけどね」と、あらたまって話を始める。「ここに来るまでに変なもの見たんだ」。叔父が出会ったのは「年寄りのよれよれのおっさん」だった。呼び止められて、つい立ち寄ったのだという。「そのおっさんが言うには、最近、リストラされたんだって。最近と言ったって、何万年も前のことらしいけどね。今日は、再就職の面接に来たんだって。そしたら、合格したんだと」。叔父の話は、きれぎれに、奇妙なほど長い間を挟んで続く。「で、何の仕事をするんだ？といったら、守衛か管理人のような仕事だって。何やるんだっていったら、何もしないでいい、ただ生きてろって」。

ここからの二人の対話は急激に思弁的になってゆく。叔父「宇宙は神なんかが造ったんじゃねえって」。少年「神が造ったんじゃなくて、誰が造ったんですか!」少年の返しが、エコー付きで反復される。「宇宙を、誰が造ろうが、そんなことはどうでもいいって」「どうでもいいって⁉」「人間にとって、一番堪えられないのは、自分が消えてしまった後、誰も視ている者がいなくなることだ、そう言われたって」。異様な間。「だからお前は神になれ、死ぬな、って。で、宇宙を造ったと言ってた神は、クビになったと。最初なんかどうでもいい、最後のために、神があるんだ、と」。ほとんど闇に近い部屋の中で、少年はヴァイオリンを弾き出す。「アルノビノーニのアダージョ」。すると、この映画では部屋の壁に何度かさまざまな映像が浮かび上がる/映し出されるのだが、薄暮なのか明け方なのかわからないが、青く淡い光に包まれた湖の光景がプロジェクションされる。少年の声がする。「誰も視ていない、誰も視ることのない、でも、なぜか視える風景です。僕がこの曲を弾き始めると、なぜかこの景色が映るんです」。湖の映像がアップになる。再び少年の声。「怖いでしょ。人間が誰も視ていない風景。でも、そこにある風景」。

私はここで不意を突かれ思わず戦慄した。もとより「人間が誰も視ていない風景」を、今まさに自分が視ているというのは、あからさまな矛盾ではある。だが、これを単なるナンセンスなパラドックスとして済ますわけにはいかない。ここには幾つかの、幾つもの含意が畳み込まれている。そしてそれらは幾つもの、幾つかの次元に股がっている。まず、いま視えている湖の映像がそうであるかどうかはともかくとして、この世界には、実際に／現実に、この世界の人間の誰ひとりとして視ていない風景というものが、確実に存在している。それを視つめる視線さえも皆無な、完全なる無人の風景。それを果たして「風景」と呼び得るのかどうか、という問いもありえるが、地球上だけを取ってみても、おそらく人間どもによって視られている風景よりも、誰も視ていない風景の方がはるかに多いのではあるまいか（そんなことをどうやって測るのだと言われたら、よくわからないと答えるしかないが）。つまり「人間が誰も視ていない風景。でも、そこにある風景」は間違いなく存在している。そのことがひとつ。

次に、他でもない「映画」というテクノロジーが、そのような「人間が誰も視ていない風景。でも、そこにある風景」を視ることを可能にする、ということである。カメラという機械は、実のところカメラマンという人間の存在を必須とはしていない。実際に／現実に、いま人間の誰ひとりとして視てはいない風景を、カメラは録画し、しかるべきプロセスを経て、事後的にではあれ人間によって視られることを可能にする。この意味で、映画とは或る種の非人間的な側面を持っている。このことがもうひとつ。

だが、ここで思い出さなくてはならない。湖の映像が現れる前に、叔父がどんな話をしていたかを。彼の語る「おっさん」のエピソードは、この映画の奇妙な構造の縮図のごときものだと言える。そもそもタイムトラベルの途中でおっさんに呼び止められるということがよくわからないが、それはともかく、最初はリストラと再就職という如何にもゼロ年代的世知辛さに満ちた話題であったのに、あっけなくそれは神学的論議のようなものに変質している。創世ではなく、末後のために存在を要請される「神」。おっさんはその神に任命（?）されたのだという。

その神は何もせず、ただ未来永劫、死ぬことなく、人間たちが全て絶滅してしまった後にも、この世を、この世界を、見守り続ける。いや、ただ単に視続ける。何故なら「人間にとって、一番堪えられないのは、自分が消えてしまった後、誰も視ている者がいなくなることだ」からである。とすると、いま視えている湖の映像は、神が視ている風景ということなのだろうか？　ならばもはや少年も叔父も、そのおっさんと同じく、神と呼ばれる何かと同じ存在ということになるのではなかろうか？　いや、それを言うなら観客である私たちでさえ？

というように頭が烈しく混乱してくるわけなのだが、それは端的に言って、沖島勲が、或るイメージ、ここでは湖の映像を提示し、それをおもむろに「人間が誰も視ていない風景。でも、そこにある風景」と呼んでみせたからこそ生じた事態である。大袈裟に言うのではなくて、映画史上、誰も視ていない／視なかった映像なんてものを観客に視せたのは彼だけである。そしてしかし、それはこんなにもあっけらかんとした、ほとんど牧歌的なギャグのような仕方で為されてしまったのだった。

『一万年、後....。』以後、沖島勲は更に二本の長篇映画を発表した。『怒る西行』（二〇〇九年）と、遺作となった『WHO IS THAT MAN!?　あの男は誰だ!?』（二〇一三年）である。九十七分の上映時間を要する前者は、沖島監督自身と、のちに沖島勲もカメオ出演している『少女と夏の終わり』

（二〇一二年）で監督デビューし、第二作のドキュメンタリー『だれも知らない建築のはなし』（二〇一五年）も話題となった、当時はアシスタントの石山友美が、ただ玉川上水沿いの遊歩道とその近辺を歩きながら（久我山から吉祥寺まで）あれやこれや話すという作品である。この映画はそのような特異な内容であるにもかかわらず劇場公開されたのだが、観れば一目瞭然、ただ老人と若い女性が雑談しながら散歩しているだけなのに、無類に面白い作品になっている。それはもちろん、沖島勲が独特の調子で延々と喋り続ける、いや、如何にものんびりとしたムードなのでつい騙されてしまうが、ヴォリュームとテンションを取ったら明らかに喋り倒していると形容すべき語りの奇想天外、荒唐無稽、傍若無人、大胆不敵さによるものである。未見の方は是非ご自分の目と耳で体験して欲しいので詳しくは述べないが（この映画は今や極めて重大な歴史的意義を帯びている）、ここでも『一万年、後‥‥。』と同様の沖島勲らしさが溢れている。

思いつくまま口から発されているかに思える話のスケールは空間的には宇宙大から今まさに目の前にある何の変哲もない畑や家屋、時間的には古典文学の昔から撮影時のリアルタイムまで、途方もない遠近の振れ幅で展開される。だが、そのダイナミズムに身を委ねている内に、ふと観客が気づくことになるのは、そうした時空間のスケールのどこにも属さない、どこからも断絶した、あの「人間が誰も視ていない風景」のような絶対的な孤独である。

二人が最後に到着する井の頭公演のボート池は、よくよく見知った筈の風景でありながら、明らかに『一万年、後‥‥。』のあの湖の映像と相通じている。などと考えていると、沖島勲は最後の最後にすべてを台無しにするダジャレ（映画の副題になっているがここには書かない）を持ち出し、こちらを思い切り脱力させるのだが。

『WHO IS THAT MAN!?』は、奇抜な、だが妙に日常と地続きの、つまりはすこぶる沖島勲的なSF的設定の下に物語られる「NTR（ねとられ）もの」だが、不条理なストーリーのオリジナリティもさることながら、私が深く感銘を受けたのは、映画が終盤に差し掛かった頃、突然、おそらくは沖島監督自身の生身の実存、その生活と人生のささやかな断片が、画面に映し出されることである。その内容もここには書かない。だがそれは『一万年、後....。』とはまた違う意味で、掛け値無しに孤独な映像だった。

そしてその後、この映画のほんとうのラストに至って、湖、川、池に続いて、海の映像が現れる。それもまた『一万年、後....。』とは異なる意味で、人間（性）と完全に隔絶した、孤絶の映像である。結果として沖島勲が最後に遺した風景が、あのような海の映像であったということには、深い感慨を禁じ得ない。なぜならあれは「人間が誰も視ていない風景」ではなく、視た人間が誰も生きていない映像だったのだから。

あとがき

本書には、過去十年ほどの間のさまざまな機会に執筆した映画論、映画作家論が収められている。論考の中にも書いたが（ジム・ジャームッシュ論）、私の最初の二冊の本は映画論集だった。一九九三年の末に『映画的最前線――1988-1993』（水声社）を、一九九四年の末に『ゴダール・レッスン――あるいは最後から2番目の映画』（フィルムアート社）を出した。一九九五年に自分の事務所HEADZを構えてから、もともと並行していた音楽関連の仕事の方が映画よりも多くなり、やがて私はいったん映画について書くことを、ほぼ完全にやめてしまった。それから私は音楽論集を何冊か上梓し、音楽雑誌を編集発行し、海外アーティストを含むミュージシャンのコンサートやイベントを数多く企画制作した。ふと気づいてみたら、書き手としてはもちろん、観客としても映画から遠く離れてしまっていた。

ゼロ年代に入ってからは、だんだんと音楽以外の書き仕事が増えていった。中でも小説と舞台芸術はどんどん増加し、ふと気づいてみたら、今度は音楽の仕事が激減していた。とともに、どういう心持ちなのか自分でもよくわからないのだが、私はふたたび映画を少しずつ観るようになっていった。そうすると思い出したように原稿依頼も来たりする。自分でもリハビリと呼んでいたが、私は長いブランクを取り戻すようなつもりで（もちろん取り戻すことなど不可能だったが）、新作映画をまた観に行くようになり、DVDやBlu-rayで自分が遠ざかっていた間に登場した映画／作家の作品を発見していった。

しかしそれでも、自分がこうして一冊の本に纏められるほどの量の原稿を映画にかんして新たに書くことになろうとは、まったく考えてもみなかった。それが変わったのは、間違いなく『ゴダール原論——映画・世界・ソニマージュ』（新潮社）がきっかけである。同書の核となる長編論考は、文芸誌『新潮』に六回にわたって分載され、二〇一六年の初頭に単行本化された。すでに『ゴダール・レッスン』という題名の本を書いたことのある私としては、長い長い時間を経て、ジャン＝リュック・ゴダールという巨大な謎にもう一度挑戦してみたいという思いがあったのだ。そして『ゴダール原論』の執筆から完成への過程のどこかで、私は心の内で、ゴダール以外の何人かの映画作家についても比較的長めの論考を書いてみたいと考えるようになり、機会を捉えて原稿を寄稿していった。その中の幾つかは、こちらから媒体側に持ちかけて執筆したものである。それらに、もろもろの他の事情で書いた映画評／映画論を加えて編集したのが、本書である。

書名の意味については、冒頭に置いた短いイントロダクションで触れたので、ここでは繰り返さない。というか、出来れば本書を通読した上で、あらためて本書の題名の意味について読者が各自考えてみていただけることを望んでいる。本書のテーマは「視覚」である。だが読まれるとおり、これはいわゆる視覚文化論的なものとはまるで違う。視ること、視えること、視えないこと、視ないこと、は私たちが普段、各々の人生と生活において、ごく普通にしていることである。しかし映画にとって、それらはおそろしく重大な意味と機能を担っている。映画を視るということは、それ自体、奇妙で奇怪な行ないなのだ。だが、その奇妙さと奇怪さには、汲めども尽きせぬ魅力が、謎が、秘密が宿っている。映画作家は「視ること」を通して世界に対峙している。そこには倫理と原理がある。私が或る映画を視ているとき、私は何を視ているのか？　私は何人かの重要な映画作家について考えてみることで、この問いに自分なりに答えてみたかった。

本書の編集を手掛けられた作品社の渡辺和貴氏とは、彼が前の版元に居たときから一冊の本を作るべく打ち合わせを続けていた。だが彼が勤務先を移ることになり、新たにまったく異なる企画として立ち上げたのが本書である。的確かつ迅速な仕事ぶりには大変助けられました。また、それぞれの原稿の初出時の担当編集者諸氏にも感謝します。装幀は、すでに長い付き合いの戸塚泰雄さんにお願いした。現時点ではまだデザインがどのようなものになるのかを私は知らないが、とても楽しみだ。戸塚君、いつもお疲れさまです。

これまでにさまざまなジャンルの本を出してきたが、映画論集としては三冊目、映画にフォーカスした本としては四冊目となる本書に、私は格別な愛着をすでにして感じている。おそらく私は、今後このような本を編むことはないだろう。つまり、これは私の最後の映画論集になる（かもしれない）。今や音楽や小説にかんする著作の方が多い私だが、ここで告白すれば、音楽の中の何々、小説の中の誰某、というようなことではなく、丸ごとジャンルそのものを相手取って私が論じたい（論じてきた）と思えるのは、実は「映画」だけである。この感じはうまく伝えるのがむつかしいのだが、だが、そうなのだ。

本書を母、佐々木まち子に捧げる。八十代半ばになっても足繁く地元のシネマテークに通う本物のシネフィリーを、私は彼女から受け継いだ。

佐々木敦

二〇一九年七月十六日

初出一覧　本書収録にあたり、加筆・修正を行なって再構成しました。

この映画を視ているのは誰か？
書き下ろし

Ghost in the Machine
「Ghost in the Machine――ホラー作家としてのアピチャッポン・ウィーラセタクン」『アピチャッポン・ウィーラセタクン　亡霊たち』、東京都写真美術館編、河出書房新社、2016年

Beautiful Dreamer
「Beautiful Dreamer」『アピチャッポン・ウィーラセタクン――光と記憶のアーティスト』、夏目深雪・金子遊編著、フィルムアート社、2016年

視えないものと視えるもの
「見えないものと見えるもの――黒沢清『ダゲレオタイプの女』論」『新潮』2016年11月号、新潮社
「黒沢清の「信」の構造」『キネマ旬報』2017年9月下旬号、キネマ旬報社

視えるものと視えないもの
「見えるものと見えないもの――諏訪敦彦『ライオンは今夜死ぬ』論」『新潮』2018年3月号、新潮社

「ホラー映画」の内と外
書き下ろし

救い主が嗤われるまで
「救い主が嗤われるまで――いわゆる「鬱三部作」について」『ユリイカ』2014年10月号、青土社

ファンタスティック Mr. アンダーソンの後悔と正義
「ファンタスティック Mr. アンダーソンの後悔と正義」『ユリイカ』2014年6月号、青土社

からっぽの世界
「からっぽの世界」『ユリイカ』2015年5月号、青土社

慎ましき「反知性主義」
「ジム・ジャームッシュの反知性主義」『ユリイカ』2017年9月号、青土社

反復と差異、或いはホン・サンスのマルチバース
「反復と差異、あるいはホン・サンスのマルチバース」『すばる』2018年7月号、集英社

FOR YOUR EYES ONLY
「FOR YOUR EYES ONLY――映画作家としてのアラン・ロブ＝グリエ」『文學界』2018年12月号、文藝春秋

彼女は（彼は）何を見ているのか
「彼女は（彼は）何を見ているのか――ひとつの濱口竜介論」『すばる』2018年9月号、集英社

向こう側への旅
「向こう側への旅――『ゾンからのメッセージ』と鈴木卓爾たちの映画」『文學界』2018年9月号、文藝春秋

シネマの倒錯的（再）創造
「シネマの倒錯的（再）創造」『音から作る映画　全記録2014–2018』、charm

point、2018年

なぜ私は『わたしたちの家』を自ら配給しようと思ったか？

「清原惟小論、あるいはなぜ私は『わたしたちの家』を自ら配給しようと思ったか？」『『わたしたちの家』について』（『わたしたちの家』映画公式パンフレット（監督：清原惟、2017年、日本、配給：HEADZ））

不可視の怪物《リヴァイアサン》／二つの「コクピット」／第三の眼

「不可視の怪物《リヴァイアサン》」『リヴァイアサン』映画公式パンフレット（監督・撮影・編集・製作：ルーシァン・キャステーヌ＝テイラー&ヴェレナ・パラヴェル、2012年、米・仏・英、配給：東風）

「コクピットは二つある。」『THE COCKPIT』映画公式パンフレット（監督：三宅唱、2014年、日本、企画：愛知芸術文化センター（所蔵：愛知県美術館）、配給：PIGDOM）

「『鳳鳴　中国の記憶』――第三の眼」『現代思想』2018年3月臨時増刊号、青土社

孤絶の風景

「孤絶の風景――『一万年、後‥‥。』以後‥‥。」『映画芸術』2015年秋号（第453号）、編集プロダクション映芸

あとがき

書き下ろし

佐々木敦（ささき・あつし）
一九六四年生まれ。批評家。音楽レーベルＨＥＡＤＺ主宰。早稲田大学文学学術院教授や、ゲンロン「批評再生塾」主任講師などを歴任。映画・音楽・文学・演劇など、多数の分野にわたって批評活動を行なう。著書に、『批評時空間』（新潮社）、『シチュエーションズ――「以後」をめぐって』（文藝春秋）、『ゴダール原論――映画・世界・ソニマージュ』（新潮社）、『未知との遭遇【完全版】』（星海社新書）、『新しい小説のために』（講談社）、『アートートロジー――「芸術」の同語反復』（フィルムアート社）、『私は小説である』（幻戯書房）など多数。

この映画を視ているのは誰か？

二〇一九年九月五日　初版第一刷印刷
二〇一九年九月十日　初版第一刷発行

著　者　佐々木敦
発行者　和田肇
発行所　株式会社作品社
〒一〇二-〇〇七二　東京都千代田区飯田橋二-七-四
電話　〇三-三二六二-九七五三
ファクス　〇三-三二六二-九七五七
振替口座　〇〇一六〇-三-二七一八三
ウェブサイト　http://www.sakuhinsha.com

装幀　戸塚泰雄（nu）
本文組版　大友哲郎
印刷・製本　シナノ印刷株式会社

ISBN978-4-86182-768-6　C0074　Printed in Japan